Goldmann Sachbuch

Werner Ekschmitt

Der Aufstieg Athens

Die Zeit der Perserkriege

Wilhelm Goldmann Verlag

Made in Germany · 6/81 · 1. Auflage · 116
Genehmigte Taschenbuchausgabe

Umschlaggestaltung: Atelier Adolf & Angelika Bachmann, München
Umschlagfoto: Claus Hansmann, Stockdorf. Fries von der Westseite des Parthenon-Tempels, Akropolis, Athen (1-Grku-1a)
Druck: Presse-Druck Augsburg
Verlagsnummer: 11299
Lektorat: Renate Richter · Herstellung: Sebastian Strohmaier
ISBN 3-442-11299-0

Inhalt

Die Seeherrschaft

Anhang

Vorwort

Über den Nutzen der Geschichte für das Leben urteilen Antike und Neuzeit sehr verschieden. »Lehrmeisterin des Lebens«, *magistra vitae*, nannten sie die Alten. »Wie die Geschichte lehrt, lehrt die Geschichte bekanntlich nichts«, lautet das sarkastische Fazit der Modernen. Trotzdem hören auch wir nicht auf, uns mit ihr zu beschäftigen. Die Geschichte, was man auch gegen sie vorbringen mag, bleibt einfach immer unendlich interessant und unterhaltsam – die unerschöpfliche Erzählerin. Und weiter profitiert sie von unserem unaufhebbaren Verlangen, die Welt erkennen zu wollen, die uns hervorgebracht hat. Wir möchten wissen, wie alles gewesen, mehr noch vielleicht, wie alles gekommen ist, aus welchen Ursprüngen unsere eigene Welt hervorgegangen ist.

Und dann ist die Geschichte das unersetzliche Arsenal der Selbsterkenntnis. Wozu der Mensch fähig ist, im Guten wie im Bösen, das erfährt man nicht durch Innenschau, indem man in sich selbst hineinsieht, sondern indem man Personen und Taten der Geschichte studiert.

Was aber unser Thema, die Perserkriege, angeht, so werden sie ewig denkwürdig bleiben dadurch, daß sie den eigentlichen Charakter der Geschichte in seltener Klarheit offenbar machen: Geschichte nicht als eine Kette von Zufällen und Sinnlosigkeiten, von denen schon Thukydides gesagt hat: »Es kommt vor, daß die Zufälle der Wirklichkeit ebenso sinnlose Wege gehen wie die Gedanken der Menschen«, sondern Geschichte als Entscheidung. Hier wurde in großen Taten und Ereignissen über die Freiheit Griechenlands und damit wirklich auch über die geistigen Voraussetzungen und Überlieferungen Europas entschieden, und zwar geradlinig, ohne Rückschläge, mit einer Konsequenz, die die Hoffnung aufkommen läßt, die Geschichte sei doch vernünftig. Die Griechen erlebten in diesen Jahren das seltene Glück, den Verlauf der äußeren Geschichte mit ihrem eigenen Willen in Übereinstimmung zu finden, in einem Maße, das ans Wunderbare grenzt. Denn wie dieses kleine Volk die ungeheure Übermacht des persischen Weltreichs in immer neuen Siegen nach zwölf Jahren bezwang, zeigt die Geschichte von einer Konsequenz, für die sie nur wenige Gegenbeispiele aufweist.

546 v. Chr. eroberten die Perser Sardes. Mit dem Reich der Lyder, das fast eineinhalb Jahrhunderte lang die bestimmende Macht in Westkleinasien gewesen war, kamen auch die griechischen Küstenstädte unter persische Herrschaft. 499 versuchten sie im Ionischen Aufstand, sich zu befreien. Die Perser brauchten mehrere Jahre, bis sie die Erhebung niederwerfen konnten. Unser Buch beginnt mit dem Endstadium dieses Kampfes, mit dem Angriff der Perser auf Milet, das Ausgangspunkt und Zentrum des Aufstands war.

»Der Aufstieg Athens« ist der erste Teil einer geplanten Darstellung der griechischen Geschichte im 5. Jh., die auch die Blütezeit Athens unter Perikles und schließlich seinen Verfall im Peloponnesischen Krieg umfassen soll.

Herrn Prof. P. R. Franke/Saarbrücken habe ich vielmals zu danken für seine freundliche und bereitwillige Hilfe bei der Beschaffung von Literatur und Bildvorlagen und für wichtige Hinweise zu Einzelproblemen. Herr Prof. Fr. Willemsen/Athen war so freundlich, die Vorlagen für die wichtigen Ostraka (Seite 225 oben) zur Verfügung zu stellen. Ich möchte nicht unterlassen, auch hier meinen griechischen Freunden Pelopidas Alexiou und Konstantin Anastassopoulos herzlich zu danken für ihre große persönliche Hilfsbereitschaft, die mir die Arbeit am Buch sehr erleichtert hat. Nicht zuletzt möchte ich aber auch dem Bertelsmann Verlag danken, der das Thema angeregt hat.

Herodot wird gewöhnlich in der Übersetzung von A. Horneffer zitiert (Kröner-Ausgabe Bd. 224), Plutarch nach der deutschen Ausgabe von K. Ziegler (Bibliothek der Alten Welt, Artemis-Verlag).

Athen, im Juni 1977 W. E.

Das Vorspiel

Die Schlacht bei Lade

Als im Sommer des Jahres 494 v. Chr. die Perser zu Lande und zu Wasser gegen Milet anrückten, um zusammen mit dem Herd des Ionischen Aufstands auch diesen selbst auszulöschen, trat auf der Halbinsel Mykale der ionische Bundesrat zusammen, um über die Verteidigung zu beschließen. Siegeszuversicht kann es nicht gewesen sein, was die Gemüter der Versammelten erfüllte. Auch den Optimisten unter ihnen war inzwischen klargeworden, daß der Aufstand gegen Persien, in den man sich durch den Tyrannen von Milet hatte hineinziehen lassen, unter schwerem Mangel an Voraussicht begonnen worden war und zu scheitern drohte. Zwar hatten die Kampfhandlungen 498 mit der schnellen Einnahme von Sardes, dem persischen Verwaltungszentrum für Süd- und Westkleinasien, verheißungsvoll begonnen. Aber ein voller oder gar entscheidender Sieg war es nicht gewesen. Stadt und Tempel gingen in Flammen auf, die hochgelegene Zitadelle aber wurde von den Persern erfolgreich verteidigt und gehalten. Schon bald hatte man sich unter Verlusten nach Ephesus zurückziehen müssen.

Dann hatten die Perser begonnen, die abgefallenen Städte am Hellespont und in der Troas zurückzuerobern. Zuletzt hatten sie Kyme und Klazomenä eingenommen und rückten nun zum Strafgericht gegen Milet vor, von dem der Aufstand ausgegangen war.

Der Bundesrat beschloß, die aussichtslose Landverteidigung den Milesiern selbst zu überlassen und die Rettung der Stadt auf dem Meer zu suchen. Die Schiffe, so viele von ihnen vorhanden waren, sollten sämtlich bemannt und in aller Eile bei Lade versammelt werden, einer kleinen, dem Hafen von Milet vorgelagerten Insel. Dort trafen denn also die ionischen Schiffskontingente ein. Die Hauptflotte stellte Chios mit hundert Schiffen. Es folgten Milet selbst mit achtzig, Samos mit sechzig. Die übrigen

Städte und Inseln stellten nur kleine Kontingente, das kleinste Phokäa mit nur drei Schiffen.

Mutterländische griechische Schiffe nahmen an der Schlacht von Lade nicht teil. Die Spartaner hatten es von vornherein abgelehnt, sich an einem so weitläufigen und unsicheren Unternehmen wie einem Angriff auf das riesige Perserreich zu beteiligen. Die Athener hatten zwar ursprünglich ihre Solidarität durch Entsendung von zwanzig Schiffen, die Eretrier durch Entsendung von fünfen bekundet. Nach dem Rückzug auf Ephesus waren aber beide Kontingente in die Heimat zurückbefohlen worden.

Im ganzen sollen es 353 Schiffe gewesen sein, die bei Lade zusammenkamen, Trieren, Dreidecker, wie Herodot berichtet. In Wirklichkeit werden es nur wenige Dreiruderer, in der Hauptsache Fünfzigruderer und andere Typen gewesen sein, eine buntgemischte Flotte, unorganisch, ohne Drill und Zusammenhang, die, sollte sie im Kampf bestehen können, gründlicher Übung und Disziplin bedurfte. Allein nur gleichmäßig zu rudern, war bei Schiffen mit so großer Besatzung erst das Ergebnis langen Trainings. Die Trieren besaßen in klassischer Zeit auf ihren drei Decks insgesamt zweihundert Ruderer und werden auch in archaischer Zeit nicht unter hundertfünfzig gezählt haben. Daß alle drei Decks im Ruderschlag übereinstimmten, war keine geringe Leistung und erforderte vor allem auf dem Oberdeck außerordentliche Disziplin, denn bei dessen langen Rudern, die über alle anderen hinweggriffen, wurde buchstäblich ein kleiner Fehler am Anfang zu einem großen am Ende. War schon gleichmäßiger Normaltakt eine Sache von großer Übung, so vervielfachten sich die Anforderungen für Wende- und Gruppenmanöver, wo jedes Schiff nicht nur mit sich selbst, sondern auch mit den anderen übereinstimmen mußte.

Zum Generalkapitän der ionischen Flotte hatte man nicht einen Admiral der großen Schiffskontingente bestellt, sondern vielmehr den des kleinsten, Dionysios von Phokäa. Seine Autorität muß den Ruf außerordentlicher Fähigkeit und Erfahrung zur Voraussetzung gehabt haben, und er ließ es an bestimmender Energie nicht fehlen. Er zwang die Flotte jeden Tag zu vielstündigen Manövern, suchte ihr Disziplin und Schnelligkeit im Wenden beizubringen, übte die Kunst, die feindlichen Schiffe zu streifen, um sie durch Zerbrechen der Ruder manövrierunfähig zu machen, übte den Durchbruch durch die feindliche Linie, wo es darauf ankam, daß das Flaggschiff die feindliche Reihe durchbrach und weitere Schiffe ihm in Kiellinie folgten, um den Feind im Rücken anzugreifen, wo er nur schwerfällig manövrieren konnte.

Nur abends ließ er die Mannschaften auf Lade an Land gehen, den Tag verbrachten sie an die Ruderbank gefesselt, auf den engen Schiffen, wo man sich auch in den Ruderpausen kaum bewegen konnte. Lebhaftigkeit und Beweglichkeit waren die Vorzüge der Ionier, Ausdauer gehörte nicht dazu. Eine Woche lang ließen sie sich die Strapazen gefallen, dann machte sich der allgemeine Unwille in dem Ruf Luft: »Welchen Gott haben wir bloß beleidigt, daß es uns so miserabel geht!« Mannschaften und Kollegen wollten sich von Dionysios, dem Führer ausgerechnet des kleinsten Kontingents, nicht länger kommandieren lassen. Die Meuterei, scheint es, war allgemein. Lade verwandelte sich in ein Dauerlager, mit Disziplin und Übung war es aus.

Der »persischen« Flotte, die in Wirklichkeit aus lauter fremden Kontingenten bestand – phönikischen, ägyptischen, kilikischen und zyprischen –, werden von Herodot sechshundert Schiffe zugerechnet, aber das ist bei ihm eine öfter wiederkehrende, runde Zahl, die unbestimmt eine bedeutende Größe anzeigt und wenigstens so viel sicher vermuten läßt, daß die feindliche Flotte der ionischen an Zahl überlegen war. Eben diesen Nachteil hatte Dionysios durch größere Disziplin und schnellere Manövrierfähigkeit ausgleichen wollen. Die griechischen Aussichten waren dabei keineswegs von vornherein schlecht. Jedenfalls wagte die persische Flotte trotz ihrer zahlenmäßigen Überlegenheit wochenlang nicht anzugreifen, sondern suchte dem Sieg durch andere Mittel vorzuarbeiten. Die Perser nahmen geheime Verbindungen auf und sicherten denen, die dem Kampf fernbleiben würden, Straffreiheit zu, ein Angebot, das bei den Samiern verfing. Mit dem samischen Verrat nahm das ionische Verhängnis seinen Anfang.

Die Städte Milet und Samos, in Sichtweite gelegen, wenn auch das Vorgebirge Mykale die direkte Sichtverbindung verhinderte, waren seit alters Rivalen. Zwar hatten sie sich niemals offen bekämpft, aber mehrmals auf sekundären Kriegsschauplätzen. In dem lange währenden Kampf, der im 7. Jh. auf der Insel Euböa zwischen den Städten Chalkis und Eretria um den Besitz der fruchtbaren lelantischen Ebene geführt worden war, hatte Samos auf der Seite von Chalkis, Milet aber auf der von Eretria gestanden. Diese alte Waffenbrüderschaft war auch der Grund gewesen, warum die Eretrier den Milesiern zu Beginn des Ionischen Aufstands fünf Schiffe zur Unterstützung gesandt hatten. Später, Ende des 6. Jhs., als in Unteritalien zwischen den Städten Kroton und Sybaris ein Kampf auf Leben und Tod entbrannt war, hatte Samos auf der Seite von Kroton gestanden, dem der aus Samos stammende Pythagoras die Verfassung gegeben hatte, und Milet auf der Seite von Sybaris, das über Land den milesischen Handel mit Etrurien vermittelte. Und als Sybaris 510 von Kroton besiegt und in maßlosem Haß völlig vernichtet wurde, da hatten die Milesier wie um den Verlust von Verwandten getrauert und sich alle miteinander kahlscheren lassen.

Die Neigung der Samier, für die Milesier ihre Flotte aufs Spiel zu setzen, kann daher bei Lade nicht groß gewesen sein, vor allem als die allgemeine Disziplinlosigkeit eintrat. Sobald die Perser des Abfalls der meisten Samier sicher waren, wagten sie die Schlacht. Als der Angriff begann, verließen neunundvierzig der sechzig samischen Schiffe den Kampfplatz. Nur elf von ihnen blieben und nahmen an der Schlacht teil – gegen den Befehl ihres Admirals.

Als die Lesbier und viele andere Einheiten die Samier fliehen sahen, folgten sie ihnen nach. Damit war die Schlacht entschieden, noch ehe sie begonnen hatte. Die Hoffnung, wenigstens zur See die Herrschaft zu behaupten, war nun dahin. Wenn der Rest der ionischen Flotte sich trotzdem zum Kampf stellte, so wohl in der vagen Erwartung, mit dem Mut der Verzweiflung und bei einigem Kriegsglück die Feinde zu zerstreuen und in die Flucht zu schlagen, vor allem aber vielleicht, um den griechischen Namen zur Schande des Verrats nicht auch noch mit der der Feigheit zu beladen. Die Überlieferung hat besonders dem Heldenmut der Chier ein rühmendes Gedächtnis bewahrt. Sie führten das von Dionysios eingeübte Durchbruchsmanöver aus, griffen den Feind im Rücken an und fügten ihm schweren Schaden zu, aber nur unter großen eigenen Verlusten. Und so viele feindliche Schiffe auch vernichtet wurden, ihre Übermacht wurde dadurch kaum verringert, denn jeder eigene Verlust zählte dreifach. Es wäre Selbstvernichtung gewesen, den Kampf fortzusetzen. Dionysios brach die Schlacht ab. Die manövrierfähigen Schiffe strebten den Heimathäfen zu, die angeschlagenen liefen die Küste an, ihre Besatzungen sollten versuchen, die Heimat über Land zu erreichen.

Die Zerstörung von Milet

Die Schlacht bei Lade bedeutete das endgültige Scheitern des Ionischen Aufstands und den Untergang aller Inselbewohner und Städte, die zu dieser Zeit noch an ihm teilgenommen hatten. Die Perser hatten vor der Schlacht denen, die abfallen würden, Straffreiheit zugesagt, allen übrigen aber Vernichtung und Deportation angedroht, und sie machten diese Ankündigung wahr.

Als erstes wurde Milet zu Wasser und zu Lande eingeschlossen und belagert. Mehrere Monate leistete die Stadt Widerstand, dann hatten die persischen Ingenieure die Befestigungen untergraben und brachten sie zum Einsturz.

Die wehrfähigen Männer wurden getötet, die jungen Leute entmannt und als Eunuchen ins Reichsinnere verschleppt. Die schönsten Mädchen wurden für die persischen Harems ausgewählt, die übrige Bevölkerung wurde geschlossen ins persische Hochland deportiert und später am unteren Tigris angesiedelt. Die Wohnstadt wurde völlig zerstört, das umliegende Gebiet an die Karer zurückgegeben, denen es die griechischen Einwanderer einst abgewonnen hatten. Milet hörte auf zu existieren und hat sich in den folgenden Jahrhunderten von dieser Katastrophe nicht mehr erholt. Erst in hellenistisch-römischer Zeit erlebte es eine neue Blüte, stand aber auch dann immer hinter Ephesus zurück, das nicht am Aufstand teilgenommen und keine Zerstörung erlebt hatte.

Aber es wurde nicht nur die Stadt Milet vernichtet, sondern auch ihr berühmtes Heiligtum und Orakel, der Apollontempel von Didyma mit seiner statuengeschmückten Prachtstraße und seinen unermeßlichen Schätzen. Die Zerstörung des Kybele-Heiligtums von Sardes durch die Ionier gab den Persern Anlaß oder Vorwand, wo immer sie eine griechische Stadt eroberten, auch deren Heiligtümer zu zerstören, bis hin zur Akropolis von Athen.

Zu Beginn des Krieges, als beraten wurde, ob man dem Vorschlag, sich gegen die Perser zu erheben, folgen sollte oder nicht, hatte der Geograph Hekataios von Milet aus seiner persönlichen Kenntnis der ungeheuren Weite und Macht des Achämenidenreiches dringend von einem so aussichtslosen Abenteuer abgeraten. Als er kein Gehör fand und die Kriegspartei das letzte Wort behielt, hatte er geraten, wenn man denn unbedingt Krieg führen wolle, dann müsse man ihn auch mit allen Mitteln führen, und vorgeschlagen, daß man die reichen Schätze des Heiligtums von Didyma in den Dienst des Aufstands und der Bewaffnung stelle. Scheue man vor einer solchen Profanierung zurück, so werde der Erfolg nur sein, daß die Schätze früher oder später den Persern in die Hände fielen, und sie würden dann nicht nur entweiht und verloren sein, sondern auf der Seite des Gegners gegen sie selber streiten. Wie er es vorausgesagt hatte, so war es alles eingetreten.

Die Zerstörung Milets ist die größte Katastrophe, die das Griechentum in archaischer Zeit getroffen hat. Es war im 6. Jh. die bedeutendste und reichste aller griechischen Städte gewesen. Damals bestanden in Ionien die größten Hafen- und Handelsstädte, denen selbst die wichtigsten mutterländischen – Korinth, Chalkis, Ägina – nicht gleichkamen, während Athen noch in seinen ersten Anfängen stand. Milet, das schon in mykenischer Zeit existierte, war in der großen Kolonialbewegung eine der expansivsten griechischen Mutterstädte gewesen. Es hatte die einzige griechische Kolonie von Dauer in Ägypten gegründet und nicht weniger als achtzig Pflanzstädte vom Hellespont bis ans Schwarze Meer, das es geradezu mit einem Kranz von Kolonien umgeben und so aus einem ungastlichen zu einem für die Griechen wahrhaft gastlichen gemacht hatte (Póntos eúxeinos). Die weitläufigen Verbindungen und Unternehmungen hatten indes in Milet nicht nur Handel und Gewerbe zur Blüte gebracht. Hier hatten Thales, Anaximenes und Anaximander die sogenannte Ionische Naturphilosophie begründet, den Anfang der europäischen Philosophie. Hier hatte Thales den Beginn der griechischen Sternkunde eingeleitet. Anaximander entwarf die erste europäische Erdkarte, und Hekataios schrieb sozusagen das

Textbuch dazu. Durch Erkundungen auf eigenen und durch systematische Auswertung der Ergebnisse fremder Reisen hatte er die Grundlagen für die wissenschaftliche Erd- und Völkerkunde gelegt. Schließlich war in Milet die maßgebende Gestalt des griechischen Alphabets geschaffen worden, die 403 von Athen übernommen wurde und damit an die erste Stelle rückte.

Milet war Ioniens einzige Stadt gewesen, die sich dem Zugriff der Lyder hatte entziehen können. Nun war es durch die Perser zerstört.

Mit ihm waren Herd und Zentrum des Ionischen Aufstands ausgelöscht, aber das konnte die anderen Bundesgenossen nicht vor der Vergeltung retten. Sobald die phönikische Flotte frei war, leitete sie verheerende Strafexpeditionen gegen Chios, Lesbos und Tenedos ein. Die Inseln wurden nicht nur ihrer Städte, sondern weitgehend ihrer Bevölkerung beraubt. Der alte Gegensatz zwischen Phönikern und Griechen ließ dem Haß und der Rache furchtbaren Lauf. Doch wird von den Chioten berichtet, daß sie auch von ihren eigenen Stammesgenossen den Tod erlitten. Als nach der Schlacht von Lade diejenigen chiotischen Schiffe, die nicht mehr voll manövrierfähig waren, zur Sicherheit die nahe gelegene, noch nicht von den Persern besetzte Halbinsel Mykale anliefen, von wo aus die Mannschaften versuchen wollten, zu Fuß in die Heimat zurückzugelangen, kamen sie in der Nacht auf ephesisches Gebiet. Dort feierten die Frauen von Ephesus gerade das Thesmophorienfest zu Ehren der Demeter. Die nächtlichen Fremdlinge gerieten in den Verdacht, Piraten und auf Frauenraub aus zu sein, und wurden, ohne daß sie das Mißverständnis aufklären konnten, von der ephesischen Bürgerwehr erschlagen, die außerordentlich schnell und zahlreich zur Stelle gewesen sein muß. Sehr überzeugend klingt dieser Bericht allerdings nicht. Eher ist er eine apologetische Version zur Ehrenrettung von Ephesus, das nicht am Aufstand teilgenommen und keine Bedrohung von den Persern erfahren hatte, in seinem Opportunismus aber offenbar so weit gegangen war, flüchtige Landsleute zu ergreifen und zu erschlagen. Dabei hatten sich die Chioten vielleicht mit Absicht gerade auf ephesisches Gebiet begeben, weil sie hofften, dort fürs erste vor den Persern sicher zu sein. So fand die chiotische Heldenschar von Lade ein ruhmloses Ende. Die Ephesier fügten damit dem Verrat der Samier noch den Brudermord hinzu. Ephesus und Samos waren von den zwölf ionischen Städten die einzigen, die dem allgemeinen Untergang entgingen. Denn die Perser hielten Wort und verschonten die Samier wegen ihrer Flucht bei Lade. Später aber setzten die Samier den elf Schiffen, die an der Schlacht teilgenommen hatten, ein Ehrenmal, wo es dann scheinen konnte, als hätten sie mit ihrer äußeren Existenz zugleich auch noch ihre Ehre gerettet.

Das Archontat des Themistokles

Die Athener stifteten der Katastrophe von Milet ein Andenken eigener Art. Im März des Jahres 493, an den Großen Dionysien, brachte der Tragiker Phrynichos eine Tragödie mit dem Titel »Der Fall von Milet« zur Aufführung. Es war, wenn wir so wollen, das erste Politdrama der europäischen Literatur. Die Tragödie machte ungeheuren Eindruck. Mit der anschaulichen Gewalt ihrer Szenen stellte sie den Athenern die Größe des Unglücks viel eindringlicher vor Augen, als es im Jahr zuvor die Nachrichten von den Ereignissen selbst vermocht hatten. Der Dichter wurde mit einer Geldstrafe von tausend Drachmen bedacht, weil er ein so furchtbares Ereignis und die Schuld der Athener öffentlich ins Bewußtsein zurückgerufen hatte. Das Werk selbst verfiel dem Verbot, jemals wieder aufgeführt zu werden.

Es ist die Vermutung ausgesprochen worden, Themistokles sei es gewesen, der (seinen Freund?) Phrynichos zu diesem Drama angeregt habe, allerdings nicht, um dem Untergang Milets ein literarisches Denkmal zu setzen, sondern um den Athenern bewußt zu machen, was sie demnächst selbst von den Persern zu erwarten hätten. Beweisbar ist das freilich nicht. Tatsache ist allein, daß Themistokles im Frühling desselben Jahres 493 in das höchste athenische Staatsamt gewählt wurde, in das Amt des Ersten Archonten. Welche Kreise hinter ihm standen, wer ihn vorgeschlagen, propagiert und gewählt hatte, ist unbekannt. Für uns taucht Themistokles unvermittelt aus der politischen Anonymität auf.

»Themistokles entstammte einem recht unbedeutenden Geschlecht, das ihm wenig Ruhm verhieß«, beginnt Plutarch seine Themistokles-Biographie. Und an anderer Stelle sagt er von ihm, daß er »aus keinem glänzenden Geschlecht stammte und nur ein mäßiges Vermögen besaß«, denn es belief sich, wie es heißt, nur auf fünf oder gar nur drei Talente, als er in die Politik eintrat.

Von seines Vaters Neokles' Seite stammte er aus keinem der bedeutenden oder auch nur reichen Geschlechter Athens, von seiner Mutter her war er nicht einmal vollbürtig, denn sie war nach der einen Überlieferung eine Thrakerin, nach einer anderen eine Karerin. Man wußte später nicht einmal mehr, ob sie Abrotonon oder Euterpe geheißen hatte. Als Halbbürger blieben ihm die renommierten Gymnasien verschlossen, er mußte sich zusammen mit den Fremdstämmigen im deklassierten des Kynosarges üben, das dem Herakles geweiht war, weil auch er kein vollbürtiger Gott war, sondern von einer sterblichen Mutter stammte. Themistokles soll aber seine adeligen Jugendfreunde, die er jedenfalls besaß, überredet haben, mit ihm im Kynosarges zu trainieren, wodurch die Aussonderung und Herabsetzung dieses Gymnasiums auf geschickt diplomatische Weise aufgehoben wurde.

Was sonst von seiner Jugend erzählt wird, sind sehr wahrscheinlich spätere Projektionen, die sich am Erwachsenen orientieren. So soll er schon als Junge wenig Lust zu Kinderspielen gezeigt und lieber fiktive Gerichtsreden entworfen haben, in denen er seine Kameraden anklagte oder verteidigte. Wenn es um den Erwerb von Umgangsformen und Lebensart ging, zeigte er sich uninteressiert, dagegen galt sein höchster Eifer allen Unterweisungen, in denen der Verstand geübt und auf die Praxis des Lebens vorbereitet wurde, »als ob er einer inneren Stimme gehorchte«, fügt Plutarch orakelnd hinzu.

Seinen Mangel an musischer Erziehung und Ausbildung scheint man ihm später offen vorgehalten zu haben. Er pflegte darauf zu antworten, aufs Leierspielen und Saitenzupfen verstehe er sich freilich nicht, wohl aber darauf, einen Staat, den er klein und unbedeutend übernommen habe, zu Ruhm und Größe zu führen.

Schroff und eigenwillig, wie sein Charakter war, konnten Vernunft und Zucht nicht die Maßstäbe sein, die seine Jugend bestimmten. Sein Ungestüm riß ihn oft zu Extremen hin, ja die Verleumdung, der er später wie kein anderer griechischer Staatsmann ausgesetzt war, suchte seine Jugendsünden zu dem Grade auszudehnen, daß sein Vater ihn ihretwegen enterbt und seine Mutter über diese Schande ihres Sohnes sich das Leben genommen habe, Überlieferungen, die nur bezeugen, wie weit die Verleumder mit ihren Erfindungen gingen.

Erfindung von wohlwollender Seite waren die Versuche, Themistokles zum Schüler der berühmten Philosophen Anaxagoras von Klazomenä und Melissos von Samos zu machen, was eindeutig gegen die Chronologie streitet, wie schon Plutarch bemerkt. Er hatte vielmehr einen Mann aus seinem eigenen Demos zum Lehrer, Mnesiphilos, der weder zu den Rhetoren noch zu den Philosophen gehörte, sondern die jungen Leute auf die Anforderungen des praktischen Lebens und der öffentlichen Laufbahn vorbereitete und von dem, seiner Bedeutung entsprechend, sonst wenig bekannt ist.

Als die hervorstechendste Charaktereigenschaft des Themistokles wird immer wieder sein Ehrgeiz genannt. »Themistokles war ehrgeizig wie niemand sonst«, heißt es bei Plutarch. Er wollte überall der Erste sein, und schon die Erfolgsträume des Jungen scheinen sich auf die Politik gerichtet zu haben. Sein Vater, heißt es, suchte ihn davon zu kurieren und habe ihn ans Meer geführt und ihm die alten, zerfallenen Trieren gezeigt, um die sich kein Mensch mehr kümmerte, und dazu bemerkt, so verfahre das Volk mit den Politikern, wenn sie ihren Dienst getan hätten. Nur zu hart sollte sich diese Lehre an ihm bewahrheiten, und gerade die Schiffe waren des Themistokles Schicksal.

Der Hafen des damaligen Athen war die Reede von Phaleron, eine flachgeschwungene offene Bucht, in der die Schiffe auf den Strand gezogen wurden und im Krieg oder bei Angriffen von Piraten eines sicheren Schutzes entbehrten, wie die sporadischen Überfälle der Ägineten immer wieder bewiesen.

Im Westen wird die Bucht von Phaleron durch eine Halbinsel gedeckt, die in der nach allen Seiten steil abfallenden Höhe Munichia gipfelt, auf der sich seit alters ein Heiligtum der Artemis befand. Auf der Südostseite der Halbinsel sind zwei natürliche Häfen in die Felsküste eingeschnitten, ein kleinerer halbkreisförmig, ein größerer kreisförmig, glänzend geschützt, mit einer leicht zu schließenden Einfahrt. Im Nordwesten der Halbinsel aber, auf der gegenüberliegenden Seite, greift das Meer mit einer breiten, tiefen Bucht ins Land ein, doch so, daß eine Landzunge von Norden so nah an die Halbinsel herantritt, daß auch an dieser Stelle die Natur die Bucht zu einem natürlichen Hafen schließt, der zu seiner völligen Sicherung nur kurzer Molen bedurfte. Über die Gründung von Byzanz findet sich bei Herodot die berühmte Anekdote: »Der persische Feldherr Megabazos hat sich bei den Anwohnern des Hellespont durch folgendes Wort unsterblich gemacht. In Byzanz erzählte man ihm, die Chalkedonier hätten ihre Stadt siebzehn Jahre früher gegründet als die Byzantier. Da sagte er, die Chalkedonier müßten damals blind gewesen sein. Denn wären sie nicht blind gewesen, so hätten sie nicht den schlechteren Platz für ihre Stadt gewählt, da ein besserer ihnen vor Augen lag« (Hdt. 4, 144).

So hätte auch Themistokles sagen können, daß die Athener blind gewesen seien, indem sie die offene Bucht von Phaleron zu ihrem Hafen wählten, die drei Naturhäfen des Piräus aber unbeachtet ließen. Was bekannt und vor aller Augen dalag, er zeigte als erster, wozu man es nutzen konnte.

Denn das war seine Einsicht und Überzeugung, daß Athen Seemacht werden müßte, wenn es Zukunft haben sollte. Allein als Seemacht würde es imstande sein, die Ägineten abzuweisen und sich der Perser zu erwehren. Allein als Seemacht würde es ihm gelingen, über die anderen griechischen Staaten die Vormacht zu erringen. Für eine einsatzfähige große Flotte aber brauchte man geschützte Häfen, in denen nicht nur die Schiffe selbst vor jedem feindlichen Zugriff sicher waren, sondern ebenso die Werften für Reparaturen und Neubau und die Arsenale zur Lagerung des Zubehörs.

Am liebsten hätte Themistokles Athen nach dem Piräus und die Akropolis auf die Munichia verlegt. Er mußte sich damit begnügen, ein See-Athen zu gründen, und stellte den Antrag, den Piräus zum Hafen auszubauen. Bedeutende Mittel mußten bewilligt und aufgebracht werden. Es war ein Plan über Jahre, zuerst den Hafen, dann die Flotte auszubauen. Aber was im Archontenjahr des Themistokles so energisch und umsichtig begonnen worden war, fand schon im Herbst darauf keine Fortsetzung mehr.

Die Rückkehr des Miltiades Herr der Thrakischen Halbinsel

Die Dolonker, ein barbarischer Stamm auf der Thrakischen Halbinsel, wurden von ihren nördlichen Nachbarn so hart und häufig bedrängt, daß sie sich selbst nicht mehr zu helfen wußten und in ihrer Not das Orakel von Delphi baten, ihnen einen Beschützer zu geben. Die Pythia verwies sie nach Athen, an Miltiades, den Sohn des Kypselos, aus dem Geschlecht der Philaïden, das sich auf den homerischen Helden Ajax zurückführte, den Telamonier, den sogenannten großen Ajax, den Nationalheros von Salamis. Es war die Zeit der Tyrannis des Peisistratos. Der hatte sich mit den Bauern und den niederen Schichten verbunden, um seiner Alleinherrschaft eine breite Basis gegen den Adel zu geben, der sich ausgeschaltet und kaltgestellt fand. Da war es für Miltiades eine willkommene Gelegenheit, der verhaßten Tyrannis den Rücken zu kehren, der ständigen Zurücksetzung und Gefahr zu entgehen und sich bei den Dolonkern eine eigene Herrschaft zu gründen. Mit Einverständnis des Tyrannen, der froh war, einen Teil seiner Gegner auf so einfache Weise loszuwerden, sammelte er eine größere Schar Freiwilliger, rüstete einige Schiffe aus und fuhr mit ihnen nach Thrakien. Das muß in der ersten Tyrannis des Peisistratos, der zweimal vertrieben wurde, gewesen sein, in den Jahren zwischen 560 und 555, da Miltiades noch vor dem Untergang des Krösus 546 seine Herrschaft begründete.

Miltiades fuhr mit seinen Kolonisten nach Kardia und riegelte die Halbinsel an ihrer schmalsten Stelle gegen feindliche Einfälle ab, indem er mit Hilfe der Dolonker eine Wehrmauer quer über den Isthmus baute, eine Mauer, die die Hafenstädte Kardia im Norden und Paktye im Süden miteinander verband und die noch zur Zeit des Peloponnesischen Krieges bestand und erneuert wurde. Herodot gibt ihre Länge mit 36 Stadien an, das sind etwa sechseinhalb Kilometer.

Auf der Mitte des Isthmus aber, also zwischen Kardia und Paktye an der Mauer gelegen, gründete er eine neue Stadt, für die er, wie es auch in anderen Fällen geschah, wenig phantasievoll einfach den Namen der Landschaft, nämlich *Chersonesos = Halbinsel* übernahm. Die auf der Halbinsel schon bestehenden

Städte nahm er mit seinen Kolonisten in Besitz oder begründete sie neu (außer Kardia und Paktye Krithone, Sestos und Eläus). Die Hauptstadt aber war Chersonesos, und nach ihr hieß das Staatswesen, zu dem die Städte zusammengefaßt waren, Staat der Chersonesier, mit der für die griechische Statsauffassung charakteristischen personalen Formulierung, die den Staat nicht nach dem Territorium, sondern nach den Bürgern benannte, wie es aber auch im Mittelalter noch geschah. Miltiades vereinigte damit in Personalunion zwei ganz verschiedene Titel auf sich, er war einerseits Fürst und Feldherr der Dolonker und andererseits Tyrann, Alleinherrscher der Chersonesier, eines Staatswesens übrigens, das über alle Wechselfälle der Perserkriege hinweg bis 447 v. Chr. Bestand hatte und erst dann in seine einzelnen Städte zerfiel, aufgelöst durch den Imperialismus der Athener, die selbst auf der Halbinsel herrschen wollten und mit einzelnen Städten leichteres Spiel zu haben glaubten als mit einem geschlossenen Staatswesen.

Die auf dem Isthmus errichtete Sperre erfüllte zwar ihren Zweck gegen die zudringlichen Nachbarn im Norden, aber sie konnte nicht gegen Angriffe über See schützen, und so geriet Miltiades in Krieg mit der auf der asiatischen Seite gelegenen Stadt Lampsakos. Vielleicht fürchteten die Lampsakener, ihre Kontrollstellung am Hellespont zu verlieren, vielleicht hatten sie Besitzungen auf der Halbinsel, die sie sichern wollten, jedenfalls griffen sie auf die Halbinsel über und Miltiades auf seinem eigenen Gebiet an. Er kämpfte glücklos, ja, die Gegner konnten ihn sogar gefangennehmen. Damit wäre nun seiner Zukunft und Herrschaft vielleicht ein frühzeitiges Ende bereitet gewesen, wenn er nicht den lydischen König Krösus zum Freund gehabt hätte, der bis 546 die bestimmende Figur in Kleinasien war. Krösus intervenierte und drohte den Lampsakenern an, er werde ihre Stadt »umhauen wie eine Fichte«, ein Vergleich, der ihnen wenig sagte, bis man sie darüber aufklärte, daß die Fichte der einzige Baum sei, der keinen Sproß mehr treibe, wenn man ihn fällt, sondern gänzlich abstirbt. Da ließen sie den Miltiades schleunigst frei.

Miltiades starb zu uns unbekannter Zeit, irgendwann in den zwanziger Jahren. Er starb kinderlos, und Herrschaft und Erbe gingen an seinen Neffen Stesagoras über, der von klein an bei ihm aufgewachsen war. Seine Regierung dauerte wahrscheinlich nur wenige Jahre. Er fiel der alten Feindschaft mit den Lapsakenern zum Opfer, die ihn um 520 auf offenem Markt ermordeten.

Miltiades der Jüngere

Auch Stesagoras war kinderlos geblieben, und die Chersones fiel nach seinem Tode an seinen Bruder Miltiades, den Jüngeren. Ihr Vater Kimon war von den Peisistratiden zuerst verbannt, dann ermordet worden. Der zweite Miltiades hatte also noch viel mehr Anlaß als seinerzeit sein Onkel, Athen und der verhaßten Tyrannis den Rücken zu kehren, als der Ruf nach Thrakien an ihn erging. Hier führte er sich freilich auf eine Weise ein, die deutlich verriet, wie sehr selbst die Feinde der Tyrannis in Gefahr waren, ihrem Vorbild zu erliegen: Als im Palast von Chersones die führenden Männer aus den griechischen Städten der Halbinsel zusammenkamen, um seinem ermordeten Bruder die Totenehren zu erweisen, ließ er sie alle miteinander gefangensetzen. Wir wissen nichts über ihr weiteres Schicksal. Man konnte die solcherart Inhaftierten kaum ohne Gefahr wieder freilassen, aber auch kaum dauernd in Haft halten. Wahrscheinlich hat Miltiades sie verbannt. Daß er sie umbringen ließ, ist wenig wahrscheinlich, denn das wäre bei der Anklage wegen Tyrannis, die 493 in Athen gegen ihn erhoben wurde, ein ganz gravierender Punkt gewesen, der aber, soviel wir wissen, dabei nicht zur Sprache kam. Wie auch immer, mit seinem Handstreich hatte Miltiades sich zum Tyrannen der Thrakischen Halbinsel gemacht. Und er erhöhte seine fürstliche Stellung noch dadurch, daß er sich eine Leibwache von fünfhundert Söldnern zulegte und die thrakische Königstochter Hesiphyle zur Frau gewann. Von ihr hatte er zwei Söhne, Metiochos und Kimon.

Im Jahre 513 griff die persische Expansion zum erstenmal nach Europa über, mit dem Zug des Darius gegen die Skythen. Das Ziel des Unternehmens ist nicht klar. Man hat vermutet, Darius habe die Reitervölker, die ständig die Nordgrenze des Reiches östlich des Kaspischen Meeres bedrohten, mit einem großangelegten Angriff von Westen her in die Zange nehmen wollen, eine Absicht, die freilich eine völlige und deshalb wenig glaubhafte

Unkenntnis der Geographie verraten würde. Zum Skythenzug wurden nicht nur die persischen Vasallen an der kleinasiatischen Küste aufgeboten, es wurden auch die europäischen Anlieger zur Heeresfolge aufgefordert, ein Ansinnen, dem sich Miltiades im Gedanken an die unabsehbaren Folgen einer Weigerung nicht zu entziehen wagte.

Die Städte Byzanz und Chalkedon wurden unterworfen und am Eingang des Bosporus eine Schiffsbrücke errichtet, über die das Heer nach Europa übersetzte. Die übrigen Schiffskontingente waren dem Heereszug voraus ins Schwarze Meer und dann in den Unterlauf der Donau eingelaufen, um hier eine zweite Schiffsbrücke zu errichten. Aber der mit so großem Aufwand unternommene Zug mißlang. Städte der Skythen gab es keine zu erobern, da sie Nomaden waren, und auch ihre schnell beweglichen Reiterschwärme ließen sich in den weiten Niederungen von Istros und Tyras (Donau und Dnjestr) nicht fassen. Unverrichteter Dinge mußten die Perser wieder umkehren. Da man die Bosporusbrücke zu früh abgebrochen hatte, geriet die persische Nachhut in verlustreiche Kämpfe mit thrakischen Stämmen und mußte ihren Rückzug über die Chersones und Sestos nehmen, durch das Herrschaftsgebiet des Miltiades.

War der Zug gegen die Skythen gescheitert, so wollte Darius doch wenigstens die Oberhoheit über die europäische Küste behaupten. Der Feldherr Megabazos verblieb in Europa und brach im folgenden Jahr, 512, auf, um sowohl von den thrakischen Stämmen wie auch von König Amyntas von Makedonien Erde und Wasser zum Zeichen der Unterwerfung zu fordern. Beide unterwarfen sich, und der Großkönig konnte sich nun als Herr der Ägäis bis zum Tempetal, der Südgrenze Makedoniens, betrachten. Allerdings begnügten sich die Perser mit dieser nominellen Oberhoheit und verzichteten darauf, das thrakische und makedonische Gebiet durch Errichtung einer neuen Satrapie wirklich in Besitz zu nehmen. Soviel wir wissen, wurde nur in Doriskos, westlich vom Hebros, eine persische Garnison stationiert.

Im folgenden Jahr zeigte sich, wie klug Miltiades daran getan hatte, der persischen Aufforderung Folge zu leisten, denn 511 wurde der Feldherr Otanes entsandt, um diejenigen Städte und Inseln zu bestrafen, die beim Skythenzug abgefallen waren oder den zurückkehrenden Truppen ihre Hilfe versagt hatten. Die Städte Byzanz und Chalkedon, Antander und Lamponion verfielen einem harten Strafgericht, und auch die Inseln Lemnos und Imbros verloren ihre Freiheit.

Mit der Vergeltungsexpedition des Otanes endeten indessen die persischen Demonstrationen in Europa. Die Perser behandelten es ein Jahrzehnt lang als ein Randgebiet, dem sie offenbar keine besondere Bedeutung beimaßen, und diese Indifferenz ist vielleicht einer der äußeren Gründe gewesen, die die Ionier zu dem Abenteuer ihres Aufstands verleiteten.

Als der persische Gouverneur von Lemnos starb und, wie es scheint, nicht ersetzt wurde, entstand ein dynastisches Vakuum, das es Miltiades nahelegen mußte, seinerseits die Vakanz auszufüllen und seinen Herrschaftsbereich auf die benachbarten Inseln auszudehnen.

Lemnos wurde von zwei Städten beherrscht, Myrina im Westen und Hephästia im Norden. Hephästia unterwarf sich sofort, Myrina erst nach längeren Kämpfen. Lemnos war damals noch nicht von Griechen besiedelt, sondern von einer mediterranen Vorbevölkerung, von Pelasgern, wie Herodot sie nennt, was immer näher darunter zu verstehen sein mag. Miltiades, der die Insel gräzisieren wollte, forderte die Pelasger auf, sie zu verlassen, und diese, nicht gewillt, unter dem neuen Herrn in Hörigkeit zu leben, und vielleicht auch aus Furcht, daß es früher oder später auf ihrem Rücken zu Auseinandersetzungen zwischen Miltiades und den Persern kommen würde, entschlossen sich, die Heimat aufzugeben. Wir wissen nicht, wohin sie sich wandten. Miltiades, dessen Gebiet nicht an Überbevölkerung litt und der kein Interesse daran haben konnte, die eigenen Städte zu entblößen, wandte sich an seine Mutterstadt und lud die Athener ein, Lemnos zu besiedeln. So zogen in den Jahren 510–505 attische Kolonisten aufs thrakische Meer hinaus und nahmen Lemnos in Besitz und, wie es scheint, auch Imbros. Die Herrschaft des Miltiades hatte damit ihre größte Ausdehnung erreicht, und für ein Jahrzehnt konnte er sich ihrer ungestört erfreuen. Am Ionischen Aufstand scheint er sich in kluger Zurückhaltung nicht beteiligt zu haben. Selbst wenn er geglückt wäre, hätte er für sich nicht viel Gutes zu erhoffen gehabt, denn die Aufständischen waren demokratisch gesinnt und hätten sich nach ihrem Sieg gegen seine Tyrannis gewandt. Er hielt sich heraus und wurde trotzdem – unerwartet und von ganz anderer Seite – in Konflikt verwickelt. Skythische Reiterscharen waren überraschend nach Thrakien vorgedrungen und bis auf die Chersones gelangt. Für sie war die Sperrmauer nicht unüberwindbar, die Gegenwehr brach zusammen, sie überfluteten die Halbinsel, Miltiades floh. Daß er seine Sache so schnell und so gänzlich verlorengab, ist gewiß überraschend, auch wissen wir nicht, wohin er sich wandte. Doch stand ihm, seit die Tyrannis in Athen im Jahre 510 gestürzt worden war, die Heimat wieder offen. Indessen ging der Skytheneinfall so schnell vorüber, wie er hereingebrochen war. Die Dolonker riefen Miltiades zurück, und er leistete ihrem Ruf Folge, er hätte das ganz gewiß nicht getan, wenn er geahnt hätte, daß es eine Rückkehr für nur zwei Jahre war.

Es war das Jahr 495, als er zurückkehrte. Es folgte 494 die Schlacht von Lade und die Zerstörung Milets und 493 die Strafexpedition der phönikischen Flotte gegen die Inseln und alle Städte an Hellespont und Propontis, die am Aufstand teilgenommen hatten, soweit sie nicht schon 496 zurückerobert worden waren oder sich inzwischen freiwillig unterworfen hatten, wie zum Beispiel Kyzikos. Als ein Gegner aus Paros Miltiades bei den Persern verleumdete und in den Verdacht der Konspiration brachte, wandte sich die phönikische Flotte auch gegen die Chersones. Alle Städte auf der Südostseite und an der Südspitze wurden zerstört. Nur das abgelegene Kardia im Norden entging der Vergeltung. Auf die Nachricht, daß die Phöniker in Tenedos gelandet seien, beschloß Miltiades noch vor dem Angriff auf seine eigenen Städte, die vielleicht wirklich mit den Aufständischen sympathisiert hatten, mit seiner nächsten Umgebung zu fliehen. Er belud fünf Schiffe mit seiner wertvollsten Habe und verließ von Kardia aus die Thrakische Halbinsel, über die er fast ein Menschenalter lang geherrscht hatte. Indessen war das thrakische Meer keineswegs, wie er gehofft hatte, von aller feindlichen Kontrolle frei. Sie begegneten auf der Fahrt phönikischen Schiffen, denen sie nicht rechtzeitig ausweichen konnten. Eines der Schiffe des Miltiades wurde aufgebracht, mit den vier anderen konnte er sich nach Imbros retten, und von dort gelangte er einige Zeit später unter glücklichen Vorzeichen unangefochten nach Athen.

Das Schiff, das die Phöniker aufgebracht hatten, stand unter dem Kommando von Miltiades' ältestem Sohn Metiochos. Er wurde nach Susa transportiert und als Gefangener vor den Großkönig geführt. Der begnadigte ihn zu persischem Exil, gab ihm Grund und Besitz und eine Perserin zur Frau. Seine Kinder galten später als Perser. Seltsam zu denken, daß die Enkel des Siegers von Marathon und die Neffen des großen Athener Staatsmanns Kimon als Perser aufwachsen sollten.

Miltiades in Athen

In dem Athen, in das Miltiades im Jahre 493 zurückkehrte, lagen drei politische Strömungen miteinander in Konkurrenz. Obwohl die Peisistratiden seit siebzehn Jahren gestürzt waren, gab es immer noch eine Reihe von Tyrannenanhängern, sei es, daß sie die Tyrannis in verklärtem Licht erblickten, sei es, daß sie sich von ihrer Wiederherstellung äußere Vorteile versprachen. Tyrannenfeindlich dagegen waren sowohl die demokratische Richtung, deren Exponent im Augenblick Themistokles war, als auch die aristokratisch-oligarchische Richtung, die schon seit vielen Jahren keinen Führer mehr besaß. Es ergab sich zwangsläufig und ganz von selbst, daß Miltiades bei seiner Rückkehr an die Spitze der oligarchischen Partei trat. Das geschah allerdings erst, nachdem es ihm gelungen war, einen Angriff abzuwehren, der darauf berechnet war, ihn von vornherein politisch auszuschalten und persönlich zu vernichten. Seine Gegner erhoben bald nach seiner Rückkehr gegen ihn eine Anklage wegen Tyrannis, die seit dem Sturz der Peisistratiden in Athen strafbar war. Wir wissen nicht mit Sicherheit, wer hinter dieser Anklage stand. Wenn es Demokraten waren, so jedenfalls nicht Themistokles. Wahrscheinlich waren es Überlebende und Nachfahren von denen, die Miltiades seinerzeit bei seiner Machtergreifung nach Tyrannenart festgesetzt und vielleicht nicht um ihren Besitz, aber jedenfalls um Stellung und Ansehen gebracht hatte. Es wäre geradezu unnatürlich gewesen, wenn die betroffenen Familien jetzt, unter demokratischen Verhältnissen, nicht versucht hätten, sich Genugtuung zu verschaffen. Juristisch allerdings war ihre Anklage nicht eindeutig. Strafbar war Tyrannis in Athen nur, sofern sie über attische Bürger angestrebt oder ausgeübt worden war. Das traf für Miltiades nicht zu. Sowohl die Chersones wie auch Lemnos waren unabhängige, persönliche Herrschaften gewesen, in denen Miltiades nicht über attische Bürger, sondern über attische Kolonisten geboten hatte. Die Anklage wurde möglicherweise von vornherein als gegenstandslos abgewiesen, Miltiades jedenfalls freigesprochen. Nun stand er unangefochten als Mann von fürstlichem Rang und Ansehen, von großem Anhang und gewaltigem Vermögen an der Spitze der oligarchischen Bestrebungen, und das hatte in Athen sehr bald einen allgemeinen Umschwung der politischen Stimmung und Zielsetzung zur Folge.

Den Flottenplänen des Themistokles war man mehr aus Not und Ratlosigkeit als aus Überzeugung gefolgt. Die Absicht, die konventionellen Waffengattungen gegenüber einer alles überflügelnden Marine zurückzustellen, mußte auf zahlreiche und ganz unterschiedliche Gegnerschaft stoßen. Genau wie heute sahen die konventionellen Waffengattungen, damals Ritter und Hopliten, sich nicht gern auf den zweiten Platz verwiesen. Vielen, nicht nur den Oligarchen, werden die themistokleischen Pläne nicht geheuer gewesen sein, schließlich würden sie eine schnelle und radikale Demokratisierung zur Folge haben, weil die zu Tausenden zählenden Rudermannschaften aus den unteren Volksschichten rekrutiert werden mußten und diese damit aktiven Anteil an der Kriegführung und bald auch der Politik überhaupt erhalten würden. Nicht die schwächste Einrede aber wird aus jenem allgemeinen Vorbehalt gekommen sein, den auch die Griechen instinktiv gegen das Meer hegten. Daß Wasser keine Balken hat, daß das Meer des Menschen Feind ist, daß im Seekrieg das Schlachtenglück weitaus mehr noch als sonst schon von unkalkulierbaren Zu- und Wechselfällen aller Art abhängt, das alles mußte große Teile der Bevölkerung, die zudem vorwiegend bäuerlich war, bedenklich stimmen. An der Person und Haltung des Miltiades kristallisierten sich alle diese Vorbehalte mit dem Erfolg, daß Themistokles im Frühjahr 492 nicht wieder in ein höheres Amt gewählt und damit sein ganzes Programm sistiert wurde.

Mit Miltiades gewann die Tradition wieder das führende Wort. Sein politisches Ansehen und seine Autorität gründeten sich nicht nur auf seinen Stand und Reichtum, sondern mehr noch auf seine Erfahrung. Nahezu ein Menschenalter hatte er in der Nachbarschaft der Perser verbracht, hatte mit ihnen und für und wider sie gekämpft, kannte ihre Art der Diplomatie, Bewaffnung und Kriegführung. Kein Wunder, daß man seiner Meinung mehr vertraute als den revolutionären Plänen des Themistokles. Es war nun ausgemacht, daß der Entscheidungskampf zwischen Persern und Griechen mit konventionellen Mitteln zu Lande ausgetragen werden würde.

Der Zug des Mardonius nach Makedonien

Mit der Strafexpedition der phönikischen Flotte im Jahre 493 war der Ionische Aufstand beendet und die persische Oberhoheit in Kleinasien wiederhergestellt. Es war nur natürlich, daß ihr nun eine straffere Organisation gegeben wurde, als sie bis dahin gehabt hatte, das aber keineswegs zum Schaden der Besiegten. Noch im Herbst des gleichen Jahres ließ Artaphernes, der Satrap von Sardes, Abordnungen aller ionischen Städte zu sich kommen und machte sie mit der künftigen Ordnung bekannt, die eine beispiellose Liberalität der persischen Herrschaft bezeugt. Den griechischen Städten wurde ihre Selbstverwaltung zurückgegeben, aber nicht durch Restitution der Aristokratie, sondern durch Einsetzung von Stadträten. Die Städte wurden gezwungen, untereinander Verträge abzuschließen und sich zu verpflichten, sich bei künftigen Streitfällen dem Spruch eines Friedensgerichts zu unterwerfen. Dadurch sollten die traditionellen Streitigkeiten und gegenseitigen Plünderungen ein für allemal einem allgemeinen Landfrieden weichen. Die Städte wurden angewiesen, ihre Gebiete und Ländereien nach persischem Maß zu vermessen und darüber ein Kataster anzulegen. Nach diesem Kataster wurden die Abgaben festgesetzt, die im übrigen nur wenig erhöht wurden und zwei Generationen lang, bis in die Zeit Herodots, unverändert blieben. Schließlich wurden Heeresfolge und Flottenaufkommen festgesetzt.

Die überraschend milde Abgabenpolitik der Perser trug natürlich nicht nur zur Besänftigung der ionischen Gemüter, sondern vor allem zum schnellen Wiederaufkommen der zerstörten Städte bei, und das war wohl auch ihr Zweck. Ja, die Neuordnung läßt vermuten, daß viele Städte, obwohl Herodot von Deportation der Jugend und Zerstörung der Häuser und Heiligtümer berichtet, trotzdem in wesentlichen, zumindest lebensfähigen Teilen fortbestanden, die einem Neubeginn sichere Grundlagen boten.

Nachdem die ionischen Verhältnisse auf solche Art geordnet waren, hatte Darius für das nächste Jahr die demonstrative Erneuerung seiner Herrschaft über Thrakien und Makedonien geplant. Dazu wurde kein Provinzial-, sondern ein Reichsheer aufgeboten und ein besonders befähigter Mann, Mardonius, der jüngste Schwiegersohn des Großkönigs, zu seinem Feldherrn bestellt. Die Seemächte und Küstenstädte wurden angewiesen, ihre Schiffskontingente an der kilikischen Küste zu versammeln. Im Frühjahr 492 führte Mardonius das Heer vom persischen Hochland in die kilikische Küstenebene hinab. Hier wurden die für die Marine bestimmten Kontingente von den Schiffen übernommen, das übrige Heer marschierte zu Fuß weiter. Mardonius selbst bestieg ein Schiff und fuhr mit der Flotte voraus. Nach einigen Wochen – es wird nicht überliefert, wie lange das Heer für die weite und zum Teil überaus schwierige Strecke brauchte –, vereinigten sich Flotte und Heer wieder am Hellespont, wo das Heer bei Sestos oder Paktye nach Europa übersetzte. Heer und Flotte zogen dann zunächst nach Norden, später nach Westen weiter. Die Stadt Ainos wurde besetzt und der Hebros überschritten. Bald darauf erreichte man Doriskos, die alte persische Garnison aus dem Jahre 512. Dann wurden Maronea und Abdera tributpflichtig gemacht, der Nestos wurde überschritten, und nun war Thasos an der Reihe, dem seine Insellage gegen die persische Flotte wenig half. Die Thasier bildeten kein mächtiges Gemeinwesen, aber sie waren außerordentlich reich. Sie besaßen sowohl auf dem Festland als auch auf ihrer Insel Goldbergwerke. Die Inselbergwerke hat Herodot selbst besichtigt, und es wird verläßlich sein, wenn er berichtet, daß die Thasier Jahreseinnahmen von 150–200 Talenten allein aus ihren Goldbergwerken hatten (1 Talent = umgerechnet 26 kg Silber). Die Bürger genossen daher Steuerfreiheit, und von ihrem Überfluß hatten sie die aufwendigste Stadtmauer errichtet, die irgendeine griechische Stadt um 500 besaß, und auch eine bedeutende Flotte gebaut. Wir hören nicht, daß Mardonius – was nahegelegen hätte – Tribut verlangte. Hab- und Beutegier gehörten in dieser frühen Zeit nicht zu den Lastern der Perser. Er forderte, daß die Mauern geschleift würden und daß man die Schiffe nach Abdera auslieferte. Die Thasier, denen das Schicksal der Ionier vor Augen stand, sahen nicht, was Widerstand ihnen nutzen konnte. Sie erfüllten die gestellten Forderungen und blieben im übrigen ungeschoren.

Der gemeinsame Zug ging weiter nach Westen, jenseits des Strymon aber mußten Heer und Flotte sich trennen. Das Heer zog auf direktem Weg, nördlich der Chalkidike entlang, nach Ostmakedonien, die Flotte aber mußte, um in den Thermäischen Golf zu gelangen, die Chalkidike nach Süden umfahren. Am Isthmus von Akanthos machte sie zum letztenmal Station. Dann brach sie nach Südosten auf, um den Athos zu umfahren. Inzwischen war es Hochsommer geworden und die Zeit der Nordwinde eingetreten, die man in der Antike *Etesien, Jahreswinde*, nannte, und die heute Meltemia heißen. Sie wehen von Juli bis September mit großer Stärke und können sich unversehens zu gewaltigen, heillosen Stürmen steigern. Die persische Flotte war bis an die Südspitze des Athos gelangt, wo der grandiose Gipfel sich über zweitausend Meter aus dem Meer erhebt und die ganze Küste aus steilen, schroffen Felswänden besteht, als sie plötzlich von einem solchen Nordsturm überfallen wurde. Sie war viel zu dicht unter der Küste, als daß sie sich noch hätte freimanövrieren können. So erfüllte sich ihr Schicksal. Die meisten Schiffe wurden gegen die Felsen geschleudert, andere kenterten auf dem offenen Meer, nur wenige entkamen. Die Gestrandeten wurden von der Brandung an den Felsen zerschmettert, die Gekenterten konnten nicht schwimmen und ertranken, aber auch für die Überlebenden gab es keine Hilfe und Rettung in der menschenleeren Gegend. Die Katastrophe war vollkommen, die persische Flotte vernichtet. Herodot nennt dreihundert Schiffe und zwanzigtausend Opfer. Das sind runde und überhöhte Zahlen, aber da die Schiffe Fünfzigruderer und Dreidecker waren, gingen die Mannschaftsverluste auf jeden Fall in die Tausende.

Mardonius, der zu seinem Glück diesmal kein Schiff bestiegen hatte, sondern bei der Trupe geblieben war, war bereits bis nach Ostmakedonien gelangt, ehe die Unglücksbotschaft ihn erreichte. Ohne Flottendeckung war die Fortsetzung des Feldzugs riskant, fand er sich doch schon jetzt in verlustreiche Kämpfe verwickelt. Der thrakische Stamm der Bryger überfiel seine Truppen ständig aus dem Hinterhalt, auch Mardonius selbst war verwundet worden. Er brach die Expedition jedoch nicht überhastet ab, sondern kehrte erst um, als die Bryger besiegt und unterworfen waren.

Herodot gibt an, das Ziel des Mardoniuszuges seien Eretria und Athen gewesen, um diese beiden Städte für ihre Teilnahme am Ionischen Aufstand zu bestrafen, gleichzeitig sollte aber auch ganz Griechenland unterworfen werden. Durch die Katastrophe am Athos und die Überfälle der Bryger sei dieser Zweck vereitelt worden (6, 43. 45). Die Meinung der Althistoriker ist geteilt. Die einen sehen mit Herodot im Zug des Mardonius den ersten Versuch der Perser, Griechenland zu unterwerfen. Die anderen betrachten ein solches Konzept als eine nach den Kriegen von 490 und 480 entstandene nachträgliche Projektion. Da nach der Erneuerung der Herrschaft über Ionien die Konsolidierung der persischen Macht in Thrakien und Makedonien klare und unbezweifelbare Ziele des Mardoniuszuges waren, so wollen wir uns hier darauf beschränken. Ein »gänzlicher Mißerfolg«, wie Herodot sagt, war der Zug jedenfalls nicht. Das Königreich Makedonien mußte erneut die persische Oberhoheit anerkennen, und in Thrakien wurde die 21. Satrapie errichtet.

Auseinandersetzung mit Ägina

Gleichzeitig mit dem Zug des Mardonius oder ein Jahr darauf sandte der Großkönig Boten durch ganz Griechenland, auf die Inseln, zu allen Städten und Bünden, mit der Forderung, ihnen zum Zeichen der Unterwerfung Erde und Wasser zu überreichen. Da es keinen gesamtgriechischen Staatenbund gab und die meisten Gemeinwesen, besonders die Inseln, sich der persischen Forderung isoliert gegenübersahen, bestand für sie kein Anlaß, dem Schicksal der Ionier nachzueifern. Auch war, was sie wohl wußten, das persische Regiment bei Nachgiebigkeit milde und die Forderung nach Anerkennung vor allem nominell und mit erträglichen Tributleistungen verbunden. In vielen Gemeinden gab es geradezu eine propersische Partei. Alle Inseln unterwarfen sich und fast alle Städte. Dagegen wiesen Athen und Sparta die Zumutung zurück, und zwar auf eine Weise, die die Perser aufs schwerste brüskieren und das gegenseitige Verhältnis von vornherein endgültig zerstören mußte. Als die persischen Gesandten in Athen ihre Forderung mit Hilfe eines Dolmetschers vorgebracht hatten, stellte Themistokles den Antrag, den Dolmetscher zum Tode zu verurteilen, weil er es gewagt habe, die griechische Sprache für die Befehle von Barbaren zu mißbrauchen. Und obwohl der Dolmetscher der Gesandtschaft durch sein Amt gezwungen war, Griechisch zu sprechen, wurde er doch von der Volksversammlung schuldig gesprochen und hingerichtet.

Noch brutaler und direkt gegen die Gesandten selbst ging man in Sparta vor. Man ergriff sie und stürzte sie in einen Brunnen mit der Bemerkung, dort könnten sie sich Erde und Wasser für ihren König holen. Ob diese Anekdote wahr oder nur die Ausspinnung eines Bonmots ist, hängt von den uns unbekannten Umständen ab. Als reiner Zynismus der Spartaner wäre sie unbegreiflich und einer unbesonnenen direkten Kriegserklärung gleichgekommen. Wären aber zum Beispiel die persischen Gesandten über dem Versuch angetroffen worden, die Könige oder die Beamten zu bestechen, so wären sie allerdings einer schweren Strafe verfallen gewesen. Davon hören wir jedoch nichts. Dagegen findet sich ein Bericht über eine spartanische Sühnegesandtschaft (Hdt. 7, 133ff.). Für den diplomatischen Verkehr gab es auch damals längst allgemein anerkannte Konventionen, nach denen Gesandte und Herolde als unverletzlich galten. Den Spartanern wurde bald klar, daß sie mit dem Gesandtenmord einen schweren Rechtsbruch begangen hatten, der leicht göttliche Strafe nach sich ziehen konnte. Sie fertigten also eine Gesandtschaft nach Persien ab und boten dem Großkönig Sühne an, die dieser aber nicht annahm. Wenn diese Sühnegesandtschaft nicht erfunden ist, so ist auch der Gesandtenmord historisch.

Unter den Staaten, die dem Großkönig Erde und Wasser gegeben hatten, befand sich auch Ägina, und diese Tatsache benutzten die Athener zur Intervention.

Die Feindschaft zwischen Athen und Ägina war alt. Ägina war der erste Staat im griechischen Mutterland gewesen, der Münzen geschlagen hatte, und die Anwendung dieser folgenreichen lydischen Erfindung zur Erleichterung des Zahlungsverkehrs und des Warenaustausches hatte der Insel automatisch eine Vorrangstellung im Handelsverkehr verschafft. Ihre Kundschaft reichte von Italien bis ans Schwarze Meer. Waren aller Art, Erzgerät, Tonwaren, Salben wurden in großem Umfang in den äginetischen Fabriken hergestellt und überall vertrieben. Keine Art des Handels wurde verschmäht. Die Ägineten standen sogar in dem Ruf, in Kriegszeiten den Heeren nachzuziehen und das Hauptgeschäft mit der Beute zu machen, indem sie den einfältigen Soldaten kostbare Beutestücke zu geringem Preis abkauften. Noch nach Jahrzehnten waren ihre unrühmlichen Geschäfte nach der Schlacht von Platää in Erinnerung. An der Schlacht hatten von seiten der Spartaner auch Heloten teilgenommen, Angehörige der unterdrückten spartanischen Hörigenklasse, und auch sie hatten, teils legal, teils illegal, einen Anteil an der Perserbeute erlangt. »Die Ägineten kauften den Heloten das Gold ab, als wäre es Erz«[1], berichtet Herodot. »Daher stammt der große Reichtum Äginas« (9, 80).

Athen hatte sich zunächst dem Münzfuß Äginas angeschlossen, was stete wirtschaftliche Abhängigkeit und Unterlegenheit zur Folge hatte. Solon stellte 594 in seiner Münzreform die attischen Gewichte auf das euböische System um, das auch im Osten galt, und suchte auf diese Weise, den Athener Handel von Ägina fort nach Ionien zu orientieren. Aber es blieb die Unterlegenheit zur See, wo die Flotte des äginetischen Inselstaates immer wesentlich, vielleicht um ein Vielfaches größer war als die des bäuerlichen Attika. Eine Schlüsselzahl für die Größe der Athener Flotte liefert die Angabe, daß die Athener am Ionischen Aufstand nur mit zwanzig Schiffen teilnahmen, während die Kontingente der Ionier selbst ein Vielfaches davon betrugen (oben Seite 11 f.).

So waren die Ägineten den Athenern nicht nur im Handel überlegen, sondern zur See überhaupt, und sie zögerten nicht, ihre Überlegenheit zu praktizieren. Plünderungen und Menschenraub durch äginetische Schiffe waren Widerfahrnisse, auf die die Küstenbewohner Attikas ständig gefaßt sein mußten. Einmal war sogar eine Tochter des Peisistratos unter den Entführten gewesen. Diesen in Abständen sich immer wiederholen-

[1] was nicht heißen sollte: zum Preise von Erz, sondern in Mengen wie Erz

den Überfällen der Ägineten hatten die Athener wenig Effektvolles entgegenzusetzen, sie waren daher auch eines der Hauptargumente des Themistokles für seine Flottenbaupläne.

Als die Ägineten nun den Persern Erde und Wasser gaben, sahen sich die Athener für den Ernstfall im Rücken bedroht. Dem wollten und mußten sie zuvorkommen. Da sie selbst über keine Mittel verfügten, den Ägineten entgegenzutreten, wandten sie sich an Sparta und klagten die Ägineten des Verrats an Griechenland an. Denn Ägina gehörte zu den lakedämonischen Bundesgenossen, und Sparta war daher autorisiert und als einzige griechische Macht imstande, die Ägineten zur Rechenschaft zu fordern.

Obwohl den Spartanern nicht verborgen bleiben konnte, daß das Vorgehen Athens auch von handelspolitischen Interessen bestimmt war, gingen sie auf das Athener Ansinnen ein, da sich die Beziehungen zwischen den beiden Staaten in letzter Zeit positiv entwickelt hatten. Sparta, das entsprechend seiner eigenen Tradition und Verfassung immer nur oligarchische Staaten und Bewegungen unterstützte, hatte sich weder für die tyrannenfreundliche, noch für die demokratische Richtung in Athen erwärmen können, und erst recht nicht für die revolutionären Pläne des Themistokles. Wenn die Athener also jetzt mit Sparta nicht nur verhandeln, sondern es sogar zum Eingreifen bewegen konnten, so hatte zweifellos der bestimmende Einfluß und der politische Standort des Miltiades diesen Wandel herbeigeführt.

König Kleomenes von Sparta, der ein unternehmender Mann war und sich vielleicht gern auch einige Bewegung aus der spartanischen Enge verschaffte, begnügte sich nicht mit einer Gesandtschaft, sondern erschien selbst auf Ägina, um die Hauptschuldigen festzunehmen, und mußte dabei erleben, daß man ihm einfach die Kompetenz bestritt. Die Ägineten hielten ihm entgegen, er sei zu einer Festnahme gar nicht befugt, ja, er komme überhaupt nicht im Auftrag der Spartaner, sondern sei in Wirklichkeit von den Athenern bestochen, denn sonst wäre er mit dem anderen König gemeinsam erschienen. Nur beiden spartanischen Königen zusammen würden sie sich fügen.

Es muß in der Tat mehr eine persönliche Initiative gewesen sein, sonst hätte Kleomenes auf Gewaltanwendung nicht so leicht verzichtet. Er kehrte also unverrichteter Dinge nach Sparta zurück, ohne vorläufig zu wissen, wie sich den Ägineten beikommen ließe. Denn mit der Unterstützung seines Mitkönigs Demaratos konnte er nicht rechnen. Sie waren seit Jahren zerstritten, und eben jetzt wieder hatte Demaratos seine Abwesenheit benutzt, um gegen ihn zu intrigieren. Im vorliegenden wie in ähnlichen künftigen Fällen würde nicht weiterzukommen sein, solange Demaratos Mitkönig wäre. Kleomenes mußte sich seiner entledigen und beschloß deshalb, ihn zu stürzen. Das Mittel, dessen er sich bediente, war etwas ausgefallen. Er behauptete, Demaratos sei illegitim geboren und trage die Königswürde zu Unrecht. Die Behauptung war nicht frei aus der Luft gegriffen, aber delikat und schwer zu beweisen. Zeugen und Gegenzeugen erbrachten nichts Eindeutiges. Es war schließlich niemand dabei gewesen außer der Mutter, und die wurde nicht gefragt. Schließlich verfiel man auf den Ausweg, das Problem dem Orakel von Delphi vorzulegen. Nun wäre das Orakel bei dieser Frage nicht zu beneiden gewesen, doch pflegte es sich in solchen Fällen auf seine Mehrdeutigkeit zurückzuziehen, von der ziemlich genau um die gleiche Zeit Heraklit gesagt hat: »Der Gott in Delphi enthüllt nichts und verbirgt nichts. Er deutet an.«[1] Mit einem zweideutigen Spruch oder gar einer Aussage zugunsten seines Mitkönigs wäre aber dem Kleomenes nicht geholfen gewesen. Er schaltete deshalb einen Mittelsmann ein und ließ durch ihn der Orakelpriesterin Perialla in Delphi beibringen, was die Pythia zu verlautbaren habe. Und siehe, das Orakel erklärte den Demaratos für illegitim. Damit war über ihn entschieden. Er wurde abgesetzt. Leotychidas, ein Verwandter aus dem gleichen Geschlecht, trat an seine Stelle.

Eine Zeitlang ertrug Demaratos die Demütigung. Dann beschloß er, die Heimat zu verlassen. Er floh zunächst nach Zakynthos. Die Spartaner setzten ihm nach, aber die Zakynthier lieferten ihn nicht aus. Von hier begab er sich nach Susa an den Hof des Perserkönigs. Darius nahm ihn ehrenvoll auf, wie er es auch schon mit Metiochos, dem Sohn des Miltiades, oder mit Hippias, dem Tyrannen von Athen, getan hatte. Er übte dabei nicht nur persische Gastfreundschaft, für ihn waren die griechischen Exulanten als Informanten und Ratgeber und vielleicht so-

[1] »Er deutet an« heißt, er gibt ein Götterzeichen, das sich nicht von selbst versteht, sondern erst der Auslegung bedarf, ganz wie bei Vogelflug und Opferschau.

gar als künftige Vasallen und Statthalter von großem Interesse. Er empfing Demaratos mit königlichen Ehren und verlieh ihm Land und Städte zu Lehen. »So und unter solchen Schicksalen ist Demaratos nach Asien gelangt«, schließt Herodot seinen Bericht. »Er hatte sich in Sparta durch viele Taten und große Einsicht berühmt gemacht und war der einzige König von Sparta, der je den Lakedämoniern einen olympischen Sieg im Wagenrennen verschafft hatte« (6, 70).

Nun erschien Kleomenes im Verein mit seinem neuen Mitkönig Leotychidas erneut auf Ägina, und diesmal gab es für die Ägineten keine Ausflucht mehr. Sie mußten zehn ihrer angesehensten und mächtigsten Bürger als Geiseln stellen. Diese Geiseln wurden den Athenern übergeben zum Unterpfand dafür, daß Ägina im bevorstehenden Perserkrieg nicht auf die Seite des Feindes treten würde.

Der Angriff auf Griechenland im Jahre 490

Das Unglück am Athos hatte, obwohl es menschlichem Verschulden nicht zur Last gelegt werden konnte, dennoch die Absetzung des Mardonius zur Folge. Das neue Kommando wurde *zwei* Männern anvertraut, Datis, einem Meder, und dem jüngeren Artaphernes, einem Neffen des Großkönigs, dem Sohn des gleichnamigen Satrapen von Sardes. Vollends überraschend war aber die Entscheidung, trotz jenes Unglücks das neue Unternehmen überhaupt ganz dem Meer anzuvertrauen. Es sollte eine reine Flottenexpedition werden, jedenfalls, soweit es die Überfahrt betraf. Offenbar hielt man die Katastrophe am Athos für ein singuläres, vermeidbares Unglück und für das viel größere Übel den unendlich langwierigen und immer auch verlustreichen Anmarsch über Land. Und vielleicht lag überhaupt der Vorwurf gegen Mardonius eher darin, daß er auf seinem Zug nicht schnell genug vorangekommen war.

Um die zu Tausenden zählenden Kampftruppen, vor allem die Hauptwaffe der Perser, die Reiterei, in größerem Umfang nach Europa zu führen, war eine große Transportflotte erforderlich. Den verpflichteten Seemächten wurde auferlegt, Lastschiffe für Waffen und Versorgung, Truppentransporter und Spezialschiffe für die Pferde in anteiliger Zahl zu stellen. Herodot nennt auch hier wieder eine Gesamtzahl von sechshundert. Im Frühling des Jahres, das für uns die Zahl 490 trägt, sollte diese Armada an der kilikischen Küste, an den Stränden der Ebene von Tarsus vorgeführt werden. Hier vereinigten sich auch Heer und Flotte. Aber diesmal zog nicht der größere Teil des Heeres über Land weiter nach Westen. Die gesamte Truppenmasse bestieg die Schiffe und vertraute sich dem Meere an. Es ist erstaunlich, daß eine solch ausgesprochene Land- und Binnenmacht wie die Perser sich zu einer so radikalen, einseitigen und unter Umständen zum Totalverlust führenden Art der Kriegführung entschloß.

Die Flotte folgte der Küste bis auf die Höhe von Samos und wandte sich dann nach Westen in die Ägäis, wo Naxos ihr erstes Ziel und den Naxiern Vergeltung für ihren Widerstand im Jahre 500 zugedacht war, als ob sie sich damals eines Angriffs auf die Perser schuldig gemacht hätten, während doch sie selbst die Überfallenen waren, die sich gegen die persische Invasion nur verteidigt hatten. Diesmal sahen die Naxier keine Chance, sich zu halten. Sie hatten die Stadt geräumt und sich mit ihren Herden und der wichtigsten Habe in die Berge geflüchtet. Stadt und Heiligtümer gingen in Flammen auf.

Als die Perser nach Delos kamen, fanden sie die Insel völlig verlassen. Da ihre Insel zu klein war, um sich darauf mit Erfolg zu verstecken, hatten sich die Delier auf das größere Tenos geflüchtet. Unnötigerweise, denn Datis hatte nicht vor, sie zu bedrängen. Er wollte vielmehr auf Delos eine Demonstration persischer Religionspolitik in der Anerkennung fremder Kulte vorführen. Um die Heiligkeit der Insel zu respektieren, ließ er seine Schiffe nicht an dieser selbst, sondern an dem benachbarten Rhenea anlegen und brachte dann auf den Altären der Leto, der Artemis und des Apollon riesige Rauchopfer dar.

Die nächsten Kykladen hatten schon den Boten des Königs Erde und Wasser gegeben und stellten die von ihnen geforderten Kontingente. Als die Perser aber im Süden Euböas anlangten, widersetzte sich die Stadt Karystos. Es kam zu Kampf und Belagerung. Die Karystier konnten selbst auf ihrer hochgelegenen Burg der riesigen Übermacht nicht lange widerstehen und bezahlten ihren Widerstand mit dem Verlust ihrer Stadt und ihrer Freiheit.

Ziel und Auftrag des Kriegszuges war es, die Städte Athen und Eretria wegen ihrer Teilnahme am Ionischen Aufstand zu erobern und zu zerstören und ihre Einwohner gefangen nach Susa vor den Großkönig zu führen. Hier war also Rettung durch Übergabe von vornherein ausgeschlossen. Die persische Flotte fuhr von Karystos weiter die euböische Küste entlang nach Nordwesten in die Meerenge des Euripos hinein auf Eretria zu. Die Eretrier werden mit Sicherheit auf den Beistand Athens gerechnet haben, wäre doch eine Abweisung des Angriffs auf ihre Stadt zugleich auch eine Entlastung Athens gewesen. Aber nicht einmal die viertausend Athener Kolonisten, die sich seit dem Jahre 506 in der fruchtbaren Ebene zwischen Eretria und Chalkis angesiedelt hatten, kamen ihnen zu Hilfe. Sie brachten sich schleunigst nach Attika in Sicherheit, ein Treubruch, den Herodot später auf allerdings leicht durchschaubare Weise bemänteln zu müssen glaubte.

Die Eretrier wollten weder eine offene Feldschlacht liefern noch flüchten, sondern versuchen, ihre Stadt zu halten. Sie wurden belagert und hielten sechs Tage stand, mit großen Verlusten auf beiden Seiten, und hätten sich auch noch länger gewehrt, wären nicht unter der Last und weiteren Aussicht so vieler Leiden die Parteigänger der Perser, die es in jeder griechischen Stadt und auch in Eretria gab, zu immer größerer Entschlossenheit, wenigstens sich selbst zu retten, getrieben worden. Zwei bis dahin angesehene Eretrier, Euphorbos, Sohn des Alkimachos, und Philagros, Sohn des Kyneos, öffneten am siebten Tag dem Feind die Tore und überlieferten ihre Mitbürger ihrem Schicksal. Was aus den Verrätern selbst wurde, verzeichnet die Überlieferung nicht, die sich darauf beschränkt, ihre Namen in Griechenland für alle Ewigkeit zu ächten. Die Eretrier wurden in die Gefangenschaft geführt. Die Stadt selbst erlitt das Schicksal von Sardes, sie wurde angezündet und mitsamt ihren Heiligtümern eingeäschert. Chalkis aber, Eretrias Nachbarstadt und alte Rivalin, wurde, weil es den Ionischen Aufstand nicht unterstützt hatte, verschont.

Mit der Zerstörung Eretrias trat der Krieg in seine letzte und entscheidende Phase ein, den Angriff auf Athen. Die Perser schifften sich wieder ein und fuhren in der Richtung, aus der sie gekommen waren, wieder zurück, aber nicht, um Kap Sunion zu umschiffen und nach Athen zu segeln, vielmehr landeten sie schon nach kurzer Fahrt an der Euböa gegenüberliegenden Küste von Attika, in der großen Ebene von Marathon. Dies war vermutlich ein verhängnisvoller Fehler. Die Frage, warum die Perser nicht zum direkten Angriff auf Athen nach Phaleron gefahren, sondern bei Marathon gelandet sind, wird wohl nie überzeugend zu klären sein. So groß waren Entfernung und Risiko nicht, daß man argumentieren könnte, Datis habe die Umschiffung Kap Sunions und die Strecke von dort bis Phaleron vermeiden wollen. Es müssen andere Gründe gewesen sein, und es besteht wenig Zweifel, daß vor allem der Rat des Hippias dabei ausschlaggebend war. Der ehemalige Tyrann von Athen befand sich im Gefolge des persischen Heerführers. Hippias war auf Geheiß des Delphischen Orakels vom Spartanerkönig Kleomenes 510 aus Athen vertrieben worden und hatte sich damals nach Kleinasien geflüchtet. Dort hatte sich vorzeiten sein Vater Peisistratos in Sigeion, einer beherrschenden Höhe über einer Ebene fruchtbaren Ackerlandes, unmittelbar am Eingang des Hellespont, einen Außenbesitz geschaffen, eine athenische Kolonie unter seiner persönlichen Machtbefugnis. Peisistratos hatte bei der Gründung von Sigeion eine Erweiterung seiner persönlichen Macht im Auge, er wollte gewiß aber auch sich selbst oder seinen Nachfolgern im Falle einer Vertreibung ein festes und unabhängiges Asyl schaffen, nicht irgendwo in zweifelhafter Gastfreundschaft, sondern auf eigenem Grund und Boden. Dieser Fall war 510 eingetreten, und dem Sohn war die Vorsorge des Vaters zugute gekommen. Als Herr von Sigeion residierte Hippias allerdings im persischen Herrschaftsbereich und war seit 496, dem Jahr der Reokkupation, ausdrücklich persischer Vasall, keineswegs zu seinem Nachteil, denn die Perser hatten, wie bereits erwähnt, an allen griechischen Exulanten ein unmittelbares Interesse. Sie benutzten sie nicht nur als Informanten, sondern versuchten auch, über deren im Lande verbliebene Anhänger ihren eigenen Einfluß auszubauen. Sie pflegten diese Exulanten anzuhören und zu ehren, erst recht einen so mächtigen Mann wie Hippias, der sich auch jetzt immer noch einer unabhängigen Stellung erfreute und der es verstanden hatte, das Vertrauen des Großkönigs zu erringen, der ihn als persischen Regenten über das zu erobernde Athen vorgesehen hatte. So kehrte also der ehemalige Tyrann nach 20jährigem Exil im Gefolge des Datis noch einmal zurück in der leeren Hoffnung, über seine verheerte und entvölkerte Vaterstadt aufs neue das Regiment zu ergreifen.

Hippias also soll es gewesen sein, der den Persern riet, nicht bei Phaleron, sondern bei Marathon zu landen. Er hatte Anhänger in dieser Gegend, heißt es. Aber was hätten die paar Bauern ihm groß nutzen können[1]? Eher richtete sich die Spekulation auf seine Anhänger in Athen selbst, und man war in der Erwartung bei Marathon gelandet, daß die athenischen Hopliten die Stadt verlassen und den Persern entgegenziehen würden, so daß die gewiß nicht sehr zahlreichen Anhänger der Tyrannis und des Hippias auf diese Weise sehr viel eher in den Stand gesetzt würden, in der ungeschützten Stadt den Umsturz herbeizuführen oder wenigstens die Tore zu öffnen. Vor allem aber gab es noch die andere Möglichkeit, auf das ungeschützte Athen einen Überraschungsangriff zu führen, wenn die attischen Hopliten nach Marathon ziehen würden. Um so erstaunlicher ist es, daß das persische Oberkommando eine ganze Woche lang seine Truppen bei Marathon tatenlos gegenüber dem athenischen Lager verharren ließ. In der unbestimmten Erwartung, ob und wann die Athener die Schlacht endlich annehmen würden, versuchte man, den Gegner in seiner Höhenstellung durch Paraden und Annäherungen lediglich zu provozieren und zu verhöhnen. Wenn die Perser in dieser Zeit ihre Kräfte, die den Athenern um mehr als das Doppelte überlegen waren, Reiterei und Flotte gar nicht gerechnet, geteilt und die eine Hälfte über Phaleron gegen Athen gerichtet hätten, wäre die Stadt in einen Zangenangriff geraten. Haben Hippias und die Perser diese Möglichkeit im Ernst ungenutzt lassen können?

Doch wir sprechen aus der Sicht der bereits vollzogenen Entscheidung der Athener, dem Feind nach Marathon entgegenzuziehen. Als die Perser sich dazu entschlossen, in Marathon zu landen, wußten sie noch nicht, ob der Gegner die Herausforde-

[1] Die Hauptrolle beim Rat des Hippias, in Marathon zu landen, spielte wahrscheinlich die Erinnerung daran, daß auch sein Vater Peisistratos 541 bei seiner dritten und endgültigen Machtergreifung in Athen die Stadt von Marathon aus besetzt hatte, und auch damals war die Landung in Marathon von Eretria aus erfolgt. Hippias hatte als junger Mann an dieser Operation teilgenommen, und so versteht sich seine Landung mit den Persern bei Marathon am ehesten als Nachvollzug eines erfolgreichen Unternehmens seines Vaters.

rung annehmen und Athen entblößen würde. Doch mehr als Zeit war nicht verloren. Würde sich zeigen, daß die Athener in ihrer Stadt blieben, so würde man sie eben über Phaleron angreifen müssen.

Als Grund für die Landung bei Marathon wird auch angeführt, daß die Perser in der weiten Ebene ihre Hauptwaffe, die Reiterei, besonders gut entfalten konnten. Dagegen ist einzuwenden, daß die Ebene von Phaleron dazu auch sehr gute Möglichkeit bot, daß hier bei Marathon aber die schon erwähnte Ungewißheit hinzukam, ob die Athener sich so weit entfernt von ihrer Stadt überhaupt zum Kampf stellen würden.

Einleuchtende, zweifelsfreie Gründe für die Landung bei Marathon sind jedenfalls für uns Heutige nicht mehr auszufinden, und geradezu mysteriös ist der Umstand, daß, wie wir sehen werden, die persische Reiterei an der Schlacht bei Marathon überhaupt nicht teilnahm.

Die Schlacht bei Marathon

Die Belagerung von Karystos und die Flucht der attischen Kleruchen aus Euböa hatte Athen in die äußerste Anspannung versetzt und sofort die Truppenaufgebote veranlaßt. Etwa neuntausend Hopliten standen einsatzbereit, ca. neunhundert aus jeder Phyle.

Als die Perser nun überraschend bei Marathon statt bei Phaleron landeten, stellte sich für die Verteidigung Athens die Frage: Sollte man den Feind erwarten und herankommen lassen und im Vertrauen auf spartanische Hilfe in der Stadt eine Igelstellung beziehen? Oder sollte man die Flucht nach vorn ergreifen und den Persern nach Marathon entgegenziehen mit der Aussicht, den Feind, wo nicht zu schlagen, so doch wenigstens abzuwehren? Diese Lösung hatte den großen Nachteil, daß sie die Stadt selbst des militärischen Schutzes beraubte und für den Fall eines Überraschungsangriffs fast wehrlos machte. Sie hatte den Vorteil, daß sie das offene Land vor einer feindlichen Besetzung und Verwüstung bewahrte. Miltiades brachte in der Volksversammlung den Antrag ein, dem Feind entgegenzuziehen. Er hatte nicht nur den Polemarchen und einen Teil der Strategen, sondern auch das Gros der Bauern und Gutsbesitzer auf seiner Seite, und die Volksversammlung erhob seinen Antrag zum Beschluß. Es ist das berühmte *deīn exiénai = es soll ausgezogen werden*, das nicht Herodot, sondern Aristoteles in der *Rhetorik* überliefert. Ein Argument war wohl auch, daß ein ungewisses Abwarten in der Stadt den Kampfgeist der Truppen lähmen, ein entschlossenes Ausrücken ihn aber anfeuern werde.

Auch ein zweites Psephisma (Antrag) wurde angenommen, nämlich einen Boten nach Sparta zu senden und die Spartaner um Hilfe zu bitten. Es bestand kein offizieller Beistandspakt mit Sparta. Man stimmte lediglich in der Entschlossenheit überein, die Freiheit zu verteidigen und die Perser mit dem äußersten Einsatz abzuwehren. Die guten Beziehungen zwischen den beiden Staaten, die erst von Miltiades angeknüpft worden waren, hatten noch zu keinem vertraglich fixierten Bündnis geführt, der Erfolg des Hilfsgesuchs war daher ungewiß.

Noch bevor die Strategen mit den Phylenaufgeboten Athen verließen, wurde also Pheidippides als Herold nach Sparta entsandt, »ein Schnelläufer von Beruf«, der in übermenschlich kurzer Frist, bereits am zweiten Tag, in Sparta angekommen sein soll. Diese Überlieferung ist freilich legendär und praktisch rein unmöglich. Und Merkwürdiges soll ihm auch auf seinem Weg und Lauf widerfahren sein. Oberhalb von Tegea, in den Bergen des Parthenion, sei ihm der Gott Pan erschienen, habe ihn beim Namen gerufen und angehalten und ihm eine Botschaft an die Athener aufgetragen, nämlich sie zu fragen, wie es sich erkläre, daß sie dem Pan bis jetzt noch keinen Kult geweiht hätten, obwohl sie doch wüßten, daß er ihnen wohlgesonnen sei und schon oft geholfen habe und das auch weiterhin tun werde. Die Athener glaubten dem Bericht ihres Boten und richteten bald nach der Schlacht dem Pan einen Kult am Nordwesthang der Akropolis ein.

Der Bote der Athener gelangte also in kürzester Frist nach Sparta und trug den Königen, den Ephoren und den Geronten die ihm aufgetragene Botschaft vor:

»Lakedämonier! Die Athener bitten euch, ihnen zu Hilfe zu kommen und nicht die älteste Stadt in Hellas in Barbarenhände fallen zu lassen. Schon ist Eretria unter dem Sklavenjoch und Hellas um eine berühmte Stadt ärmer« (Hdt. 6, 106).

Die Spartaner beschlossen, den Athenern die erbetene Hilfe zu leisten. Sie hatten auch verstanden, daß die Hilfe dringend war. Den Heerbann aufzubieten, soweit es die Kerntruppen betraf, war in Sparta eine Sache von Stunden, denn die Spartiaten lebten in einer Art permanentem Heerlager dicht zentriert zusammen. Aber kultische Vorschriften hinderten den sofortigen Ausmarsch. Man befand sich erst am 9. Tage des Mondmonats, und vor dem Vollmond, also dem 15., verbot der Kult den Spartanern, auszurücken. Je nach ihrer Vorliebe oder Abneigung gegen Sparta ist die Meinung der Forscher darüber geteilt, ob es sich um eine echte kultische Vorschrift handelte oder nur um einen Vorwand der Spartaner, zumindest eine solche Vorschrift, die sie bei gutem Willen in diesem Notfall auch hätten aussetzen können. Hätte es sich um das Fest der Karneen gehandelt, so wären sie wohl gebunden gewesen. Aber die Karneen fanden im September statt, und die Schlacht bei Marathon sehr wahrscheinlich im August. Auch hätte Herodot, wenn es die Karneen gewesen wären, sie sicherlich erwähnt, was er aber nicht tut. So stand die spartanische Hilfe eine ganze Woche im Mond.

Die Athener aber waren nach dem Beschluß der Volksversammlung sofort ausgerückt. In vager Hoffnung und mit ungewissem Schicksal zogen sie einem Feind entgegen, der ihnen unbekannt war, von dem sie nur wußten, daß er ihnen weit überlegen war und für unbesiegbar galt. Sie verließen Athen nach Nordosten und zogen über Kephissia an den Westhängen des Pentelikon entlang, einen Weg, der ihnen sicherer erschien als die Küstenstraße im Osten. Sie passierten das älteste Heiligtum des Dionysos in Attika und gelangten dann auf die Höhen oberhalb der marathonischen Ebene, wo sie bei einem Heiligtum des Herakles, das heute nicht mehr auffindbar ist, ihr Lager bezogen. Da sahen sie nun den Gegner, gegen den sie bestehen sollten, zum erstenmal mit eigenen Augen, sahen Strand und Reede mit Hunderten von Schiffen belegt in nie geglaubter Zahl, sahen mit Beklemmung die persischen Reiter über die Ebene schwirren, sahen die großen Kontingente der fremden Bogenschützen und Fußtruppen in ihren merkwürdigen Trachten, die Perser in ihren langen Gewändern, die Meder mit ihren Hosen, die Saken mit ihren spitzen Hüten. Die meisten werden sich wohl mit der Hoffnung getröstet haben, daß es ihre Aufgabe sein würde, dem

Gegner den Weg nach Athen zu verlegen, ihn aus sicherer Höhenstellung abzuwehren, nicht aber, eine offene Feldschlacht mit ihm zu führen. Denn wie sollte man im offenen Kampf einen so absolut überlegenen Gegner jemals besiegen können? Zu den neuntausend Hopliten aus den zehn attischen Phylen kam nachträglich noch das Hilfskontingent der Platäer mit weiteren tausend Mann. Diese alten Verbündeten der Athener waren die einzigen, die ihnen in ihrer kritischen Lage, wo es um Fortbestand und Freiheit oder Untergang und Deportation aller Überlebenden nach Asien ging, zu Hilfe kamen. Für die Truppenstärke der Perser werden in den antiken Quellen ganz phantastische Zahlen genannt, die niedrigste ist hunderttausend Mann Fußvolk und zehntausend Reiter. Herodot macht keine zahlenmäßigen Angaben, was wohl beweist, daß es eine sichere Überlieferung nicht gab. Man macht sich aber gewiß keiner Übertreibung schuldig, greift eher zu niedrig, wenn man annimmt, daß den zehntausend Griechen mindestens zwanzig- bis dreißigtausend Perser gegenüberstanden, noch dazu mit zwei Waffengattungen, über die die Griechen selbst nicht oder nur ganz ungenügend verfügten und die sie daher besonders fürchteten: Bogenschützen und Reiterei. Dagegen hatten die Griechen den Vorteil, daß ihre schwere Hoplitenrüstung der persischen überlegen war, besonders die Schutzwaffen Panzer, Schild und Beinschienen. Obwohl die persischen Elitetruppen kampferfahrener waren, hofften die Griechen, disziplinierter zu sein; vor allem aber kämpften sie für ihre Freiheit, die Perser dagegen nur für den Großkönig.

Angesichts der horrenden persischen Übermacht waren im Strategenkollegium die Meinungen über die Erfolgsaussichten einer offenen Feldschlacht geteilt. Die Mehrheit war dagegen, einige grundsätzlich, andere meinten, man müsse zumindest die Ankunft der Spartaner abwarten. So blieb die Lage tagelang in der Schwebe. Die Griechen saßen in ihrem Lager auf der Höhe, die Perser in ihrem Lager jenseits des Flusses in der Ebene. Die Perser schwärmten aus, um die Griechen aus ihrer sicheren Stellung hervorzulocken, aber die Griechen nahmen die Schlacht nicht an.

Miltiades war mit zwei oder drei anderen Kollegen für eine Schlacht. Die letzte Entscheidung über die einzuschlagende Strategie lag beim Polemarchen, dem Oberkommandierenden, Kallimachos von Aphidnä. Ihn also mußte Miltiades für seine Pläne gewinnen. Miltiades hatte sich vermutlich nicht selbst zum Polemarchen wählen lassen, um nach dem erfolgten Prozeß wegen Tyrannis nicht in einem so bedeutenden Amt neuen Angriffen ausgesetzt zu sein, sondern in der sehr viel weniger exponierten Stellung eines von zehn Strategen unbehelligt zu bleiben. Es scheint aber, daß mit Kallimachos ein Mann aufgestellt und gewählt worden war, der zu Miltiades' engeren Anhängern gehörte. Jedenfalls übernahm er dessen Pläne und Anweisungen, so kühn sie auch waren, ohne Vorbehalt, obwohl er die letzte Verantwortung für sie trug, vor allem, wenn sie fehlschlagen sollten. Man hat sich angewöhnt, in Kallimachos eine unselbständige Figur, nur ein dienendes Werkzeug des Miltiades zu sehen. Vermutlich geht der glückliche Ausgang der Schlacht aber eher darauf zurück, daß beide ideal zusammenarbeiteten. Wenn später der Ruhm so überwiegend auf Miltiades fiel, so ergab sich das zum Teil einfach dadurch, daß Miltiades überlebte, Kallimachos aber in der Schlacht fiel.

Nach Herodot 6, 109 soll Miltiades den Polemarchen, seinen Vorgesetzten, mit folgender Rede für seine Ansicht gewonnen haben:

»Du, Kallimachos, hast jetzt zu entscheiden, ob du die Athener zu Sklaven machen oder befreien und dir ewigen Nachruhm gewinnen willst, wie ihn selbst Harmodios und Aristogeiton (die Tyrannenmörder) nicht haben. Solange Athen steht, war es nie in so furchtbarer Gefahr wie jetzt. Unterliegt es den Persern, so kennen wir das Schicksal, das seiner in den Händen des Hippias wartet. Siegt aber die Stadt, so kann sie die mächtigste in ganz Hellas werden. Wie das möglich ist und wieso es gerade von dir abhängt, das will ich dir nun erklären. Wir zehn Feldherrn sind geteilter Meinung. Die einen raten zur Schlacht, die anderen raten ab. Wagen wir aber jetzt die Schlacht nicht, so fürchte ich, wird Zwietracht und arge Verwirrung über die Athener kommen, und sie werden sich den Persern ergeben. Wagen wir aber die Schlacht, noch ehe sich Parteien unter den Athenern bilden, so können wir mit Hilfe der Götter siegen. Alles das steht jetzt bei dir und hängt von dir ab. Wenn du dich für meine Meinung entscheidest, so ist deine Vaterstadt frei und wird die mächtigste Stadt in Hellas. Trittst du aber denen bei, die gegen die Schlacht stimmen, so wirst du von all dem Guten, das ich dir genannt, das Gegenteil erfahren.«

Da finden wir also ausführlich das Argument, daß ein Hinauszögern der Entscheidung die perserfreundlichen Kreise in Stadt und Heer stärken, die anderen aber entmutigen und verunsichern müsse, so daß die Gefahr wuchs, wie Eretria durch Verrat in die Gewalt der Perser zu geraten.

Aussichten, den Gegner zu besiegen, bestanden nur dann, wenn es gelingen würde, drei Faktoren für die Schlacht auszuschalten: die feindliche Reiterei, die feindlichen Bogenschützen und die feindliche Übermacht. Dies alles aber gleichzeitig zu erreichen, grenzte ans Unwahrscheinliche. Das Vertrauen des Kallimachos zu Miltiades und seinem Ingenium muß wahrhaft unbegrenzt gewesen sein, wenn er sich auf einen so kühnen Plan überhaupt einließ. Er trug die oberste Verantwortung und wurde im Falle eines Mißlingens als erster in Anklage genommen. Wenn die Athener nach einer allgemeinen Niederlage zu solchen Prozessen noch Zeit finden würden, mußte er mit der Todesstrafe rechnen, vollends dann, wenn die Schlacht begonnen worden war, bevor das Hilfskorps der Spartaner eintraf. Viel mehr als an ihren ewigen Ruhm werden die beiden Männer deshalb an Kopf und Kragen gedacht haben. Persönlich waren sie aber vielleicht entschlossen, im Fall des Mißlingens auf dem Schlachtfeld zu bleiben.

Um der gefürchteten Fernwaffe der Perser, ihrem Pfeilhagel, zu entgehen oder ihm wenigstens die schlimmste Wirkung zu nehmen, erließ Miltiades die Anweisung, daß die Hopliten sich den persischen Reihen im Laufschritt nähern sollten, um den Bogenschützen ein bewegliches, unsicheres Ziel zu bieten, das letzte Stück aber sollten sie im Schnellauf nehmen, um den Pfeilhagel regelrecht zu unterlaufen. Dieses Anfangsmanöver erforderte viel Kraft und außerordentliche Disziplin, denn der Lauf und zumal der Schnellauf mußten gleichmäßig geschehen, damit die Schlachtordnung sich nicht auflöste und alle Wirkung verfehlte.

Gegen die zahlenmäßige Überlegenheit der Perser wollte Miltiades mit einer besonderen Aufstellung angehen. Es kam sozusagen darauf an, den gewaltigen feindlichen Block zu zerlegen, in Teile auseinanderzusprengen und dann diese getrennten Teile nacheinander zu schlagen. Zu diesem Zweck sollte die griechische

Schlachtordnung aus einem verringerten, schwachen Mittelteil von nur zwei Reihen Hopliten, verstärkt durch Leichtbewaffnete, bestehen, während die Eckblöcke die übliche Tiefe von acht Hoplitenreihen aufweisen sollten. Sie würden mit massiver Wucht auf die Feinde treffen und diese zurückwerfen. Der Mittelteil dagegen konnte nur mit verminderter Kraft angreifen und würde nach kurzer Zeit zurückgedrängt werden, um so mehr, als in der Mitte des Gegners gewöhnlich die Elitetruppen standen, Perser und Saken. Aber dieses Zurückweichen gehörte gerade zum Plan. Es kam nur darauf an, daß es geordnet und zusammenhängend geschah und dem Gegner nicht die Möglichkeit gab, durchzustoßen und die griechischen Reihen von den Seiten aufzurollen. Auf diese Weise würde der feindliche Block in drei Teile gespalten werden. An den Seiten würde er zurückgeworfen werden, in der Mitte aber vordringen. Dann kam es darauf an, die Seitenblöcke zu vernichten oder wenigstens in die Flucht zu schlagen. War das erreicht, durften die Fliehenden nicht verfolgt werden, vielmehr kam es gerade entscheidend darauf an, daß die griechischen Blöcke sich nicht auflösten, sondern in geschlossener Formation blieben. Sie würden das Kommando zur Kehrtwendung bekommen und dann gegen den Mittelteil des Feindes vorrücken, halbschräg nach innen sich einander nähernd, dann sich zusammenschließend, um so dem Feind in geschlossener Formation in den Rücken zu fallen und ihn in einen vernichtenden Zangenangriff zu nehmen.

Die Verminderung des Mittelteils würde dabei noch den Vorteil bieten, daß in der ersten Phase des Angriffs, beim Lauf, die hinderliche Enge aufgehoben war und die 3. bis 8. Reihe in den Eckblöcken ausreichend Platz hatte, sich nach der Mitte aufzulockern.

Das alles war überaus planvoll ausgedacht[1], ein ideales Sandkastenspiel, aber würde es sich auf dem Schlachtfeld wirklich so durchführen lassen? Würde die Disziplin der Truppen groß genug sein, zum Beispiel den fliehenden Gegner nicht zu verfolgen? Gab es doch in der jetzigen Lage auch keine Möglichkeit, die vorgeschriebenen Manöver auf dem Exerzierplatz zu üben. Man mußte sich darauf beschränken, den Mannschaften den

[1] Der Hauptgedanke entspricht genau der Strategie, die Hannibal in der Schlacht von Cannae anwandte.

Schlachtplan eingehend zu erläutern und darauf zu vertrauen, daß das Wissen um die Größe der Gefahr die erforderliche Disziplin bewirken werde. Miltiades und Kallimachos mußten bei ihren Instruktionen vielleicht sogar mit der Möglichkeit rechnen, daß ihr Plan an die Perser verraten würde.

Blieb das dritte Problem, die persische Reiterei, ein Problem, das praktisch unlösbar war. Die Übermacht der feindlichen Fußtruppen zu zerschlagen und sich gleichzeitig der Reiterei zu erwehren, war unmöglich. Schon das erste war ein gewagtes Spiel und erforderte alle Kraft und Konzentration, wenn es überhaupt gelingen sollte. Die einzige Hoffnung blieb, die Schlacht zu einem Zeitpunkt zu beginnen, wo die feindliche Reiterei aus irgendeinem Grund nicht einsatzbereit oder nicht anwesend war. Welcher Zufall aber würde eine solche Gunst bescheren? Und ohne einen solchen Zufall war die Schlacht nicht zu verantworten.

Tatsache ist nun, daß die persische Reiterei an der Schlacht von Marathon nicht teilgenommen hat und daß die Griechen nur deshalb siegen konnten. Wie sich die Abwesenheit der Reiterei erklärt, ist ein Rätsel, das keine antike Überlieferung aufhellt. Man hat angenommen, die Pferde seien vorübergehend auf entfernten Weideplätzen gewesen, und Miltiades habe gerade diese Gelegenheit abgepaßt. Aber die Schlacht war ja nicht in zwei Stunden geschlagen, und zu jedem Zeitpunkt ihres Verlaufs, ausgenommen vielleicht das allerletzte Stadium, hätte ein Eingreifen der Reiterei die Lage zuungunsten der Griechen gewendet. Die Reiterei hätte sie von den Seiten und im Rücken angegriffen und hoffnungslos zerstreut.

Herodot sagt ausdrücklich 6, 113: »Der Kampf bei Marathon währte lange.« Aber wir würden dies auch vermuten, wenn es nicht bei ihm stünde. Doch selbst, wenn die Schlacht nur zwei Stunden gedauert hätte, konnten die Weideplätze niemals so weit entfernt liegen, um die Reiterei in dieser Zeit nicht in aller Eile noch rechtzeitig zum Einsatz zu bringen.

Es gibt eigentlich nur zwei diskutable Erklärungen: Entweder war der Anteil der Reiterei an den Truppen des Datis unbedeutend und Herodots Angaben darüber sind übertrieben. Oder die Reiterei war bereits eingeschifft und abgesegelt, als die Schlacht begann, und eben dies war die Gelegenheit, auf die Miltiades so viele Tage gewartet hatte. Soviel kann man jedenfalls mit Sicherheit sagen: Es müssen außerordentlich günstige, siegverheißende Umstände eingetreten sein, wenn Miltiades und Kallimachos es wagten und auf sich nahmen, die Schlacht zu beginnen, ohne daß das spartanische Hilfskorps eingetroffen war, Umstände, die ih-

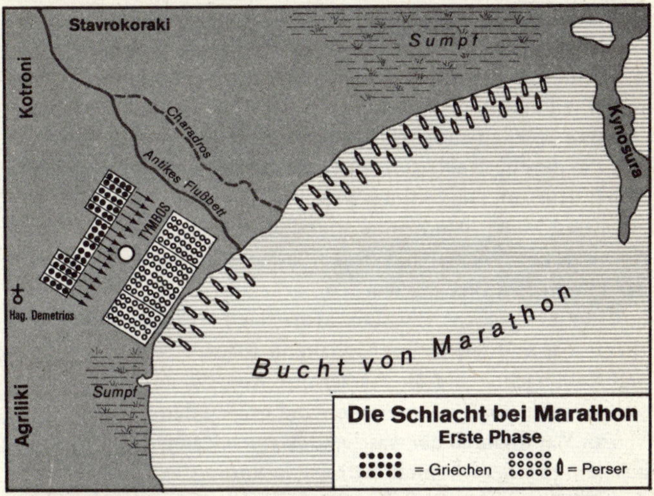

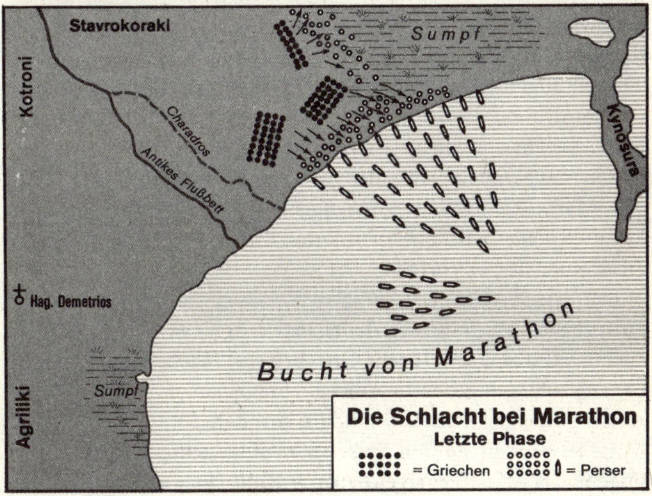

nen viel entscheidender und bedeutender erschienen als die spartanische Hilfe, eine Situation, die unwiederbringlich war.

Und die Schlacht verlief völlig nach Plan. Das Laufmanöver des Anfangs erreichte seinen Zweck sogar über Erwarten. Herodot bemerkt, die Athener seien von allen Griechen die ersten gewesen, die einen Angriff im Laufschritt ausführten. Auch den Persern war ein solcher Gegner noch nicht vorgekommen. Als sie die Athener auf sich zulaufen sahen, glaubten sie, es mit Wahnsinnigen zu tun zu haben, und vergaßen in ihrer Verblüffung Pfeil und Bogen. Dann waren die Griechen mit ihren Schilden und Spießen auch schon heran, und nach einiger Zeit löste sich die dreißig Reihen tiefe persische Schlachtreihe wirklich in drei Blöcke auf. Die Fronten waren auf beiden Seiten gleich lang, etwa 1600 Meter. Auf dem rechten Flügel kämpfte, wie es Tradition war, der Polemarch, auf dem linken die Platäer. Die Enden der feindlichen Phalanx wurden zurückgedrängt, aufgelöst und in die Flucht geschlagen. Die Mitte der persischen Front aber rückte vor und wurde nur hinhaltend abgewehrt. Dann vollzogen Kallimachos und die Platäer ihre Kehrtwendung, schlossen sich zu einer Phalanx zusammen und griffen den Feind im Rükken an, der dadurch überraschend in einen Zangenangriff geriet, aus dem er sich nicht mehr befreien konnte. Allerdings gelang es den Platäern nicht, auf ihrem Flügel die Vereinigung mit den gegenüberstehenden Griechen zu vollziehen und den Kessel zu schließen. So blieb den Persern ein Ausweg offen, der bald zum Tor der allgemeinen Flucht wurde. Die Perser flohen dem Meer zu, um sich auf die Schiffe zu retten. Viele von ihnen verfehlten in der Furcht und Hast die Richtung, wandten sich zu weit nach Osten und gerieten hier in das große Sumpfgebiet, das die Ebene von Marathon im Osten abschließt. Hier waren sie verloren, konnten weder vor noch zurück und wurden von ihren Gegnern erbarmungslos erschlagen.

Die griechische Verfolgung richtete sich natürlich vor allem auch gegen die Schiffe, von denen man möglichst viele zu erobern suchte. Hier war aber für die Griechen von Nachteil, daß sie nach der Zerschlagung der feindlichen Flügel die Fliehenden nicht weiter verfolgen konnten, sondern sich dem Zangengriff auf die Mitte zuwenden mußten. So konnten die Flüchtenden der Flügel ungehindert das Meer erreichen, die Schiffe klar und für die Aufnahme weiterer Fliehender bereit machen und rechtzeitig ablegen, ehe die Griechen an den Strand stürmten. Nur sieben Schiffe von so viel Hunderten fielen in ihre Hände. Bei dem Versuch, ein weiteres festzuhalten, fand der Bruder des Äschylos den Tod. Ihm wurde der Arm mit der Axt abgeschlagen, woran er verblutete.

Die Tatsache, daß die Griechen nur so erstaunlich wenige persische Schiffe erobern konnten, wird als ein weiterer Beweis dafür angesehen, daß ein großer Teil der Flotte mit der Reiterei bereits vor Beginn der Schlacht die Bucht von Marathon verlassen hatte und daß eben dies die von Miltiades abgewartete günstige Gelegenheit war.

Die Schlacht war geschlagen und gewonnen, nicht aber war damit die Gefahr beseitigt. Man mußte befürchten, daß die persische Flotte nach Phaleron fuhr, um das ungeschützte Athen in einem Überraschungsangriff zu nehmen. Da auch die Schiffsfahrt viele Stunden erforderte, bestand Aussicht, den Persern zuvorzukommen. Aristides mit dem Aufgebot seiner Phyle wurde dazu bestimmt, auf dem Schlachtfeld zu bleiben, um die Gefangenen und die Beute zu bewachen und vor allem auch die Totenwache für die Gefallenen zu übernehmen. Die übrigen Kontingente aber sollen unmittelbar nach der Schlacht im Eilmarsch nach Athen zurückgekehrt sein und es noch in der gleichen Nacht erreicht haben. Da Kallimachos gefallen war, hat wahrscheinlich Miltiades das Kommando übernommen, und er wird es auch gewesen sein, der den Eilmarsch befahl. Wenn dieser auf Wahrheit beruht, was man ernstlich bezweifeln kann, stellte er eine ganz außerordentliche körperliche Leistung dar. Jedenfalls war im Anschluß an die stundenlange Schlacht und Verfolgung zu einem Gewaltmarsch von weiteren acht bis neun Stunden wohl doch nur eine kleine Zahl imstande. Aber sie mag ausgereicht haben, die Perser vor so viel Entschlossenheit der Athener zurückweichen zu lassen. Sie bezog ihre Stellung im Gymnasium Kynosarges, dem Gymnasium des Themistokles, in der Nähe des Olympieions, auf dem Südufer des Ilissos, von wo aus sie den Anmarsch der Perser von Phaleron gut überwachen konnte.

Die allbekannte Geschichte vom Marathon-Läufer aber, der einer olympischen Disziplin Ursprung und Namen gab, indem er im Dauerlauf vom Schlachtfeld nach Athen eilte und mit dem

Ruf: »Wir haben gesiegt!« sterbend zusammenbrach, ist eine späte Legende, die erst bei Lukian auftaucht. Herodot weiß nichts von ihr.

Die Perser hatten eine Schlacht verloren und auch große Verluste erlitten – Herodot spricht von 6400 Gefallenen; eine Gefangenenzahl nennt er nicht –, aber sie waren natürlich in keiner Weise besiegt. Ihre Flotte war nahezu, ihre Reiterei gänzlich unversehrt, und trotz der hohen Mannschaftsverluste blieben sie den Griechen überlegen. Ein schneller und entschlossener Angriff auf Athen hätte durchaus Chancen gehabt, die Stadt zu nehmen. Aber die Perser gaben sich mit der einen Schlacht geschlagen und machten keinen Versuch, den Krieg fortzusetzen. Eine so kleinmütige Entscheidung ist natürlich um so verwunderlicher, als die Perser tapfere und geübte Krieger waren. Und man fragt sich ganz konkret, welcher Argumentation Datis und Artaphernes sich wohl bedient haben, um den schnellen und verzagten Abbruch ihres Unternehmens vor Darius zu rechtfertigen. Wie auch immer, die Tatsache, daß sie überhaupt geschlagen werden konnten, noch dazu von einem weit unterlegenen Gegner, muß für die Perser einen furchtbaren Schock bedeutet haben, von dem sie sich nicht so schnell erholen konnten. Zwar hatten ihnen die Karer im Jahre 496 ebenfalls eine schwere Niederlage bereitet, aber damals waren sie in einen Hinterhalt geraten. Wollten sie nun Athen belagern, so würden sie sich nicht nur den Athenern, sondern auch den inzwischen eingetroffenen Spartanern gegenübersehen, und das erschien ihnen offenbar nicht sehr aussichtsreich nach der Erfahrung von Marathon. So brachen sie den Feldzug ab und kehrten nach Asien zurück. Das Gros der Flotte steuerte direkt die Kykladen an. Wie weit hier auf einzelnen Inseln persische Besatzungen zurückgelassen wurden, ist eine Frage reiner Vermutung. Eine Reihe von Schiffen und Transportern kehrte aber zunächst noch einmal nach Euböa zurück. Hier hatte man auf der kleinen Insel Ägilea bei Styra die überlebende Bevölkerung von Eretria gefangengesetzt. Sie mußte nun die Schiffe besteigen und wurde deportiert. Darius siedelte sie im persischen Hochland, in der Provinz Elam an, in der Nähe seiner Hauptstadt Susa. Dort hat Herodot sie zwei Menschenalter später noch angetroffen.

Nachdem der Vollmond eingetreten war, waren am nächsten Tag dann auch die Spartaner aufgebrochen und suchten in einem Eilmarsch endlich die so dringend erwartete Hilfe zu bringen. Schon am dritten Tag sollen sie Athen erreicht haben, was eine ähnlich ruhmredige Übertreibung ist wie der angebliche Rekord des Athener Botenläufers. Aber wie schnell die Spartaner auch marschierten und wie lange die Athener die Schlacht auch hinausgezögert hatten, die Peloponnesier kamen zu spät. Mit Staunen und Unglauben mußten sie erfahren, daß die Athener sich und Griechenland allein gerettet hatten. Sie wollten aber wenigstens das Schlachtfeld und die gefangenen Perser besichtigen, um die fernen, vielberedeten Feinde endlich einmal aus der Nähe zu sehen. So zogen die Spartaner nach Marathon und dann kampflos wieder in ihre Heimat zurück, um dort den Kriegsruhm der Athener zu melden, der dem der Spartaner nun nicht mehr nachstand.

Die Frage, ob der Eintritt des Vollmonds für die Spartaner eine unumgängliche Kultverpflichtung oder nur ein Vorwand war, ist, wie gesagt, strittig. Ihr Eilmarsch spricht immerhin dafür, daß es ihnen mit ihrer Hilfsabsicht ernst war. Trotz aller Übertreibung mag er auf Wahrheit beruhen. Aber dies Indiz wird durch zwei andere mehr als aufgewogen: Die Spartaner sandten nur zweitausend Mann nach Athen, das heißt, nicht mehr als ein Viertel ihres stehenden Aufgebots von etwa achttausend Spartiaten. (Bei Platää kämpften fünftausend Spartiaten und fünftausend Periöken.) Und zweitens: Ihr Hilfskorps stand nicht unter dem Kommando eines Königs. Dieser für die spartanische Kriegführung ganz ungewöhnliche Umstand macht die Aufrichtigkeit der spartanischen Hilfsabsicht ernstlich problematisch. 6400 Perser sind, wie gesagt, nach dem Bericht des Herodot bei Marathon gefallen, und diese Zahl wird, wenn überhaupt, nur wenig übertrieben sein, denn ohne Zweifel hat auf der Flucht und in den Sümpfen die Perser scharenweise ihr Schicksal ereilt. Den mehreren tausend gefallener Perser stehen nur 192 Athener gegenüber. Sie wurden in der Ebene von Marathon gemeinsam beigesetzt, und über ihren Gräbern wurde als Toten- und Ehrenmal ein neun Meter hoher Erdhügel errichtet, der sogenannte Soros oder Tymbos, dessen Kuppe Marmorstelen trug, auf denen die Namen der Gefallenen nach ihren Phylen aufgezeichnet waren.

Das Schlachtfeld wurde zum Landesheiligtum erklärt und den Gefallenen von Marathon, als seien sie Heroen, Jahresopfer eingesetzt. Der Tymbos von Marathon ist bis in unsere Zeit unversehrt erhalten geblieben (s. Seite 65). Ende vorigen Jahrhunderts hat ihn der griechische Archäologe Staïs geöffnet und die von Herodot angegebene Zahl bestätigt gefunden. Die Gebeine der Toten wurden ins Athener Nationalmuseum überführt.

Befremdlich im höchsten Grade ist nun, daß Herodot zwar die Verluste der Athener und Perser angibt, die der Platäer aber ganz übergeht, die doch die einzigen waren, die den Athenern beigestanden hatten und von denen er 6, 111 ausdrücklich erwähnt:

»Seit dieser Schlacht betet der athenische Herold bei dem großen Opfer der Panathenäen nicht nur für das Heil der Athener, sondern auch für das der Platäer.«

Warum verschweigt er, den wir als einen Schriftsteller von großer Menschlichkeit und von erstaunlicher Unparteilichkeit und Objektivität bewundern, die Gefallenen der Platäer? Denn ein bloßes Versehen kann es nicht gewesen sein.

Der sehr viel kleinere und flachere Grabhügel der Platäer wurde erst vor wenigen Jahren wiederaufgefunden und identifiziert. Marinatos hat ihn 1970 nur zu einem Viertel ausgegraben, um seinen Gesamtbestand nicht zu verletzen. Der Hügel mißt drei Meter in der Höhe, über dreißig Meter im Durchmesser und deckte in dem untersuchten Teil elf Gräber: neun von jungen Männern zwischen 20 und 25 Jahren, eines eines älteren Mannes von etwa 40 Jahren, wohl eines Offiziers, auf dessen Grabstein noch der Name Archias lesbar war, und eins, überraschenderweise, eines 10jährigen Jungen. Dies ergab die Untersuchung der wohlerhaltenen Skelette und Schädel. Hat der Junge auch an der Schlacht teilgenommen, vielleicht als Bote oder Späher gedient, oder als Trommler oder Pfeifer, wie wir es in der Vasenmalerei finden? Überraschend ist auch, daß neun der Toten erd-, zwei aber feuerbestattet sind, so, als hätten die Gefallenen über ihre Bestattungsart eine Verfügung getroffen gehabt. Im ganzen wird man unter dem Hügel der Platäer 40 bis 50 Gräber anzunehmen haben, was bedeutet, daß die Verluste der Platäer, anteilig gerechnet, etwa doppelt so groß waren wie die der Athener. Warum waren sie Herodot keiner Erwähnung wert?

Man hat, solange der Grabhügel der Platäer unbekannt war,

angenommen, daß derjenige der Athener an der Stelle errichtet worden sei, die die Mitte des Schlachtfeldes darstellte. Es wäre in gewisser Weise natürlich gewesen, wenn man die Platäer ebenfalls auf der Mitte des Schlachtfelds bestattet hätte. Nun aber zeigt sich, daß die beiden Hügel etwa zweieinhalb Kilometer voneinander entfernt liegen. Sie könnten theoretisch die Enden der anfänglichen Aufstellung bezeichnen, wo ja der Athener Feldherr auf dem rechten, die Platäer auf dem linken Flügel standen. Aber so lang kann die Schlachtreihe unmöglich gewesen sein, und auch die Linie, die die beiden Hügel bezeichnen, ist nicht die zu erwartende. Offenbar sind andere Gesichtspunkte für die Wahl der Orte bestimmend gewesen.

Wo aber hat sich während der Schlacht eigentlich Themistokles aufgehalten? Herodot, der ihn ohnehin nicht mag, erwähnt ihn im Zusammenhang mit Marathon überhaupt nicht. Nach Plutarch sollen er und Aristides als Strategen die beiden Kontingente geführt haben, die die verringerte Mitte bildeten und das hinhaltende Rückzugsmanöver auszuführen hatten. Diese Nachricht kann aber, wie alle Berichte über die frühe Zeit des Themistokles, nicht als verbürgt gelten. Es besteht jedoch kein Grund, daran zu zweifeln, daß er an der Schlacht von Marathon teilgenommen hat, wenn auch vielleicht nicht als einer der zehn attischen Strategen.

Von der Siegesbeute wurde der Zehnte den göttlichen Helfern Athene, Apollon und Artemis geweiht und der Athene und dem Apollon auch in Delphi eine Statue gestiftet. Dem Gott Pan, der dem athenischen Staatsboten auf dem Weg nach Sparta erschienen war, wurde am Nordwesthang der Akropolis eine Kultgrotte geweiht und ein jährliches Fest mit Opfern und Fackellauf eingesetzt.

Am 6. Boedromion (September), am Geburtstag des Apollon und der Artemis, fand im Heiligtum der Artemis Agrotera in Agrä am Illissos das große Siegesfest statt. Und hinfort wurden jedes Jahr der Göttin zum Dank für ihre Hilfe fünfhundert Ziegenböcke geopfert. Zugleich aber war der 6. Boedromion auch der offizielle Gedächtnistag für die Gefallenen von Marathon.

Die Expedition gegen Paros und der Sturz des Miltiades

Der Sieg von Marathon hatte den Gegner zwar nicht vernichtet, aber abgewiesen, er hatte Athen aus der Gefahr der Zerstörung, Versklavung und Deportation errettet, Griechenland auf Jahre hinaus von dem nächsten persischen Angriff befreit und dem Gegner ein für allemal seinen magischen Schrecken und den Ruf der Unbesiegbarkeit genommen. Der Ruhm und die Stellung Athens innerhalb Griechenlands waren gewaltig gestiegen, in Athen selbst aber erfuhr eine solche Steigerung das Ansehen des Miltiades. Der Polemarch Kallimachos war in der Schlacht geblieben, und so fiel der ganze Ruhm auf Miltiades, der den genialen Schlachtplan entworfen, die Entscheidung zum Kampf auch ohne spartanische Hilfe durchgesetzt und so den ganz und gar unwahrscheinlichen Sieg herbeigeführt hatte. Später wurde ihm sowohl in Delphi als auch auf dem Siegesfeld von Marathon eine Ehrenstatue errichtet. Aber das veranlaßte erst um 470 sein Sohn Kimon. Von offiziellen Ehrungen zu seinen Lebzeiten verlautet dagegen nichts, ja man erzählte sich sogar die Anekdote, als Miltiades einmal selbst eine Ehrung für sich beantragte, habe ein Athener Eulenspiegel ihm diesen Wunsch mit der Bemerkung vereitelt, wenn er demnächst einmal eine Schlacht allein gewinne, dann könne er auch eine Ehrung für sich allein beantragen.

Aber daß Miltiades nach dem Sieg von Marathon nicht nur an Ansehen, sondern auch an realem politischem Einfluß jeden anderen Athener weit überragte, daß seine Gegner nun machtlos waren, daß er die Athener Politik bestimmte und in der Tat eine tyrannenähnliche Stellung einnahm, ist keine Frage. In dieser Lage, auf dem Höhepunkt seines Ansehens und Einflusses, setzte Miltiades ein verhängnisvolles Unternehmen in Gang, das für ihn sozusagen die tragische Peripetie herbeiführte.

Miltiades beantragte in der Volksversammlung die Bewilligung von Schiffen, Truppen und Geldmitteln für ein Kriegsunternehmen, dessen Ziel er angeblich verschwieg, indem er nur erklärte, daß es den Athenern großen Reichtum bescheren werde, wenn sie ihm folgten. Ob seine Machtstellung wirklich so außerordentlich war, daß er vor der Volksversammlung nicht einmal das Ziel der geplanten Expedition anzugeben brauchte, wie

Herodot berichtet, muß man füglich bezweifeln. Wahrscheinlich und einleuchtend ist vielmehr, daß er offen erklärte, gegen Paros ziehen zu wollen und daß ihm dafür die beantragten Mittel bewilligt wurden. Sollten gegen dieses Unternehmen militärische, politische, rechtliche Bedenken erhoben worden sein, so war sein Einfluß groß genug, sie niederzuschlagen. Auf keinen Fall hatte er es nötig, sein Ziel zu verschweigen.

Miltiades fuhr also gegen Paros, schloß die Stadt zu Wasser und zu Lande ein und forderte von den Pariern die gewaltige Summe von hundert Talenten (= 2600 kg Silber) zur Buße dafür, daß sie mit einer Triere auf persischer Seite am Zug gegen Marathon teilgenommen hatten. Sollten sie die Buße verweigern, so werde er nicht eher abziehen, bis er ihre Stadt eingenommen und vernichtet habe. In Wirklichkeit waren sowohl die persische Heeresfolge, zu der die Parier ja gezwungen worden waren, als auch die riesige Summe nur Vorwände, die bemänteln sollten, daß er es von vornherein auf Eroberung abgesehen hatte. Paros mit seinem Reichtum an kostbarem Marmor, dem wertvollsten, der in Griechenland zu finden war, seinen geschützten Häfen und fruchtbaren Ebenen wäre ein bevorzugter Besitz gewesen. Offenbar wollte Miltiades sich hier Ersatz für die verlorene thrakische Halbinsel schaffen, eine persönliche Herrschaft, eine Hausmacht, die ihn wieder unabhängig machen und auch seiner Stellung in Athen eine wirkungsvolle, bleibende Stütze und Rükkendeckung verschaffen würde.

Die Parier dachten nicht daran, der Erpressung nachzugeben, und setzten sich zur Wehr. Wo die Mauern schwach waren, wurden sie schleunigst verstärkt. Sechsundzwanzig Tage hielten sie der Belagerung stand, bis Miltiades sich entschloß, sie abzubrechen. In seiner Verzweiflung über den Fehlschlag seines Unternehmens und über die Verwicklungen, die daraus folgen mußten, soll er sich noch eines schweren Sakrilegs schuldig gemacht und damit vollends ruiniert haben. Unter den parischen Gefangenen befand sich auch eine Priesterin der Demeter und Persephone. Sie ließ sich zu Miltiades führen, indem sie vorgab, einen Weg zu wissen, wie er die Parier besiegen könne. Wie es scheint, hat sie ihm eingeredet – ob nun in Wirklichkeit oder nur in der Vorstellung des Erzählers –, solange die heiligen Geräte der Demeter im Besitz der Parier blieben, seien diese unbesiegbar. Sobald es ihm jedoch gelinge, sie an sich zu bringen, werde er sie unterwerfen können. Eine Vorstellung aus dem Bereich des magischen Aberglaubens, der sich auch sonst in der Antike und in einigen Fällen sogar mit Erfolg praktiziert findet (Hdt. 7, 153). Miltiades soll sich zu diesem verzweifelten Mittel entschlossen haben. Er überstieg zu nächtlicher Stunde die Mauer des Thesmophorions. Als er sich jedoch dem Heiligtum selbst näherte, wo die heiligen Geräte aufbewahrt wurden, die kein männliches Auge erblicken durfte, da habe ihn plötzlich panischer Schrecken ergriffen, er sei davongestürzt, habe in der Hast die Mauer ungeschickt überstiegen, sei herabgefallen und habe sich eine schwere Schenkelverletzung zugezogen. So war auch diese letzte Hoffnung gescheitert, der nächtliche Versuch in Mißerfolg, Verwundung, ja schwerer kultischer Schuld geendet. Miltiades brach die Belagerung ab und kehrte ruhmlos nach Athen zurück. Nun hatte sich die Lage auf einen Schlag gewendet. Seine Vorrangstellung war beseitigt, seine Gegner traten wieder auf den Plan, ja, sie holten sofort zum Vernichtungsschlag aus. Xanthippos, der Vater des Perikles, klagte Miltiades der Irreführung der Volksversammlung an und beantragte die Todesstrafe. Der Held von Marathon, der Befreier Griechenlands, der Mann, der wenige Wochen zuvor noch mit dem Gedanken der Alleinherrschaft über Athen gespielt haben mochte, sah sich plötzlich ernsthaft bedroht und konnte sich nicht einmal selbst verteidigen, da der Wundbrand seine Schenkelverletzung ergriffen hatte und ihn ans Krankenlager fesselte. Freunde mußten seine Verteidigung übernehmen. Sie erinnerten an seine Verdienste um den Sieg von Marathon, der ohne ihn niemals erfochten worden wäre. Sie erinnerten auch daran, daß er die Insel Lemnos erobert und attischen Kolonisten zur Verfügung gestellt hatte. Das Todesurteil wurde nicht gesprochen, aber Miltiades wurde zu einer Geldstrafe, einem Schadenersatz von fünfzig Talenten verurteilt, damit die Athener, wo sie durch die Parosexpedition schon nichts gewonnen hatten, wenigstens auch nicht im Schaden blieben.

Miltiades hat das Urteil nicht lange überlebt. Krank an Leib und Seele ist er bald darauf dem Wundbrand erlegen. Die ungeheure Geldstrafe hat später sein Sohn Kimon bezahlt. Miltiades aber wurde auf dem Schlachtfeld von Marathon bestattet.

So endete der Mann, der sich um Griechenland verdient gemacht hatte wie nur wenige, ruhmlos, elend und schuldbeladen, einer der vernehmlichsten Zeugen für den Unbestand aller irdischen Dinge.

Befremdlich am Ende des Miltiades ist der frappante Gegensatz zwischen dem genialen Schlachtplan von Marathon und dessen glänzender Durchführung einerseits und diesem kläglichen, hilflosen Scheitern vor dem kleinen Paros andererseits. Ist es im Ernst glaublich, daß der Sieger von Marathon, der durch ein genial ausgedachtes Vorgehen einen weit überlegenen Gegner schlug, sich vor den Mauern von Paros nichts anderes einfallen ließ als eine lahme Belagerung von sechsundzwanzig Tagen und allenfalls noch einen nächtlichen Tempelraub? Wo bleibt hier sein Ingenium, wo seine Furchtlosigkeit und Entschlossenheit? Hat Miltiades von 490 auf 489 plötzlich die Altersschwäche befallen? Die Expedition gegen Paros, so, wie sie uns überliefert wird, ist im Grunde ebensowenig glaublich wie der nächtliche Tempelraub. Und doch pflegt man nicht an ihr zu zweifeln. Allerdings soll Miltiades schon einmal, 494 beim Erscheinen der Skythen, seine Sache ebenfalls überraschend schnell und ängstlich aufgegeben haben.

Das Archontat des Aristides

Nach der Schlacht von Marathon, so berichtet Plutarch (*Them.* Kap. 3), als ganz Athen von nichts anderem als dem Strategen und Sieger Miltiades sprach, da sah man den Themistokles ganz verändert umhergehen, in sich gekehrt und in Gedanken verloren. Er mied die gewohnten Trinkgelage, und als seine Freunde ihn verwundert fragten, was mit ihm vorgehe, da erfuhren sie die Ursache: Der Ruhm des Miltiades ließ den Themistokles nicht schlafen. So groß, berichtet die Anekdote, war sein Ehrgeiz, seine Ruhmbegier, seine Leidenschaft nach großen Taten. Und doch blieben sie noch lange unerfüllt.

Mit dem plötzlichen Tod des Miltiades begann für Athen eine neue Epoche. Der eben noch einmal akut gewordenen Gefahr der Tyrannis suchte man nun auf dem Verfassungsweg ein für allemal zu begegnen. Kleisthenes hatte um 508 die demokratische Verfassung in Athen eingeführt. Sein Neffe Megakles suchte sie jetzt, nach dem Ende des Miltiades, durch ein besonderes Verfahren gegen die Möglichkeit eines tyrannischen Umsturzes abzusichern. Auf seinen Antrag wurde das Institut des Ostrakismus, des Scherbengerichts, beschlossen. Zu Beginn der zweiten Hälfte jedes Amtsjahres – das Athener Amtsjahr begann im Juni/Juli mit dem ersten Vollmond nach der Sommersonnenwende –, war die Volksversammlung einzuberufen und zu befragen, ob unter den Athener Politikern jemand des Strebens nach der Tyrannis verdächtig sei. Wurde die Frage bejaht, so waren in einer zweiten Volksversammlung acht Wochen später die Namen der Betreffenden auf Tonscherben einzukratzen und diese als Stimmzettel abzugeben. Voraussetzung für die Gültigkeit der Abstimmung war, daß mindestens sechstausend Bürger an ihr teilgenommen hatten. Plutarch beschreibt den Hergang des Verfahrens *Arist.* Kap. 3 in Kürze so:

»Jeder Bürger nahm einen Scherben, schrieb darauf den Namen des Mannes, den er verbannen wollte, und brachte ihn an einen Ort auf dem Markt, der rings von Schranken umschlossen war. Die Beamten zählten zuerst die gesamten abgegebenen Scherben durch, denn wenn die Abstimmenden weniger als sechstausend waren, war das Verfahren ungültig. Dann ordneten sie die Scherben nach den Namen und verbannten den von der Mehrheit aufgeschriebenen für zehn Jahre, doch so, daß er im Genuß seines Vermögens verblieb.«

Das Scherbengericht bedeutete also eine Verbannung ohne Ehrverlust. Der Verbannte verblieb im Besitz des Bürgerrechts und im Genuß seines Vermögens. Der Zweck des Verfahrens war nicht, ihn persönlich zu vernichten, sondern lediglich die Gefahr zu beseitigen, die sein Einfluß für die demokratische Gemeinschaft bedeutete. Der Verbannte konnte seinen Wohnsitz frei wählen, unter der Bedingung, daß er sich jenseits der Linie Kap Geraistos (Südeuböa) und Kap Skyllaion (Ostargolis) befand. Nach zehn Jahren stand ihm die Rückkehr automatisch frei.

Mit Militiades war der größte und einflußreichste Gegner der themistokleischen Flottenbaupläne abgetreten. Aber das bedeutete in keiner Weise, daß die politische Szene in Athen dadurch für diese Pläne unmittelbar günstiger geworden wäre. Vielmehr wurde im Jahre 489 ein Mann zum Archonten gewählt, der ebenfalls zu den Gegnern des Themistokles gehörte: Aristides, der Sohn des Lysimachos, aus dem Demos Alopeke.

Der Gegensatz der beiden Männer soll bis auf ihre Jugendzeit zurückgehen, die sie gemeinsam verbrachten, obwohl Aristides einige Jahre älter war. Offen und mit Heftigkeit sei er zuerst infolge von Eifersucht aufgebrochen, als sie sich beide für Stesileos von Keos, den damals schönsten Jungen in Athen, interessierten und in Leidenschaft verzehrten. So seien sie dann später auch in der Politik als die entschiedensten Konkurrenten gegeneinander aufgetreten. In Wirklichkeit war ihr Gegensatz vor allem in einer völligen Verschiedenheit des Charakters begründet: Themistokles ehrgeizig und machtgierig, kühn und gewandt bei der Verfolgung seiner Ziele, energisch und bis zu einem Grade unbedenklich in der Wahl seiner Mittel. Aristides selbstlos und bedächtig, niemals seinen persönlichen Vorteil suchend, Umschweife, Machenschaften, unlautere Mittel konsequent verschmähend und verachtend, ein Mann von vollkommener Rechtlichkeit, durch keine Verführung, selbst durch die Notwendigkeit nicht wankend zu machen, ein Mann, wie er für das Getriebe und Labyrinth der Politik ungeeigneter gar nicht zu denken ist und der doch aufgrund seiner unanzweifelbaren Integrität als die absolute Ausnahme schon in jungen Jahren eine allgemein anerkannte Autorität darstellte und später geradezu den Beinamen »der Gerechte« erhielt.

Daß Aristides den Anträgen des Themistokles in der Volksversammlung und seinen Machenschaften, sie durchzusetzen, vielfach entgegentrat, und sei es auch nur, um den wachsenden Einfluß des unruhigen, verwegenen Gegners einzudämmen, ist gewiß, obwohl wir die einzelnen Anlässe nicht kennen. Im übrigen stammte Aristides so wenig wie Themistokles aus einem bedeutenden Geschlecht und vertrat, wie es scheint, nicht einmal ein bestimmtes politisches Programm, außer dem allgemeinen, die Verfassung zu schützen, Recht und Ordnung zu stärken und die Athener vor Übereilungen und Unbedachtheiten zu bewahren.

Daß er bereits um 490 nächst Miltiades der angesehenste Mann war, ist gewiß übertrieben. Glaubhaft und einleuchtend dagegen ist, daß nach der Schlacht von Marathon das Amt, die Beute und die Gefangenen zu bewachen, wie selbstverständlich an ihn fiel, als den verläßlichsten Garanten gegen jeden Übergriff auf Gut und Leben. Herodot erwähnt die Perserbeute zwar mit keinem Wort, aber da das feindliche Lager mindestens zum Teil in die Hände der Griechen fiel, muß sie groß gewesen sein, wie denn auch Plutarch berichtet, daß Aristides aus den persischen Zelten Gold und Silber, kostbare Gewänder und sonstige Güter in Mengen bergen ließ.

In der Schlacht selbst sollen Aristides und Themistokles nebeneinander die Kontingente der Phylen Antioche und Leontis befehligt haben, die das schwache Mittelfeld bildeten und die schwierige Aufgabe hatten, die Elitetruppen des weit überlegenen Feindes hinzuhalten, und dabei besonders hohe Verluste erlitten.

Es war das Archontat des Aristides, in dem das Institut des Scherbengerichts eingesetzt wurde, eine Neuerung, die Themistokles bald geschickt für seine Absichten auszunutzen wußte und mit der es ihm gelang, schließlich auch Aristides selbst zu vertreiben.

Das Ende des Königs Kleomenes

Ungewönlich lange, über ein Menschenalter hatte König Kleomenes über Sparta geherrscht (ca. 520–488), als ihn ein furchtbares Schicksal ereilte. Er hatte bedeutende Taten vollbracht, noch mehr aber vielfache Schuld auf sich geladen. 510 hatte er auf Geheiß des Delphischen Orakels Hippias, den Sohn des Peisistratos, aus Athen vertrieben und die Stadt von der Tyrannis befreit. Als aber daraufhin nicht sein Mann, Isagoras, sondern Kleisthenes in Athen an die Macht kam, kehrte er mit einem kleinen Heer zurück, vertrieb Kleisthenes und mit ihm siebenhundert Athener Familien, die ihm Isagoras angab, löste den Rat auf und setzte Anhänger des Isagoras in die Ämter ein. Darauf erfolgte indes eine entschlossene Reaktion der Athener. Kleomenes und Isagoras mußten sich auf die Akropolis flüchten, wo sie eingeschlossen und zum Abzug gezwungen wurden. Kleisthenes und die Ver-

Oben: Bronzehelm aus Perserbeute. – Unten: Helm des Miltiades. – Folgende Seite: Perser und Griechen im Kampf (Bassegio-Schale).

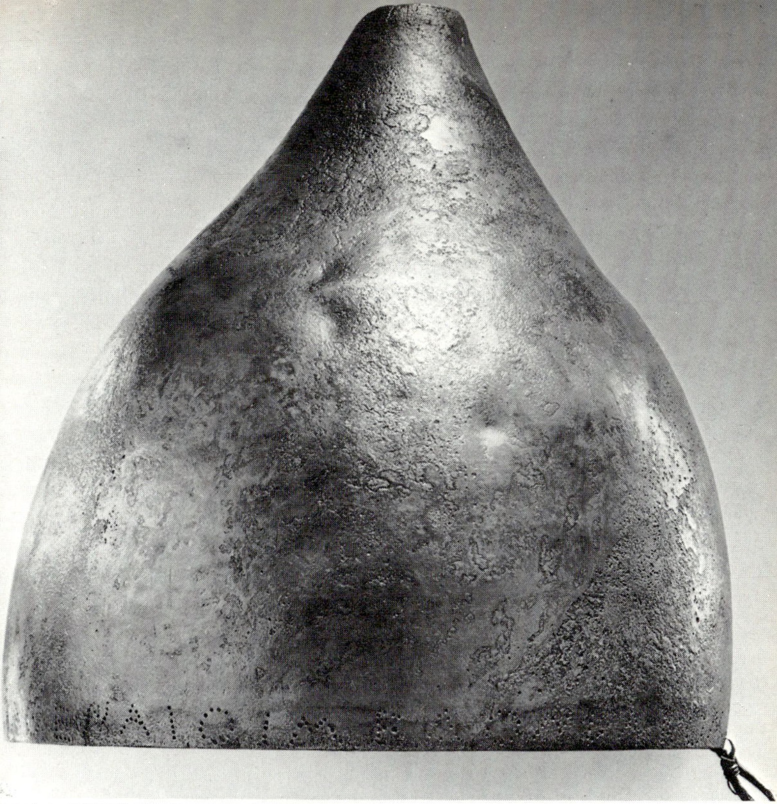

triebenen kehrten in ihre Vaterstadt zurück. Mit einem größeren Heer und in Begleitung seines Mitkönigs Demaratos zog Kleomenes 506 aufs neue gegen Athen, um diesmal das Regiment des Kleisthenes und dessen neue demokratische Verfassung (seit 508) endgültig aufzuheben. Aber in der Ebene von Eleusis kam es zwischen den beiden spartanischen Königen zum Zerwürfnis – man hat vermutet, Demaratos sei dem übertriebenen persönlichen Machtstreben seines Kollegen, der vielleicht selbst in Athen die Macht übernehmen wollte, entgegengetreten –, das spartanische Aufgebot teilte sich, und Kleomenes mußte auf einen Alleingang verzichten. Der Vorfall hatte bleibende Konsequenzen. Die spartanischen Ephoren nahmen ihn zum Anlaß, daß künftig, um eine Wiederholung zu vermeiden, die Könige nicht mehr wie bisher gemeinsam ins Feld ziehen sollten, sondern nur noch einer von ihnen, während der andere in Sparta blieb, und daß der ausrückende König künftig immer von zwei Ephoren begleitet werden mußte. Diese Änderung von 506 bedeutete also eine wesentliche Einschränkung der Souveränität der spartanischen Könige auf ihrem ureigensten Gebiet, dem der Kriegführung, und einen Übergriff der Ephoren auf eben dieses Gebiet.

Indessen brachte der Zug nach Eleusis noch weiteres Unheil. Einzelnes wird nicht überliefert, sondern nur berichtet, daß Kleomenes aus dem Heiligtum der Demeter Gegenstände entführte und damit unsühnbare Kultschuld auf sich lud.

499 hatte der König in klarer Voraussicht der diplomatischen Verwicklungen und der praktischen Unmöglichkeit eine spartanische Beteiligung am Ionischen Aufstand abgelehnt. Fünf Jahre später hatte er einen großen Sieg über Spartas Erbfeind Argos errungen, aber auch hier wieder sich in furchtbare Schuld verstrickt.

Kleomenes hatte in Delphi den Spruch erhalten, er werde Argos erobern. Er zog also mit einem spartanischen Heer durch die Kynuria an der Ostküste des Peloponnes entlang. Als er kurz vor Argos an den Erisanos kam, opferte er dem Fluß, erhielt jedoch Vorzeichen, die dem Übergang ungünstig waren. Da kehrte er bis Thyrea zurück, opferte dort dem Meer einen Stier und setzte

Links: Grabhügel von Marathon. – Vorangehende Seite: Ein persischer Krieger stürmt in die Schlacht.

mit dem Heer zu Schiff über nach der Ebene von Tiryns. Auf die Nachricht von seiner Landung rückten die Argeier ihm dorthin entgegen und wurden vernichtend geschlagen. Die Überlebenden flüchteten sich in den Hain des Stadtheros Argos, wo sie Asyl zu finden glaubten. In der Tat wagte es Kleomenes nicht, den heiligen Bezirk zu betreten. Und doch waren alle darin verloren. Von Überläufern ließ Kleomenes sich die Namen der Eingeschlossenen sagen und diese dann durch einen Herold einzeln herausrufen, indem er vorgab, er habe Lösegeld für sie erhalten und lasse sie frei. Sobald die Gutgläubigen herauskamen, wurden sie abgeführt und umgebracht.

Ungefähr fünfzig Argeier sollen die Spartaner auf diese Weise ermordet haben, ohne daß die Eingeschlossenen begriffen, was vorging, denn der Hain war dicht, und sie konnten nicht sehen, was draußen geschah. Bis einer von ihnen auf einen Baum stieg und die anderen warnte. Daraufhin ging dann auf den Ruf des Herolds niemand mehr hinaus.

Nun befahl Kleomenes den Heloten, Holz herbeizuschaffen und rings um den Hain aufzuschichten. Dann setzte er ihn in Brand und bereitete den eingeschlossenen Argeiern einen furchtbaren Tod.

So hatte die Stadt Argos durch die Schlacht und den Feuertod sechstausend Mann verloren. In späterer Überlieferung hieß es, es sei von Männern so völlig entblößt gewesen, daß die Sklaven sich der Regierung bemächtigen konnten, bis die Söhne der Gefallenen herangewachsen waren, eine übertreibende Version der Tatsache, daß die Argeier gezwungen waren, Umwohnern und Nicht-Bürgern das Bürgerrecht zu verleihen, um den furchtbaren Verlust auszugleichen. Es war im gleichen Jahr 494, da Milet den Untergang fand, und war der größte Blutzoll, den bis dahin ein griechischer Staat einem anderen auferlegt hatte.

Merkwürdig ist, daß Kleomenes sich darauf beschränkte, das argivische Aufgebot mit unerhörter Brutalität zu vernichten, aber darauf verzichtete, die Stadt selbst einzunehmen. Auch seinen Landsleuten erschien das so befremdlich, daß sie ihn vor Gericht brachten und der Bestechung anklagten. Sie warfen ihm vor, er habe sich bestechen lassen, von der Eroberung von Argos abzusehen. Aber er konnte sich gegen diesen Vorwurf rechtfertigen und wurde freigesprochen. Ebenso merkwürdig ist, daß die

Spartaner auch in der Folge keinen Versuch unternahmen, das schwer geschwächte Argos zu besetzen.

Kleomenes aber war nicht abgezogen, ohne noch ein weiteres Sakrileg zu begehen. Das Gros der Spartiaten hatte er bereits in die Heimat zurückgeschickt, er selbst stattete mit den Vornehmsten dem Hauptheiligtum des Landes, dem Heraion, noch einen Besuch ab. Als er jedoch selbst auf dem Altar ein Opfer bringen wollte, verwehrte ihm dies der Priester mit der Begründung, ein Fremder dürfe dort nicht opfern. Da befahl er, den Priester zu ergreifen, fortzuführen und zu geißeln. Dann vollzog er das Opfer.

491, im Jahr vor Marathon, hatte Kleomenes, wie schon berichtet, in Ägina eingegriffen, weil es den Persern Erde und Wasser gegeben hatte. Bei diesem Unternehmen war der alte Gegensatz zu seinem Mitkönig Demaratos mit solcher Schärfe aufgebrochen, daß er beschloß, sich seiner zu entledigen, und ihn mit Hilfe eines falschen Orakels auch wirklich vertrieb, um bald darauf zu erleben, daß dies der Anfang seines eigenen Endes war.

Ungefähr zwei Jahre später kam die Orakelfälschung ans Licht. Die schuldige Priesterin Perialla wurde entfernt und ihrer Würde beraubt, Kleomenes selbst der Orakelfälschung angeklagt. Vom Widerstand der Familie und des Anhangs seines Gegners bedrängt, fühlte er sich so gefährdet, daß er es vorzog, außer Landes zu gehen. Er wandte sich zuerst nach Thessalien und dann, als sich seine Hoffnungen dort nicht erfüllten, nach Arkadien. Hier versuchte er, seine alten Gefolgsleute eidlich zu verpflichten, mit ihm gegen Sparta zu ziehen. Seine Absicht scheint gewesen zu sein, seine Gegner von außen zu bekriegen, zu unterwerfen oder zu vertreiben, um sein alleiniges Königtum und seine Herrschaftspläne ein für allemal durchzusetzen. Die Situation war neu für beide Seiten. Ob die Ephoren sie als gefährlich ansahen, kann man bezweifeln, dazu war sie zu absurd, ein unvorstellbarer Affront gegen die spartanische Staats- und Lebensordnung und eine unsagbare Einbuße für das spartanische Ansehen. Auch den Arkadern kann die Sache je länger je weniger geheuer gewesen sein. Kleomenes sah sich gezwungen, einzulenken, und als die Ephoren ihm auf unverfängliche Weise goldene Brücken bauten, entschloß er sich, statt isoliert und machtlos in der Fremde zu leben, lieber als König nach Sparta zurückzukehren. Hier aber ging bald eine merkwürdige Veränderung mit ihm vor. Der Bericht des Herodot 6, 75 lautet so:

»Er wurde König wie vorher. Aber alsbald wurde er von Wahnsinn ergriffen, wie er denn schon früher etwas verwirrten Geistes gewesen war. Jeden Spartiaten, den er auf der Straße traf, schlug er mit seinem Stab an die Stirn. Da banden den Rasenden seine Verwandten an einen Block. Als er sich mit dem Wächter allein sah, forderte er von ihm ein Messer. Der Wächter wollte es ihm anfangs nicht geben, aber Kleomenes drohte ihm, er werde es ihn später entgelten lassen, bis der Wächter aus Furcht – es war ein Helote – ihm das Messer gab. Da zerschnitt Kleomenes mit dem Messer seinen eigenen Körper. Von den Unterschenkeln fing er an, schnitt das Fleisch in Streifen, zerfetzte ebenso die Oberschenkel, weiter die Hüften und Weichen und endlich den Leib, bis der Tod eintrat.«

Man hat das Ende des Kleomenes als rituellen Selbstmord oder als Folge der Epilepsie gedeutet. Schon in der Antike hat man sich ausgiebig damit beschäftigt, und bei Herodot sind die verschiedenen Überlieferungen der Lokaltraditionen aufbewahrt. Die meisten Griechen, schreibt er, betrachteten das entsetzliche Ende des Königs als Strafe für die Bestechung der Pythia. In Athen war man der Ansicht, der Frevel gegen das Heiligtum von Eleusis sei die Ursache gewesen, und die Argeier hielten natürlich die Ermordung und Verbrennung ihrer Landsleute und die Einäscherung des heiligen Hains für den wirklichen Grund. Die Spartaner selbst brachten merkwürdigerweise eine profane Erklärung vor. Sie sagten, Krankheit und Ende des Kleomenes seien überhaupt nicht durch eine Gottheit verursacht, sondern er habe sich angewöhnt, ungemischten Wein zu trinken. Der habe ihn wahnsinnig gemacht. »Ich selber glaube, daß es die göttliche Strafe für sein Verhalten gegen Demaratos war«, schließt Herodot seine Aufzählung der verschiedenen Versionen (6,84).

Aber es gibt noch eine andere Erklärung, die den Alten offensichtlich nicht gekommen, von ihnen jedenfalls nicht überliefert ist, und die doch viel Wahrscheinlichkeit für sich hat: Nämlich, daß die Ephoren Kleomenes in eine Falle lockten, als sie ihn zur Rückkehr bewegten, und daß sie ihn, als sie seiner habhaft waren, insgeheim umbringen ließen, nach außen aber das Gerücht ausstreuten, er sei wahnsinnig geworden und habe sich selber umgebracht. Ein Spartanerkönig, der auf die unerhörte Idee kam, mit fremder Heeresmacht gegen seinen eigenen Staat zu ziehen, mußte ihnen wohl mehr als nur vergleichsweise, er mußte ihnen wirklich als wahnsinnig erscheinen. Jedenfalls konnten sie sich selbst im Namen der Staatsräson für ohne weiteres befugt halten, ihn ohne Gerichtsverfahren zu beseitigen.

So ist die Überlieferung von der Selbstverstümmelung des Kleomenes vielleicht nur eine propagandistische Legende, hinter der sich in Wirklichkeit ein Akt geheimer Staatsjustiz verbirgt.

Sind aber Wahnsinn und Selbstverstümmelung legendär, wie viele von den anderen Greueln des Kleomenes, besonders denen von Argos, gehen dann vielleicht ebenfalls auf eine tendenziöse Überlieferung zurück?

Auffällig ist, daß die Ephoren nach dem Tod des Kleomenes den Demaratos nicht zurückgerufen und rehabilitiert haben. War auch er ihnen unbequem? Oder waren sie seiner Rückkehr nicht sicher und wollten sich die Blöße einer Absage ersparen?

Sparta

Die Verfassung und Lebensart der Spartaner, auf der ihr umstrittener Ruhm bei Mit- und Nachwelt basiert und die sich in staunenswerter Konservierung zweihundert Jahre lang mit nur geringen inneren Wandlungen erhalten haben, waren eine Schöpfung der Zeit um 600 v. Chr. In neunzehnjährigem Krieg, vermutlich zwischen 735 und 715, hatten die Spartaner Messenien erobert und damit ihren Landbesitz und die Zahl ihrer Landlose nahezu verdoppelt. Hundert Jahre später, in der zweiten Hälfte des 7. Jhs. machten die Messenier im sogenannten Zweiten Messenischen Krieg den Versuch, ihre Freiheit zurückzugewinnen. Das Ringen war hart und wurde von beiden Seiten mit dem äußersten Einsatz geführt. Es hat außerordentlich lange, vielleicht ein ganzes Menschenalter lang gedauert. Erst dann gelang es Sparta, seine Eroberung endgültig zu behaupten.

Zwei, vielleicht drei Jahrzehnte hatten die Spartaner im Kriegslager verbracht, nun wurde dieses Lagerleben zur stehenden Einrichtung auch des Friedens. Die erfahrene Bedrohung war zu groß gewesen, als daß man darauf verzichten konnte, einer Wiederholung durch ständige Bereitschaft zuvorzukommen. Auch hatte der Zweite Messenische Krieg eine völlige Umstellung der Kriegstaktik herbeigeführt. War die Kampfform bis dahin der Einzelkampf gewesen, zu Wagen, Pferde oder zu Fuß, so konnte man der großen Übermacht des Feindes in diesem Krieg nur dadurch begegnen, daß man ihr in geschlossener Formation entgegentrat. Die stolzen Spartaner hatten sich herbeilassen müssen, auf den ruhmvollen Einzelkampf zu verzichten, Pferd und Streitwagen aufzugeben und statt dessen, weitgehend namenlos, in Reih und Glied zu kämpfen. Und nur, weil sie sich konsequent zu dieser Umstellung durchgerungen hatten, war ihnen schließlich der Sieg zugefallen. Nun galt es, die bewährte Hoplitentaktik zu erhalten, zu üben, zu vervollkommnen und die spartanische Phalanx zu einem nahezu unfehlbaren Kampfinstrument zu entwickeln.

Sparta war keine Stadt und erhielt erst im 2. Jh. v. Chr. eine umfassende Mauer. Es stellte vielmehr eine offene Ansammlung von fünf Siedlungen dar, den sogenannten Oben. Inmitten und in der Nähe dieser Dörfer befand sich das permanente Lager der Spartiaten, so nannte sich die Kriegerkaste, die nichts anderem lebte als dem Kriegshandwerk. Zum Hoplitendienst verpflichtet waren alle Spartiaten zwischen dem 20. und 60. Lebensjahr. Permanent im Lager lebten jedoch nur die 20- bis 30jährigen, die sogenannten Irénes. Durchschnittlich fünfzehn bildeten jeweils eine Zelt- und Tischgemeinschaft, die auch in der Schlacht zusammen kämpfte. Um absolute Einhelligkeit zu verbürgen, konnte in eine solche Gruppe nur aufgenommen werden, wer keine einzige Gegenstimme erhielt. Die Gruppe war praktisch Tag und Nacht beieinander. War jemand verheiratet, so beschränkte sich der Ehe- und Familienkontakt auf Besuche. Die Hauptbeschäftigung war ständiges Training: athletische Übungen zur Abhärtung und Ausdauer in Strapazen, Exerzieren für die Geschicklichkeit und Geschlossenheit im Kampf. Hinzu kam die Ausbildung des Nachwuchses. Bei häufigen Jagden und den großen Götterfesten fand diese Askese einen gewissen Ausgleich.

Wer dreißig wurde, schied aus dem permanenten Lagerleben aus und hatte das Recht, bei seiner Familie zu wohnen. Er blieb jedoch weiter verpflichtet, an den gemeinsamen Mahlzeiten, den Phiditien oder Syssitien, teilzunehmen, deren Hauptgericht in der schwarzen Blutsuppe bestand, in Blut gekochtem und mit Essig und Salz gewürztem Schweinefleisch. Von einem Besucher aus Sybaris, der Gelegenheit oder das Mißgeschick hatte, diese spartanische Spezialität kennenzulernen, wird der Ausspruch überliefert: Seitdem er die Suppe der Spartaner probiert habe, könne er ihren Heroismus im Krieg nicht mehr ganz so hoch veranschlagen.

Zur Zeit der Perserkriege betrug die Zahl der Spartiaten etwa 8000. Weil sie sich infolge ihres exklusiven Elitebewußtseins weigerten, ihren Stand von außen zu ergänzen, sank durch fortgesetzte Kriegsverluste und ausbleibenden Nachwuchs infolge der vorwiegenden Männerfreundschaften ihre Zahl im Laufe der Zeit verheerend ab, bis sie zur Zeit der Schlacht von Leuktra (371) bereits weniger als 2000 betrug, von denen die Spartaner in dieser Schlacht fast ein Viertel verloren. Zur Zeit der Schlacht von Sellasia (221 v. Chr.), mit der die Geschichte Spartas ihr Ende findet, zählten sie schließlich nur noch 700 Mann. »Aus Mangel an Männern ist Sparta zugrunde gegangen«, schreibt Aristoteles im 4. Jh., als sich die spartanische Lebensart längst überholt hatte.

Der Staat, der solcherart das Leben seiner Krieger reglementierte und das Staatswohl und die Kriegerehre zum bestimmenden Lebensinhalt machte, legte seine Hand schon auf die Säuglinge. Jeder neugeborene Junge wurde von den Phylenältesten begutachtet. Sie befanden darüber, ob er gesund und kräftig war und aufgezogen oder aus der Gemeinschaft ausgeschieden und im Taygetos ausgesetzt werden sollte. Keines der kostbaren Landlose durfte an einen Unwehrhaften fallen, und körperliche Kraft und Makellosigkeit waren die Voraussetzung der kriegerischen Anforderung und Leistung.

Mit sieben Jahren verließen die Jungen ihre Familie und traten ins Lagerleben ein, wo sie einer Schar und Rotte zugeteilt wurden. Hier hatten sie einen jungen Spartiaten aus der Elitetruppe der Irénes zum Erzieher und Aufseher. Sie wurden zu absolutem Gehorsam erzogen, zu grundsätzlichem Respekt vor den Älteren, in körperlicher Abhärtung und Entbehrung geübt und sollten Hunger, Durst, Kälte, Schmerzen, lange Märsche in immer wachsendem Maß ertragen lernen. Aber auch ganz andere Geschicklichkeiten standen auf dem Ausbildungsplan. Die Spartaner, die bei einem durch Waffen erkämpften Sieg einen Hahn, bei einem durch List errungenen Sieg aber einen Ochsen opferten, wie Plutarch berichtet, suchten ihre Jungmannschaft für das wichtigste aller Gebote zu trainieren, für die Anweisung: Du sollst dich nicht erwischen lassen. Die Kost war karg bemessen, um sie schlank und wendig zu erhalten. Um sie aber gleichzeitig in List und Geschicklichkeit zu üben, war es ihnen freigestellt, sich durch Stehlen Zulage zu verschaffen. Wenn sie sich dabei aber ertappen ließen, wurden sie wegen Ungeschicks hart geprügelt und auf Hungerration gesetzt.

Mit zwölf Jahren stiegen die Jungen in die zweite Altersklasse auf. Die bisherigen Übungen wurden verschärft, die Erlernung des Waffengebrauchs ausgedehnt. In nächtlichen Streifzügen gegen die Heloten, den berüchtigten Krypteiai, mehr oder weniger regelmäßigen Überfällen, um die Heloten in Furcht und Schrekken zu halten, hatten sie Gelegenheit, Mut und Kühnheit, List, Geistesgegenwart und Härte in der Praxis zu beweisen. Sie gingen meist barfuß, trugen kein Unterzeug und überhaupt jahrein, jahraus dieselbe Kleidung, um sich gegen den Wechsel von Hitze und Kälte unempfindlich zu machen. Sie schliefen häufig auf dem nackten Boden. Im Lesen und Schreiben lernten sie nur das Notwendigste. Größerer Nachdruck lag auf ihrer musischen Ausbildung, wo sie für den Kult im Chorgesang und Tanz, für den Dienst in Marsch- und Kampfliedern geübt wurden.

Sprichwörtlich selbst in unserer Sprache ist der ihnen anerzogene Grundsatz, nichts Überflüssiges zu reden, sondern kurz und treffend, »lakonisch« zu antworten. Hier wurden sie von Jugend auf in Witz und Schlagfertigkeit geübt.

Die Ausbildung und Fortschritte der Jungen fanden unter ständiger Anteilnahme der Älteren statt, ja, es wird die Regel gewesen sein, daß zwischen den Jungen und den Älteren feste Freundschaften bestanden, die sowohl Erziehungsgemeinschaften waren im gegenseitigen Ansporn von Vorbild und Nacheiferung, als auch Liebesverhältnisse, wie sie die ausschließliche Männergesellschaft zur Folge und schließlich zur Tradition hatte, obgleich die Spartaner hierin bekanntlich in Griechenland keineswegs allein standen.

ligtümer geführt. Nicht viel später aber wurden sie alle einzeln umgebracht und verschwanden spurlos. Dieser Massenmeuchelmord war so perfekt durchgeführt, daß niemand sagen konnte, wie sie umgekommen und wo sie geblieben waren (Thuk. a.a.O.).

So lebten die Spartiaten mit der Bevölkerungsschicht, die sie ernährte, in fortgesetztem Kriegszustand und also auch selbst in andauernder Gefahr und Unsicherheit, die eben das beschriebene Lagerleben mit seiner ständigen Kriegsbereitschaft erzwang.

Die Kriegerkaste der Spartiaten bildete den Stand der aristokratischen Grundbesitzer. Außerdem gab es aber noch eine zweite Klasse von Grundbesitzern in Sparta, die Periöken oder Umwohner. Auch sie waren frei, auch sie Lakedämonier, auch sie lebten in Muße und ließen ihr Land von Heloten bestellen. Aber ihre Güter lagen am Rande der großen Ebenen und besaßen weniger ertragreiches Land. Auch die Periöken waren geübte Krieger und nahmen als Hopliten an den Feldzügen teil, aber sie lebten in ihren Dörfern und Landstädten, nahmen nicht am Lagerleben in Sparta teil, gehörten nicht zur Elite und hatten daher auch keine politischen Rechte, die nur den Spartiaten zustanden. Spartiate war, wer von beiden Elternteilen lakedämonischer Abkunft war, die staatliche Ausbildung durchlaufen hatte und den festgesetzten Naturalbeitrag zum Lagerleben leistete. Wem diese Leistung unmöglich wurde – nachgeborenen Söhnen zum Beispiel –, der schied aus dem Lagerleben aus und sank auf den Status eines Periöken herab. Die Spartiaten pflegten ihre Exklusivität bis zur Selbstaufgabe. Sie stellten die Ebenbürtigkeit des Standes noch über die Reinheit des Blutes. Eher konnte der Sohn einer Helotin als Spartiate anerkannt werden, wenn er die staatliche Erziehung durchgemacht hatte, als ein Periöke, der doch ein vollbürtiger Lakedämonier war. Und das selbst zu einer Zeit, als die Zahl der Spartiaten auf einen Bruchteil der ursprünglichen abgesunken war.

Nur die Spartiaten nahmen also an der Vollversammlung, der Apella, teil, nur sie konnten zu Geronten und Ephoren gewählt werden. Von außergewöhnlichen Anlässen abgesehen, trat die Vollversammlung einmal im Monat am Tage des Vollmondes zusammen. In den Fragen von Krieg und Frieden und der Außenpolitik hatte sie praktisch nur zustimmende Funktion.

Ihre Hauptaufgabe war, Vorlagen und Anträge zu bestätigen und die Beamten zu wählen. Das letztere geschah nicht durch Stimmenabgabe und -auszählung, sondern soldatenmäßig durch Zuruf. Die Kandidaten durchquerten auf einem freien Mittelweg die in zwei Hälften auseinandergetretene Vollversammlung. In einem nahe gelegenen Gebäude ohne Sichtmöglichkeit beurteilte eine Kommission, wer dabei das lauteste Geschrei erhalten hatte, ein Verfahren, das Aristoteles kurzweg kindisch nennt.

Die Gerusie, der Senat, der Ältestenrat, bestand aus dreißig Mitgliedern, den beiden Königen und achtundzwanzig Spartiaten über sechzig Jahre, die lebenslänglich gewählt waren. Der Gerusie oblag die Gerichtsbarkeit, vor allem bei Blutschuld und militärischen und politischen Kapitalverbrechen. Darüber hinaus war sie die Beratungsinstanz für die Könige.

Im Unterschied zu Athen lag der spartanischen Rechtsprechung keine schriftlich fixierte Gesetzgebung, sondern nur Tradition und Gewohnheitsrecht zugrunde. Juristische Unkenntnis und persönliche Willkür gehörten daher zu ihren unvermeidlichen Begleiterscheinungen. »Daß sie sich an nichts Geschriebenes, sondern an ihre persönliche Meinung halten, ist gefährlich«, bemerkt Aristoteles lakonisch zu dieser lakonischen Rechtsunsicherheit.

Sparta war der einzige Staat in Griechenland südlich des Olymp, wo sich das Königtum bis in römische Zeit erhielt, und es besaß die befremdliche Einrichtung eines Doppelkönigtums, dessen zweifelsfreie Erklärung bis heute offen ist. Man hat daran gedacht, daß bei der Landnahme zwei gleich mächtige Geschlechter sich nur in der Weise über die Herrschaft einigen konnten, daß sie beide einen König stellten, oder daß das Doppelkönigtum einen Kompromiß zwischen Eroberern und Eroberten darstellte, indem diese gleichwertig an der Herrschaft beteiligt wurden. Auffällig ist jedenfalls, daß König Kleomenes, als ihm die Priesterin den Zutritt zum Athena-Heiligtum auf der Akropolis mit der Begründung verwehrt, Dorer seien davon ausgeschlossen, antwortet, er sei nicht Dorer, sondern Achäer (Hdt. 5, 72).

Die beiden spartanischen Königshäuser, Agiaden und Eurypontiden, blieben allezeit strikt separiert, es gab keine Ehe- und Erbgemeinschaft zwischen ihnen, oft waren sie auch miteinander

verfeindet. Die Könige, die priesterliches, richterliches und militärisches Amt in sich vereinigten, trugen den offiziellen Titel *archagétas = Heerführer* und hatten als solche das Recht, in alleiniger Vollmacht Krieg zu erklären und Waffenstillstand und Frieden zu schließen. Auch in historischer Zeit waren sie immer die Priester der beiden obersten Götter, denen sie die Staatsopfer darbrachten. Jedem von ihnen standen zwei Männer, die sogenannten Pythioi, zur Verfügung, durch die sie ständigen Kontakt mit dem pythischen Orakel in Delphi hielten. Die Könige hatten, wie sich von selbst versteht, eine Menge besonderer Vorrechte, die besonders ihre sakrale Funktion betonten.

Das wichtigste Staatsamt neben dem Königtum war das der Ephoren. Ursprünglich scheinen sie Orakelpriester gewesen zu sein, die Orakelpriester der fünf spartanischen Oben. Als solche hatten sie u. a. die Aufgabe, alle neun Jahre die Himmelserscheinungen zu beobachten und bei ungünstiger Konstellation das Königtum so lange zu suspendieren, bis auf die außerordentlichen Erscheinungen die Antwort von Delphi erfolgt war. Diese merkwürdige Vollmacht, wie immer sie zu verstehen ist, brachte die Ephoren jedenfalls schon früh in Verbindung mit dem Königtum. Bei einer umfassenden Neuordnung der spartanischen Verhältnisse durch das Orakel von Delphi um 800 werden die Ephoren noch nicht erwähnt, ab 754 wird nach ihrem Vorsitzenden das spartanische Jahr benannt. Von da an wurden sie also jährlich gewählt. Ihr Name *Ephoren = Aufseher* gibt auch deutlich eine Kontrollfunktion zu erkennen. Die ständige staatliche Funktion der ursprünglichen Priester ist wahrscheinlich so zu erklären, daß sie zunächst vorübergehend, in Zeiten der Abwesenheit der Könige, später gewohnheitsmäßig und dauernd, die Ordnungsaufsicht und Gerichtsbarkeit ausübten. In klassischer Zeit bedeutet ihr Titel neben der Aufsicht über die Jugenderziehung vor allem die Aufsicht über die öffentliche Sitte und die persönliche Lebensführung, wo sie ein viel rigoroseres Regiment führten als ihre Amtskollegen in Rom, die Zensoren. Die Ephoren hatten sogar das Recht, die Könige zu kontrollieren und, allerdings nur im Beisein der Gerusie und des zweiten Königs, vor ihr Forum zu zitieren.

Unerwünschte Ausländer wiesen sie ohne weiteres aus, gelegentlich auch, in den sogenannten *xenelasíai*, den *Fremdenver-*

treibungen, alle im Staatsgebiet lebenden Ausländer geschlossen. Die Ephoren waren weder der Vollversammlung noch der Gerusie, noch den Königen, sondern allein ihren Nachfolgern Rechenschaft über ihre Amtsführung schuldig, ein Privileg, das das Amt praktisch zu einer Art absoluter Staatsführung machte. Aristoteles zögerte deshalb nicht, das Regiment der Ephoren schlechtweg als Tyrannis zu bezeichnen.

Lange Abwesenheiten im Feld, Zwistigkeiten, Schwäche und Unfähigkeit mancher Könige stärkten die Position der Ephoren in immer zunehmendem Maß. Schließlich leiteten sie die Vollversammlung, verkündeten das Aufgebot und bestimmten seinen Umfang. Zwar blieben Beschluß und Erklärung des Krieges nach wie vor das Vorrecht der Könige, aber in der praktischen Führung des Krieges wurden sie nun durch die Bestimmung der Truppenstärke seitens der Ephoren entscheidend beschränkt. Seit 506, seit dem Zwist der beiden Könige vor Eleusis, hatten, wie bereits erwähnt, die Ephoren es durchgesetzt, daß hinfort nur noch ein König ins Feld zog, und zwar von zwei Ephoren begleitet, das heißt kontrolliert.

Hatten die Ephoren die Vollmacht der Könige auf deren ureigenstem Gebiet, dem der Kriegführung, immer stärker eingeschränkt, so geschah das noch viel ausschließlicher beim diplomatischen Verkehr mit anderen Staaten. Empfang und Abfertigung auswärtiger Gesandtschaften und die Entsendung der eigenen geschahen in erster Instanz durch die Ephoren. Sie leiteten praktisch die spartanische Außenpolitik.

So ist also in dem fünfköpfigen Ephorenkollegium die bestimmende Behörde und eigentliche Spitze des spartanischen Staates und auf diesem Hintergrund auch die Gestalt und das Schicksal des Königs Kleomenes zu sehen. Wie die Erziehung und die Lebensführung der Spartaner das Staatswohl über alle individuellen Ansprüche stellte, so setzten auch die Ephoren die Staatsräson über jedes andere Prinzip und Urteil und brachten ihr widerstrebende Kräfte, seien es Könige wie Kleomenes oder Pausanias oder zweitausend Heloten, bedenkenlos zum Opfer. Der moderne Betrachter weiß nicht, wovor ihn mehr schaudert, vor der einseitigen, völlig reglementierten und entpersönlichten Aufzucht und Lebensform der spartanischen Kriegerkaste oder vor diesem verborgenen, absoluten, öffentlicher Rechenschaft enthobenen Kollegium der Ephoren, deren Amtsführung um so unheimlicher ist, als es sich nicht um die Herrschaft einer Gruppe grauer Eminenzen handelt, sondern um die Herrschaft von Prinzipien über Menschen, und wo das Amt jedes Jahr neue Amtsträger denselben Grundsätzen und Verfahrensweisen unterwarf, ohne persönlichen Willen, ohne die Möglichkeit von Reformen.

Das Spartanische kommt uns wie etwas Unmenschliches, Atavistisch-Barbarisches vor, und wir sind heute gewiß kaum mehr imstande, in der spartanischen Agogé (Erziehung) eine Gestaltung des Gemeinschaftslebens zu sehen, die »zu den ganz großen, ewig beispielhaften Schöpfungen des Hellenentums zählte«, wie es der Althistoriker Helmut Berve 1937 noch zu können glaubte.

Schon Platon im 1. Buch der *Gesetze* und Aristoteles im 2. Buch der *Politik* haben die spartanische Verfassung und Erziehung ausführlich kritisiert. Die Verfassung sei gar nicht für einen Staat, sondern eigentlich nur für ein Heerlager entworfen und habe nicht das Wohl der Bürger, sondern nur die Überlegenheit im Kriege zum Ziel. Ebenso sei die Erziehung ganz einseitig auf die Entwicklung der Kriegstüchtigkeit abgestellt und kultiviere nur eine einzige, und zwar die vierte und letzte aller Tugenden, die Tapferkeit, während sie die drei oberen Tugenden, Verständigkeit, Gerechtigkeit, Selbstbeherrschung, unentwickelt lasse. »Eure heimische Sitte ist unvereinbar mit sonstigem Hellenenbrauch«, heißt es ganz allgemein bei Thukydides (I 77).

Noch im 7. Jh. hatte Sparta ein vielfältiges, schöpferisches kulturelles Leben besessen. Die englischen Ausgrabungen haben eine reiche und bedeutende Tempelarchitektur ans Licht gebracht. Kunstvolle Weihgaben vielfacher Art erscheinen in Mengen. Unter Teilnahme auswärtiger Dichter entstand in Sparta die Schöpfung der großen dorischen Chorlyrik, die in gleichem Maß Dichtung, Musik, Tanz und Festwesen bereicherte und solchen Einfluß gewann, daß die dorische Sprache für die Chöre der griechischen Tragödie kanonisch wurde.

Es war eine Zeit, über die der Chorlyriker Alkman den Vers dichten konnte:

»Dem Eisen hält die Waage das schöne Spiel der Leier.«

Nach dem Zweiten Messenischen Krieg beginnt das alles abzusterben, und wir sehen nun das spartanische Leben auf das eingeschränkt, wofür es später sprichwörtlich wurde.

Ohne offizielle Erlaubnis durfte kein Spartaner die Landesgrenzen überschreiten und ins Ausland reisen. Ja, die Spartaner scheinen seit der Mitte des 6. Jhs. nicht einmal mehr an den Olympischen Spielen teilgenommen zu haben. Jedenfalls wird dort für Generationen kein einziger Sieger aus Sparta verzeichnet, und auch später tauchen nur vereinzelt Bürger aus Sparta auf.

Der private Besitz von Edelmetall war verboten. Um die Anhäufung von Reichtümern und den Import ausländischer Waren unmöglich zu machen, wurde eine interne Währung aus Eisengeld eingeführt, das inkonvertibel und im Ausland wertlos, im übrigen aber so sperrig war, daß auch im Inland kein Mensch auf die Idee kommen konnte, es zu horten. Wahrscheinlich hatte es die Form von eisernen Stangen, und von daher kam das Wort *obelós* (= *Spieß*) zu seiner Bedeutung als Werteinheit: 1 Drachme = 6 Obolen, wobei *Drachme* wörtlich eine *Handvoll* bedeutet, also so viele Spieße, wie man mit einer Hand fassen kann. (Von *obelós* wiederum ist als Verkleinerungsform *obelískos* = *Spießchen* gebildet, obwohl entgegen dem Wortsinn die Sache selbst, der Obelisk, etwas geradezu Kolossales darstellt.) Erst im 3. Jh. begann Sparta, eigene Münzen zu prägen.

So fehlte in Sparta so gut wie jeder Import und alle ausländische Anregung. Persönlicher Luxus wurde ebenso systematisch unterbunden wie jeder Ansatz von Individualismus. Die Haushaltung, Hausrat, Kleidung, Schmuck, wurde ganz mit einheimischen Erzeugnissen bestritten. Die Askese war Staatsmaxime. Die Dächer durften angeblich nur mit dem Beil, die Türen nur mit der Säge bearbeitet werden. Von Königspalästen ist nirgends die Rede. Bei dieser Rustikalität wurden die Spartaner bis ins 4. Jahrhundert erhalten, wo sie dann im Nachholeffekt in die schlimmste und schamloseste Habgier verfielen.

So wie die Juden täglich dafür dankten, daß sie nicht als Heiden geboren waren, so hätten sich wohl alle Griechen selig preisen können, die nicht als Spartaner auf die Welt gekommen waren, denen kein anderer Ausweg blieb, als sich für alle versäumten Annehmlichkeiten des Lebens durch Elitebewußtsein zu entschädigen. Welche Enge des Lebens in Dürftigkeit und

Stagnation hier, welche Weite und Freiheit, Zukunft und Fortentwicklung dort! Und welch völliger Gegensatz in der Behandlung politisch Unerwünschter! Hier die finstersten Beseitigungsmethoden im Namen einer sinistren Staatsräson, dort ein öffentliches Wahlverfahren, das dem Ostrakisierten zwar den Wohnsitz in der Heimat entzog, ihn aber sonst völlig frei und unbehelligt ließ.

Einen einzigen Lyriker hat Sparta hervorgebracht, den im 7. Jahrhundert lebenden Tyrtaios, und unter den Sieben Weltweisen hat es mit dem Ephor Chilos (um 550) einen Vertreter, von dem der bekannte Spruch »Erkenne dich selbst!« stammt. Aber sonst glänzt es nur durch berühmte Kriegsleute, von denen aber schließlich Athen und Theben auch ihr Teil aufzuweisen haben. Wir finden keinen bedeutenden Bildhauer, Maler, Architekten, der aus Sparta stammte, keinen großen Philosophen, Geschichtsschreiber, Redner, und das einzige Literaturdenkmal, das uns Sparta hinterlassen hat, sind die Sammlungen lakonischer Sprüche, die Plutarch später zusammengetragen hat.

Die Freiheit der Spartanerin

Wie aber fast alles im Leben seine Kehrseite hat, so auch hier. Fragen wir nämlich nach der Stellung der Frau in der griechischen Gesellschaft, so kehrt sich das Verhältnis um: Die spartanische Frau lebte in ziemlich großer Unabhängigkeit, die athenische dagegen in haremsartiger Abgeschlossenheit.

Als der Hermenfrevel die Athener veranlaßte, Alkibiades im Sommer 415 mitten aus den Operationen von der Leitung der Sizilischen Expedition abzuberufen, entzog er sich der drohenden Verurteilung und floh zum Landesfeind nach Sparta. Dort unterhielt er mit Königin Timäa in aller Öffentlichkeit ein Liebesverhältnis. Wenn König Agis, der bei Dekeleia im Felde stand, nicht selbst herbeieilen und dem Skandal ein Ende machen konnte, mußte dann nicht die Familie oder die Gerusie, mußten nicht die Ephoren im Namen der von ihnen so streng gehüteten Staatsräson eingreifen und für Ordnung sorgen? In Wirklichkeit handelte es sich für die Spartaner bei dem Ehebruch um eine Privatangelegenheit zwischen König und Königin, um die sich die

Öffentlichkeit wenig kümmerte. Ein Skandal wurde er erst, als die Komödie ihn in Athen auf die Bühne brachte in der Absicht, die Spartaner und ihren König lächerlich zu machen, und als Alkibiades sich in dummer Angabe brüstete, seine Söhne würden einmal den spartanischen Königsthron einnehmen. Erst jetzt sah man sich veranlaßt, einzuschreiten und Astyochos aufzutragen, Alkibiades umzubringen. Die Königin selbst soll es gewesen sein, die ihn warnte und durch ihre Warnung rettete. Hätten aber Alkibiades und die Athener sich schön still und diskret verhalten, so hätten sich die Spartaner wenig um den Fall geschert, der für sie nur durch die hohe Stellung der verwickelten Personen etwas Besonderes war. Denn in puncto Ehre waren in Sparta der Bereich des Ares und der Bereich der Aphrodite weit getrennt. Die besonderen Verhältnisse des permanenten Kriegerlagers hatten es mit sich gebracht, daß es bei den Spartiaten kein normales Familienleben gab und auch eine enge persönliche Beziehung zwischen den Ehegatten sehr erschwert war. Mit sieben Jahren verließen die Jungen bereits ihre Familie, und die jungen Männer lebten bis zum 30. Lebensjahr ständig im Lager und blieben auch danach immer an die gemeinsamen Mahlzeiten gebunden. So hatten sich in Sparta Sitten entwickelt, die anderswo für das Gegenteil davon galten. Es konnte sich ein Spartiat offen mit der geliebten Frau verbinden, wenn deren Gatte es zuließ. Die Öffentlichkeit nahm keinen Anstoß daran. Es war nichts Unerhörtes in Sparta, wenn Brüder gemeinsam eine Frau hatten, und weder die Beteiligten selbst noch die Gemeinde skandalisierten sich, wenn ein alter Spartiate für seine junge Frau einen Ehehelfer nahm. Die von diesem abstammenden Kinder galten als die des offiziellen Gatten. Zwei Absichten waren es, die diese merkwürdige Übung förderten: Das kostbare Landlos sollte nicht an eine fremde Familie gelangen und dem generellen Mangel an Nachwuchs abgeholfen werden. Das ständige Männerlager mit seinen dorischen Liebesformen setzte die normale Geburtenzahl herab. Die freien Verbindungen und zumal die Berufung eines Ehehelfers konnten oder sollten einen gewissen Ausgleich schaffen, wie der Staat auch alles tat, das Junggesellentum zu verpönen. Den Junggesellen wurden die sonst üblichen Ehren des Alters vorenthalten, und sie waren von der Zuschauerschaft bei den sportlichen und kultischen Darbietungen der Jugend ausgeschlossen.

Die spartanische Frau besaß außer der sexuellen auch eine große wirtschaftliche Unabhängigkeit. »Vieles wurde zur Zeit der Vorherrschaft Spartas von den Frauen verwaltet«, schreibt Aristoteles (*Polit.* II 9,6). Sie waren es, die nicht nur das Haus allein führten, sondern auch die Bewirtschaftung der Güter leiteten, während die Männer im Lager ihre Übungen absolvierten. So konnte die spartanische Frau sich relativ frei und selbständig bewegen. Sie sah es nicht, wie die Athenerin, als weibliche Art an, zuzuhören und zu schweigen, wenn die Männer redeten[1], sondern nahm sich das Recht, zu fragen und selbst zu urteilen und stand im Ruf der Schlagfertigkeit. Zahlreiche Anekdoten und Lakonismen sind von spartanischen Frauen so gut wie von Männern überliefert, in der Liebe, im Geschäftsverkehr, in der Gefangenschaft. Sie zeigen eine geistige Beweglichkeit, die für die Athenerin undenkbar ist. Die Spartanerin wurde allerdings auch von Jugend auf anders erzogen. Während in Athen nur die jungen Männer eine gymnastische Ausbildung erhielten, übten sich in Sparta auch die Mädchen im Laufen, im Diskus- und Speerwerfen und sogar im Ringen. Vor allem sollte die Körperertüchtigung wohl gesundem und kräftigem Nachwuchs dienen. Dabei turnten in Sparta auch die Mädchen nackt[2]. Als das Allerschlimmste aber galt den anderen Griechen, daß es in Sparta den Mädchen nicht verwehrt war, den nackten Jungen beim Turnen zuzusehen. Doch bemerkt dazu schon Plutarch rechtfertigend, daß Begehrlichkeit jedenfalls dabei nicht aufkomme.

Das Männerlager und die Güterverwaltung waren die beiden Hauptfaktoren, die die Selbständigkeit der Spartanerin begründeten. Wenn man nun glaubt, daß der Athenerin die städtische Lebensform Freiheit beschert hätte, so ist es allein die Frau auf dem Lande, die als Gehilfin ihres Mannes eine gewisse Bewegungsfreiheit besitzt. Die Städterin dagegen ist in das haremartige Frauengemach *(gynaikonítis)* eingeschlossen, und zwar im Lauf der Entwicklung immer strenger, so daß man geradezu sagen konnte, mit der fortschreitenden Verstädterung dringe auch der Harem vor. Die Athener betrachteten ihre Frauen als einen

[1] »Zu schweigen ist der Schmuck der Frau«, lautet das vielzitierte Wort des Sophokles (*Aias* 283).

[2] Die Spartaner haben zuerst das Nacktturnen in Griechenland aufgebracht, und von ihnen aus war dieser Brauch auf die Olympischen Spiele übergegangen.

exotischen Besitz, den sie einschlossen. Die Athenerin hat nichts gelernt, sie besitzt weder eine Ausbildung noch wirtschaftliche Selbständigkeit. Sie nimmt auch nicht am öffentlichen Leben teil, ja, sie nimmt nicht einmal an den Gesellschaften ihres Mannes im eigenen Hause teil, die reine Männergesellschaften sind. Nur bei Hochzeiten, Beerdigungen und bestimmten Götterfesten tritt sie an die Öffentlichkeit, dann allerdings groß aufgemacht. Es ist für sie nicht üblich, jemals allein auszugehen. Umgang hat sie nur mit ihren Freundinnen und gelegentlich mit ihrem Mann, wenn der sie in ihrem Gemach zu besuchen geruht. Bei Pseudo-Demosthenes ist es unzweideutig ausgesprochen:

»Zum Vergnügen haben wir die Hetären, zum täglichen Wohlbefinden die Sklavinnen, und die Ehefrauen, damit wir legitime Kinder bekommen und eine treue Hausverwalterin besitzen.«

Daß die Griechen den käuflichen Frauen einen so rühmenden Titel wie *hetaíra = Gefährtin* gaben, ist bezeichnend genug. Bekanntlich waren im klassischen Athen die Hetären die einzigen Frauen, die Bildung und Weltläufigkeit und also auch von dieser Seite Attraktivität besaßen. Die bürgerliche Athenerin aber war, wie das Sprichwort sagt, das Kamel, das dem Mann hilft, die Wüste des Lebens zu durchqueren, oder, wie es im Traumbuch des Artemidor etwas griechischer heißt: »Wer von einem Esel träumt, der geduldig seine Last trägt und willig dem Ruf des Treibers folgt, dem ist eine gute Ehefrau beschieden.«

So sehen sich die Verhältnisse in Athen und Sparta überraschend anders an, wenn wir sie nicht aus der Perspektive des Mannes, sondern der der Frau betrachten.

Krieg mit Ägina

Nach dem Tode von Kleomenes versuchten die Ägineten, die Geiseln, die sie den Athenern gestellt hatten, durch Vermittlung von König Leotychidas wieder frei zu bekommen. Leotychidas hielt den Athenern eine lange Ansprache, was Bürgschaft sei und besonders, was der Gott von Delphi darunter verstehe. Die Athener hatten nicht übel Lust darauf zu antworten, wie es die Spartaner einmal in einem ähnlichen Fall getan hatten: Sie hätten inzwischen den Anfang vergessen, und deshalb verstünden sie jetzt das Ende nicht. Jedenfalls wollten sie nicht nachgeben. Sie kehrten nun das Argument um, daß die Ägineten seinerzeit gegen Kleomenes vorgebracht hatten, und sagten, sie könnten die Geiseln, die sie von zwei Königen empfangen hätten, nicht an einen zurückgeben. Man ging unverrichteter Dinge auseinander, und die Ägineten schritten zur Selbsthilfe. Beim nächsten Fest in Sunion fingen sie das Athener Staatsschiff ab und entführten die ganze Festgesandtschaft nach Ägina. Nun befanden sich die beiden Staaten im Krieg. Da die Athener wegen ihrer Unterlegenheit zur See nicht direkt angreifen konnten, versuchten sie, mit der demokratischen Partei auf Ägina Verbindung aufzunehmen. Sie sollen damals nur fünfzig Schiffe besessen haben, während es 489 bei der Expedition des Miltiades gegen Paros siebzig gewesen waren. Deshalb baten sie die Korinther, die alten Handelsrivalen von Ägina, um Beistand, die ihnen auch zwanzig Schiffe zusagten.

In Nikodromos, einem angesehenen Ägineten, der einmal von seinen Landsleuten vertrieben worden war und seither auf Rache sann, fanden sie einen willigen Parteigänger, der bereit war, ihnen seine Vaterstadt auszuliefern. Es wurde ein Umsturz geplant und auch der Tag der Durchführung festgesetzt, an dem die Athener mit ihrer Flotte vor Ägina erscheinen sollten. An dem vereinbarten Tage schlug Nikodromos los und bemächtigte sich »der sogenannten Altstadt«, die es also auch damals schon gab. Aber die Athener erschienen nicht. Vielleicht, daß die korinthischen Schiffe sich verspätet hatten und sie nicht wagten, ohne deren Verstärkung anzugreifen. Ohne Unterstützung von außen konnte sich aber die demokratische Erhebung nicht halten und wurde niedergeschlagen. Nikodromos und einem Teil der Aufständischen gelang es, sich auf Schiffe zu retten und sich später bei Sunion anzusiedeln, aber siebenhundert andere wurden gefangengenommen und hingerichtet. Und wie so oft mißachtete auch hier der Parteienhaß alle Gesetze von Sitte und Religion und führte zu einem schweren Sakrileg, einer Verletzung des Asylrechts, die die Ägineten viele Jahre vergeblich zu sühnen versuchten:

»Einer der Verurteilten machte sich los, floh zum Tempel der Demeter Thesmophoros, ergriff den Ring des Tores und hielt sich daran fest. Als sie ihn nicht fortreißen konnten, hieben sie ihm die Hände ab und führten ihn ohne Hände fort. Die Hände aber blieben an dem Türring hängen. So wüteten damals die Ägineten gegeneinander« (Hdt. 6, 91).

Als die korinthischen Schiffe eingetroffen waren, lieferten die Athener den Ägineten eine Seeschlacht, in der sie siegten. Aber ihre Stärke reichte nicht aus, auch die Stadt einzunehmen. Um ihre teilweise besetzte Insel freizukämpfen, wandten sich die Ägineten um Truppenhilfe an Argos. Die Argiver aber konnten nicht vergessen, daß es äginetische und sikyonische Schiffe gewesen waren, die im Krieg mit König Kleomenes die spartanischen Truppen nach Tiryns übergesetzt und so die furchtbare Niederlage und den Tod von sechstausend Argivern mitverschuldet hatten. Sie lehnten die Entsendung eines Hilfskorps ab. Aber es fanden sich junge Argiver, fast eine Tausendschaft, die sich um den Anführer Eurybates scharten und bereit waren, Ägina freiwillig zu Hilfe zu eilen. Ein Vorgang, der beweist, wie großzügig ein griechischer Staat damals noch seine Souveränität handhaben konnte, indem er eine offizielle, staatliche Truppenhilfe ablehnt, gleichzeitig aber seine Bürger nicht hindert, eine solche von sich aus zu leisten. Doch die argivischen Freiwilligen wurden von den Athenern aufgerieben. Nur wenige von ihnen kehrten in die Heimat zurück, die auf diese Weise zum zweitenmal einen schweren Verlust erlitt.

Dann aber griffen die Ägineten überraschend die ungeordnete, offenbar sorglos gewordene athenische Flotte an. Es gelang ihnen, sie zu zerstreuen und vier Schiffe samt ihrer Mannschaft – etwa 600–700 Mann, wenn es Trieren waren – aufzubringen. Damit war nach dem Bericht des Herodot der athenische Angriff abgeschlagen und Ägina wieder frei (487 v. Chr.).

Es kam zu einem Waffenstillstand. Die Athener räumten Ägina, und die Ägineten ließen die athenischen Gefangenen frei. Spätestens damals sind auch die Geiseln ausgetauscht worden. Zu einem Friedensschluß aber kam es nicht, sondern der Konflikt schwelte weiter. Erst die größere Gefahr des Perserangriffs und die gemeinsame Zugehörigkeit zum Hellenischen Bund zwang die beiden Kontrahenten, den Kampf zu beenden.

Verfassungsänderung in Athen

487/86, unter dem Archontat des Telesinos, fand in Athen eine Verfassungsänderung statt, die erste seit zwanzig Jahren nach der Gesetzgebung des Kleisthenes 507. Es war ein weiterer Schritt auf dem Weg zur Demokratie, genauer zur *Isonomie = Gleichgesetzlichkeit*, Gleichberechtigung, wie der originale griechische Ausdruck lautet: Von 487 an wurden die Archonten nicht mehr von der Volksversammlung gewählt, was ja auch schon gut demokratisch gewesen war, sondern durch das Los bestimmt. Es war also eine Maßnahme, die weniger für die Stärkung der Volkssouveränität, als vielmehr gegen die Autorität der Regierung ergriffen wurde.

Die neun *Archonten*, das heißt, die *Ersten, Anführenden, Regierenden, Herrschenden*, stellten die Athener Regierungsexekutive dar. Ihre Stellung entsprach in gewisser Weise derjenigen, die in Sparta die Ephoren innehatten. Aber es wäre ein Mißverständnis, sie wie diese als ein Kollegium anzusehen. Trotz der zusammenfassenden Bezeichnung bildeten die Archonten kein Kollegium, sondern übten ganz verschiedene Funktionen aus und amtierten auch in getrennten Gebäuden. Die Funktionen von Heerführung, Priestertum und Richteramt, die die Könige einst in ihrer Person vereinigt hatten, waren nach der Abschaffung des Königtums auf die Archonten übergegangen, wenn auch nicht in sauberer Aufteilung. Für die priesterliche Funktion war sogar der Königstitel erhalten geblieben.

Der zweite Archon führte unter dem Titel *Basileús = König* die Oberaufsicht über das gesamte Kultwesen, soweit es staatlich war, und leitete persönlich auch einen Teil der wichtigsten Opfer und Feste. Ihm unterstanden zugleich alle Vorgänge, die das Sakralrecht betrafen. Dazu gehörte auch der Vorsitz in allen Mordprozessen, die insofern unter die sakrale Gerichtsbarkeit fielen, als alle Blutschuld kultische Reinigung und Sühne verlangte.

Der dritte Archon trug den Titel *Polemárch = Führer im Krieg* und als solcher die Verantwortung für die militärische Sicherheit des Landes. Im Krieg führte er das Oberkommando, wie wir es bei Kallimachos in der Schlacht von Marathon gesehen haben. Daneben hatte er die kultischen Verpflichtungen gegenüber den

Kriegsgöttern zu versehen und die Totenfeiern für die im Krieg Gefallenen auszurichten.

Nur der erste Archon führte geradezu den Titel Archon, der für seine Kollegen also nur im übertragenen Sinne galt. Er war der amtierende Chef der Athener Regierung, und nach ihm wurde das im Juli beginnende Athener Amtsjahr bezeichnet (Árchon epónymos). »Als Telesinos, Themistokles, Aristides Archon war . . .«, beginnt die offizielle Jahresangabe in Athen. Der Archon führte zugleich die Oberaufsicht über das gesamte Familien- und Erbrecht, und während die Ephoren bei ihrem Amtsantritt den Heloten den Krieg erklärten, bestätigte der Archon bei seinem Amtsantritt die Athener für die Dauer seines Amtsjahres im Besitz und der freien Verfügung ihres Vermögens. Wie weit seine politischen Befugnisse und seine Unabhängigkeit von Rat und Volksversammlung im einzelnen gingen, wissen wir nicht. Denkbar wäre z. B. auch, daß er die Volksversammlung leitete und ihren Vorsitz innehatte. Jedenfalls besaß er als amtierender Regierungschef und erster Mann im Staat bedeutenden Einfluß, wie denn auch Themistokles in seiner Eigenschaft als Archon den Beschluß zum Bau des Piräus hatte durchsetzen können.

Neben die drei Hauptarchonten Archon, Basileus und Polemarch traten die sechs *Thesmotheten = Gesetzgeber*, wörtlich *Rechtsetzer*, die aber in Wirklichkeit nur die Aufsicht über das Rechtswesen führten: Neue Gesetze im Staatsarchiv registrierten und deponierten, die bestehenden Gesetze auf ihre Tauglichkeit und Widerspruchsfreiheit überprüften, den verschiedenen Behörden die Geschworenengerichte zuteilten und die Gerichtstage festsetzen, den Vorsitz in allen Prozessen führten, die das Staatsinteresse betrafen, und ähnliches mehr.

Die Archonten wurden nur auf ein Jahr gewählt und konnten niemals wiedergewählt werden. Es gab also in der Athener Staatsregierung keine personelle Kontinuität, weder in der Politik noch im Kultus, noch im Militärwesen, noch in der Justiz, ja in keinem ihrer Ämter konnten die obersten Amtsträger auch nur Erfahrung erwerben, was uns am meisten vielleicht für den Bereich der Justiz befremdet. Zwar hatten die Thesmotheten einen Sekretär zur Seite, aber auch in seiner Stelle konnten sich Erfahrung und Kontinuität nicht niederschlagen, denn es war ebenfalls nur ein Jahresamt. Bisher war das Verfahren so gewesen, daß jede der zehn attischen Phylen zehn Kandidaten für die Ämter der Archonten und des Sekretärs nominiert hatte und daß dann aus diesen hundert Kandidaten die Volksversammlung die zehn Amtsträger durch Wahl bestimmt hatte. Mit dem Jahr 487/86 wurde die Wahl abgeschafft und das Losverfahren eingeführt. Der Zufall des Loses bestimmte von nun an aus den hundert Kandidaten die Amtsträger. Vergleichsweise, um uns den Vorgang anschaulich zu machen, könnten wir uns vorstellen, daß der Bundeskanzler nicht gewählt und Innen- und Verteidigungsminister nicht ernannt, sondern alle drei aus der Zahl der Bundestagsabgeordneten durch das Los bestimmt würden. Irgendeiner der fünfhundert Abgeordneten, wie es der Zufall gerade fügte, würde Bundeskanzler, zwei weitere Innen- und Verteidigungsminister. Die Vorstellung muß uns absurd erscheinen. Die Ämter verlören alle Autorität, und keinen ehrgeizigen oder befähigten Politiker könnte es mehr reizen, nach ihnen zu streben. Die Wirkung kann in Athen nicht anders gewesen sein. Wo einst die ersten Männer den Staat *regierten*, sehen wir nun beliebige Bürger als reine Verwaltungsbeamte die laufenden Geschäfte erledigen.

Über die Hintergründe, Absichten und Konsequenzen dieser Verfassungsänderung ist viel gerätselt, vermutet und geschrieben worden. Man muß sich bei dieser Frage als erstes vor Augen halten, daß es irgendwelche antiken Erklärungen dazu, und seien es wenigstens späte, überhaupt nicht gibt, und daß die antike Überlieferung des Vorganges selbst in einem einzigen Satz besteht. Die *Verfassung der Athener* des Aristoteles enthält 22,5 die Notiz: »Unter dem Archontat des Telesinos bestimmten sie zum erstenmal seit der Tyrannis die neun Archonten phylenweise durch das Los, aus den fünfhundert Kandidaten, die von den Demen (Gemeinden) gewählt worden waren, nachdem alle früheren durch Wahl bestimmt worden waren.« Das ist alles, und auch dies wenige noch mit zwei großen Mängeln behaftet. Der Bericht ist vom Berichteten durch einen Zeitraum von mehr als hundertfünfzig Jahren getrennt und enthält außerdem vermutlich einen gravierenden Fehler. In Deutschland hält man die überlieferte Zahl »fünfhundert« gewöhnlich für echt. Im nüchternen England sieht man Schwierigkeiten in der Annahme, daß jede Phyle in der

Lage gewesen sein soll, jedes Jahr fünfzig geeignete Kandidaten für die Archontenämter zu benennen. Da außerdem als Anwärter nur Mitglieder der beiden obersten Schatzungsklassen, der Großgrundbesitzer und der »Ritter«, zugelassen waren, die zusammen kaum mehr als zweitausend Bürger ausgemacht haben können, so wäre es ausgesprochen unpraktisch gewesen, von diesen zweitausend jeden vierten auszuwählen und als Kandidaten aufzustellen. Man nimmt an, daß es sich eher um einen Schreibfehler bei zwei leicht verwechselbaren Zahlzeichen handelt und die richtige Lesung »hundert« heißt, so daß wie bisher aus jeder Phyle zehn Kandidaten hervorgingen. Das ganze kann als sprechendes Beispiel dafür dienen, wie gering und unsicher unsere Kenntnis oft in den wichtigsten Dingen ist, wie denn Verfassungsfragen zu dem schlechtest Überlieferten überhaupt gehören. So ist in unserem Fall z. B. auch die Einzelheit ungeklärt, ob die Zulassung der zweiten Schatzungsklasse, der sogenannten Ritter, zum Archontenamt bereits der Verfassung des Kleisthenes von 507 angehört, oder ob sie ebenfalls eine Neuregelung von 487 darstellt.

Soviel ist an der Verfassungsänderung aber jedenfalls klar, daß ihre Konsequenzen vor allem das Amt des Regierungschefs und des Polemarchen betrafen. Zwar ist uns ebenfalls schwer vorstellbar, wie man die staatliche Leitung und Oberaufsicht von Kult und Recht zufällig erlosten Beamten anvertrauen kann[1], denn auch hier scheinen Erfahrung aus gründlicher Kenntnis *und Praxis* unerläßliche Voraussetzungen zu sein. Ein durch das Los bestimmter Regierungschef[2] aber ist, wie wir am Gedankenexperiment des erlosten Bundeskanzlers sehen, eigentlich widersinnig, und ein zufällig erloster Heerführer ist geradezu gefährlich. Hier war die praktische Konsequenz denn auch die, daß dem Polemarchen das Oberkommando in der Tat entzogen wurde. Er behielt nur seine kultischen und Repräsentationspflichten. Später wurde ihm auch die Fremdenpolizei und das Gerichtswesen

[1] Eine Komplikation verursachte der Archon Basileus der Erlosung jedenfalls allein schon dadurch, daß er u. a. auch den Eleusinischen Mysterien vorstand, wofür nur ein Eingeweihter in Frage kam. Wie machte es also das Los, aus den Kandidaten einen Eingeweihten herauszufinden? Oder hatte man in der Vorwahl zehn Eingeweihte ausgesondert, aus deren Gruppe dann das Los die endgültige Bestimmung traf?

[2] Im Amt des Archon ist unsere Unterscheidung zwischen Staats- und Regierungschef natürlich aufgehoben.

übertragen, soweit es Nichtbürger betraf, wie man den Archon dadurch zu entschädigen und zu beschäftigen suchte, daß man ihm die Überwachung der dramatischen Chöre, die Festgesandtschaft nach Delos, die Festzüge am Asklepiosfest, an den Großen Dionysien und an weiteren Festen übertrug.

Das militärische Kommando ging vom Polemarchen auf die zehn Strategen der Phylen über, die ihm bisher unterstanden hatten. Und konnte der Staat sich seine obersten Beamten für Regierung, Kult und Recht durch das Los zuteilen lassen, seine Sicherheit mochte er nicht dem Zufall anvertrauen. Hier durfte nur Befähigung entscheiden. So wurden die zehn Strategen, wie übrigens auch die obersten Finanzbeamten und der Brunnenaufseher, weiterhin durch Wahl bestimmt, ja, die Strategen blieben sogar beliebig oft wiederwählbar. So wurde endlich doch ein Amt geschaffen, in dem Erfahrung und Kontinuität eine Stelle hatten, und dies ist die greifbarste und einleuchtendste Verbesserung der Verfassungsänderung von 487, daß das jährlich wechselnde Oberkommando durch eine militärische Führung von Dauer ersetzt wurde. Mehrfach ist die Vermutung ausgesprochen worden, daß die Verfassungsänderung weniger die Demokratisierung der obersten Staatsämter als die Konsolidierung der Militärführung zum Ziel hatte, und zwar im Vorblick auf die drohende Persergefahr. Der Gedanke ist nicht so spekulativ, wie er zunächst klingt. Man möchte ihm vielleicht entgegenhalten, der einzige, der damals die Persergefahr ernst genommen habe, sei Themistokles gewesen, und der habe sie nicht mit dem Heer, sondern mit der Flotte zu bannen gesucht. Aber es gehört zu den Eigenheiten der Athener, daß es bei ihnen keinen Unterschied gab zwischen General und Admiral, so daß also die Stärkung des Strategenamts ebenso der Marineleitung zugute kam. Was den Gedanken von der Konsolidierung der Militärführung als Hauptziel der Verfassungsänderung zweifelhaft macht, ist eher der Umstand, daß die Verfassungsänderung jedenfalls auch beim Strategenamt das Prinzip der Demokratisierung aufrechterhielt. Die zehn Strategen bildeten ein Kollegium gleichberechtigter Mitglieder. Das Amt eines Oberstrategen, das von vielen Althistorikern immer wieder behauptet wird, weil sie sich eine effektive Militärführung ohne Oberkommando nicht vorstellen können, hat es als Jahresamt und regulären Titel nicht gegeben.

Natürlich mußte einer im Kollegium den Vorsitz führen, aber er wird wahrscheinlich reihum gegangen sein. Die Frage des Oberkommandos aber war vermutlich so gelöst, daß die Volksversammlung für jeden größeren Einsatz den zuständigen Militärführer jeweils neu ernannte. Daß dabei erprobte und erfolgreiche Feldherrn wie Kimon, da sie immer wieder aufs neue zu Strategen gewählt wurden, auch immer wieder mit dem Oberkommando betraut wurden, ist ganz natürlich und ergab sich von selbst. So erklärt es sich auch, daß die Berichte immer nur einen Strategen, eben den verantwortlichen, anführen. Als festes Jahresamt aber hat es das Oberkommando offenbar nicht gegeben, so daß auch Kimon oder Perikles dem Titel und Dienstgrad nach immer nur Strategen waren und nur als Dienststellung das Oberkommando innehatten. So blieb die Verfassungsänderung auch für das Strategenkollegium konsequent demokratisch und die Entscheidung über das Oberkommando von Fall zu Fall der Volksversammlung vorbehalten.

Die Frage ist dann, wie die neue Verfassung überhaupt funktionieren konnte, denn Athen war nun praktisch ein Staat ohne selbständige Regierung. Es besaß keine wirkliche Regierungsexekutive mehr, sondern hatte an der Spitze nichts als höhere Verwaltungsbeamte. Die leitende Funktion konnte aber an die Volksversammlung nur nach Recht und Titel, nicht in Wirklichkeit und Praxis übergehen, denn wie hätte die Masse von so viel tausend Stimmberechtigten aus sich heraus ein Programm aufstellen und durchführen können. Es gibt keinen kollektiven Verstand und Willen, es gibt nur individuellen Verstand und Willen[1], und ohne deren Leitung wäre die Athener Volksversammlung niemals imstande gewesen, z.B. in ihre Außenpolitik oder ihre Finanzpolitik Kontinuität und Linie hineinzubringen. Die Erlosung der leitenden Staatsbeamten aber ließ kein Amt mehr übrig, das dazu in der Lage gewesen wäre. So ergibt sich der erstaunliche Tatbestand, daß bei den Athenern der den Staat leitende Wille seit 487 nicht mehr innerhalb der Verfassung verankert ist, sondern von außen kommt. Es ist die unbeamtete Stellung des *Demagogen*, des *Volksführers*, auf der die Staatslenkung in Zukunft beruht. Das Wort hat am Anfang genausowenig

[1] Von Hebbel stammt das harte, aber sicher sehr realistische Wort: »Die Masse macht keine Fortschritte.«

negative Nebenbedeutung, wie sie das Wort *Tyrann = Herrscher* ursprünglich hatte. Der Demagoge, der sich ganz dem Staat und der Politik widmen kann, ist, solange er das Vertrauen der Volksversammlung besitzt und sie nach seinen Vorstellungen leiten kann, allein imstande, der Athener Politik Richtung und Kontinuität zu geben. Er braucht dazu nur Redekunst, aber kein Amt. Strebt er trotzdem eins an, so kann es nur das eines Strategen sein, wie es denn auch gewöhnlich der Fall war. Da die Demagogie dem Demagogen – zumindest direkt – nichts einbrachte, wie um jene Zeit auch die Staatsämter noch unbesoldet waren, so konnte sie nur von einem Mann ausgeübt werden, der finanziell unabhängig war. Die schöne, volksfreundliche Athener Verfassung hatte sich selbst so eingerichtet, daß ihr Funktionieren ohne die leitende Mitwirkung und Verantwortung vermögender Adeliger unmöglich war, ja, zwei Generationen lang hat es nicht nur der Sachzwang erfordert, sondern es scheint den Athenern auch ganz natürlich vorgekommen zu sein, daß ihr leitender Staatsmann dem Adel entstammte. Erst in der Verfallszeit des Peloponnesischen Krieges wurde es denkbar und möglich, daß ein Gerbermeister die Athener Politik dirigierte. Aber selbst er noch mußte reich sein.

Die Unterwerfung des Archontenamtes unter das Los hatte noch eine Änderung zur Folge, die sich erst im Lauf der Jahre deutlich bemerkbar machen würde. Der Areopag, die oberste Instanz des Athener Staates, setzte sich aus ehemaligen Archonten zusammen. Sanken mit der Erlosung Qualität und Ansehen der Archonten, so mußten auf die Dauer auch Qualität und Ansehen des Areopags sinken, sobald er in der Mehrheit aus erlosten Archonten bestand. Ein weiteres Gegengewicht gegen die Demokratie wurde damit geschwächt, die ein Vierteljahrhundert später, 462, den Zeitpunkt für gekommen hielt, den Areopag zu entmachten (unten Seite 264f.).

Die Notiz des Aristoteles enthält keine Andeutung, wer die Verfassungsänderung von 487 beantragt und durchgesetzt hat. Wenn wir annehmen, daß Themistokles zu ihren Urhebern oder wenigstens zu ihren entschiedensten Verfechtern gehörte, so ist das mehr als eine vage Vermutung. Es versteht sich von selbst, daß eine solch einschneidende und folgenreiche Änderung nicht ohne schwere innenpolitische Auseinandersetzungen und den heftigsten Widerstand des Adels zustande gekommen sein kann. Die literarische Überlieferung schweigt ganz über die politische Stellung und Wirksamkeit des Themistokles in der ersten Hälfte der 80er Jahre. Um so nachdrücklicher spricht ein archäologisches Zeugnis. Das Amtsjahr des Telesinos, in dem die Verfassungsänderung stattfand, ist zugleich das Jahr der Verbannung des Megakles. Das Haupt des mächtigen Alkmeonidengeschlechts wurde im Frühjahr 486 ostrakisiert. Die auf der Abb. zu S. 225 wiedergegebenen, auf dem Kerameikos gefundenen Ostraka des Megakles und Themistokles bildeten ursprünglich eine zusammenhängende Scherbe, sind also gleichzeitig, das heißt, bei der Ostrakisierung 486 ging es darum, ob Megakles oder Themistokles das Feld räumen mußte, ja, es ist die Möglichkeit nicht auszuschließen, daß der Verbannungsantrag ursprünglich nicht gegen Megakles, sondern gegen Themistokles gerichtet war. Aber er konnte sich behaupten und die Verbannung seines Gegners durchsetzen, wenn auch vielleicht nur mit dramatisch geringer Stimmenmehrheit.

Der große Krieg

Das Flottenbaudekret des Themistokles

Ausdrücklich hören wir von Themistokles erst wieder im Jahr 483. Inzwischen waren im Osten große Veränderungen vor sich gegangen. Im November 486 war König Darius, 64 Jahre alt, im 36. Jahr seiner Regierung gestorben. Mit ihm verlor Persien seinen bedeutendsten Herrscher. Er hatte das vom Zerfall bedrohte Reich erneuert und ihm eine Organisation gegeben, die es bis zu seiner Eroberung durch Alexander über alle Gefahren hinweg zusammenhielt. Er war ein König mit großen Herrschertugenden gewesen, tatkräftig und selbstbeherrscht, ohne Despotie und Willkür, maßvoll und gerecht, duldsam gegen die Angehörigen anderer Völker und Glaubenslehren, pflichtbewußt und tief von einem göttlichen Auftrag durchdrungen. Seine Grabinschrift verfaßte er im Namen des Gottes, der »die Schönheit der Welt geschaffen und den Menschen die Freude geschenkt hat«. Welchem Herrscher des Alten Orients außer dem Psalmisten David wäre so etwas je in den Sinn gekommen. Unter ihm gewann das Reich seine größte Ausdehnung. Und doch war er viel mehr Organisator als Eroberer, ja, in zweien seiner Feldzüge unterlag er sogar, und sein Hauptunglück war es, den Kampf gegen die Griechen begonnen zu haben, an dem das Persische Weltreich unter einem anderen Darius, Darius III., zugrunde gehen sollte.

Die Niederlage von Marathon auszugleichen und Griechenland doch noch zu erobern, war der Inhalt seiner letzten Pläne. Die Vorbereitungen waren schon weit fortgeschritten, als Ägypten sich empörte und auch in Babylon Aufstände ausbrachen. Der griechische Feldzug mußte verschoben werden. Darüber starb der König, nach glänzender, segensreicher Herrschaft, die nirgends auf brutaler Unterdrückung und Ausbeutung beruhte, sondern auch den unterworfenen Ländern Wohlstand gebracht hatte und deren Einrichtungen noch über Jahrhunderte wohltätig blieben. Und doch war das Werk des Darius am Ende seines Lebens von schweren Rückschlägen bedrängt. Die Nachfolge trat Xerxes an, der älteste im Purpur geborene Sohn. Auch er hatte eine hohe Idee von der Würde des Reiches und seines Herrscheramtes, aber er hatte die Herrschaft nicht erworben, sondern geerbt. Statt der Schule des Kampfes, der Verantwortung und Entscheidung, wie sie seinem Vater zuteil geworden war, hatte er eine Palasterziehung erhalten. Er war despotisch und unberechenbar, launenhaft, bald brutal, bald sentimental, reizbar bei Widerspruch, gegen Widerstand unentschlossen und glücklos gegen energische Gegner. Er übte die traditionelle Toleranz der Perser gegen fremde Völker und Religionen nicht länger und war der erste König, der nicht mehr aktiv am Kampf teilnahm, sondern wie ein höheres Wesen nur noch als Zuschauer auftrat. Es wäre ihm wohl grotesk und lächerlich erschienen, wenn man ihm gesagt hätte, daß es im fernen Athen einen Mann gab, der von der Idee beherrscht war, seinen Plänen entgegenzuarbeiten.

483, unter dem Archontat des Nikodemos, zehn Jahre nach seinem eigenen, bot sich Themistokles endlich eine reale Möglichkeit für seine langgehegten Flottenbaupläne. In diesem Jahr hatten die Einnahmen aus den Silberbergwerken von Laurion dem Athener Staatsschatz ungewöhnlich große Überschüsse beschert, so daß man erwog, sie öffentlich zu verteilen und jedem Bürger eine Dividende, ein Staatsgeschenk von zehn Drachmen zuzuweisen. Dieser Absicht, öffentliche Gelder ohne öffentlichen Nutzen zu verteilen, trat Themistokles entgegen. Über die weit entfernten Perser und von ihrem bevorstehenden Angriff zu reden, hätte den meisten Athenern wenig Eindruck gemacht, und Themistokles verlor über seine eigentlichen Ziele kein Wort. Statt dessen wies er auf den fortdauernden Konflikt mit Ägina und Athens ständige Unterlegenheit zur See hin und stellte in der Volksversammlung den Antrag, die Einnahmen von Laurion, statt sie nutzlos zu verschleudern, zum Bau von zweihundert neuen Trieren zu verwenden. Die Athener verzichteten auf ihren privaten Vorteil, der Antrag wurde angenommen, »und so hat denn dieser Krieg gegen Ägina«, schließt Herodot seinen Bericht (7, 144), »ganz Griechenland gerettet. Denn er hat Athen dazu bewogen, sich eine Seemacht zu schaffen. Die Schiffe kamen nicht gegen Ägina zum Einsatz, und so kamen sie ganz Griechenland zugute.«

Herodot gibt den Umfang des Flottenneubaus mit zweihundert Schiffen an. Die anderen Quellen nennen nur die Hälfte. Auch nennt keine sonst den Betrag von zehn Drachmen. Ja, bei Aristoteles, in der *Verfassung der Athener* 22, 7, findet sich überhaupt ein ganz anderer Bericht: »Als unter dem Archontat des Nikodemos die Silberminen von Maroneia erschlossen wurden und der Stadt aus den Arbeiten eine Einnahme von hundert Talenten zufloß, gaben einige den Rat, das Geld unter das Volk zu verteilen. Themistokles jedoch verhinderte das, ohne zu sagen, wozu er das Geld verwenden wollte. Er befahl, jedem der hundert reichsten Athener ein Talent zu leihen. Wenn das Geld zur allgemeinen Zufriedenheit verwendet würde, sollte die Ausgabe zu Lasten der Stadt gehen, andernfalls würde man das Geld von den Darlehensempfängern zurückfordern. Unter dieser Bedingung übernahm er das Kapital und ließ hundert Kriegsschiffe bauen – jeder der hundert baute eines –, mit denen man bei Salamis die Seeschlacht gegen die Barbaren gewann.«

Nach dieser Version stammen also die Einnahmen aus den neu erschlossenen Silberminen von Maroneia (westlich von Laurion) und belaufen sich auf hundert Talente. Diese hundert Talente werden auf Antrag des Themistokles an hundert reiche Athener überwiesen mit der Auflage, davon je eine Triere zu bauen, in der Erwartung, daß sie dabei ehrlich verfahren werden. Denn darum eben hat man vermögende Bürger ausgewählt, daß sie der Gefahr und Verführung überhoben sind, sich an dem anvertrauten Talent (= 26 kg Silber) zu bereichern, ja, daß sie vielleicht im Gegenteil ihren Stolz darein setzen, die ihnen übertragene Triere auf eigene Zulage besonders schön und seetüchtig auszurüsten. Hier sind es also hundert Trieren, die neu gebaut werden.

Wieder eine andere Version findet sich bei Plutarch, in der Biographie des Themistokles Kapitel 4, wo wir zum erstenmal davon erfahren, daß es bei den Athenern üblich gewesen sei, die Überschüsse aus den Silberbergwerken von Laurion unter die Bürger zu verteilen und daß Themistokles als einziger es gewagt habe, dieser Gewohnheit entgegenzutreten. Unter Hinweis, nicht auf die drohende Persergefahr, sondern auf den bestehenden Konflikt mit Ägina, das mit der Menge seiner Schiffe das Meer beherrsche, habe er beantragt, daß die verfügbare Summe nicht verteilt, sondern zum Bau von hundert Schiffen verwandt würde, eben jenen Schiffen, die dann bei Salamis den Sieg gegen die Perser erfochten.

Die übrigen Quellen, die alle miteinander spät sind, unterscheiden nicht mehr zwischen Maroneia und Laurion, sondern sprechen unbestimmt nur von den Bergwerken und nennen einen Bau von hundert Schiffen, mit der einzigen Ausnahme des Justin, der wie Herodot zweihundert nennt.

Um in diese divergierenden Angaben Sinn und Zusammenhang zu bringen, hat J. Labarbe 1957 in seinem Buch *La loi navale de Thémistocle* angenommen, daß Aristoteles und Plutarch nicht von denselben, sondern von zwei verschiedenen Bergwerkserträgen sprechen. Einmal handle es sich um die Einnahmen aus den neu erschlossenen Silberminen von Maroneia, das andere Mal um die üblichen, immer schon verteilten Einnahmen aus den alten Gruben von Laurion. Herodot aber sei es gewesen, der beide ursprünglich getrennten Einnahmen zusammengefaßt und daher von zweihundert Schiffen gesprochen hat, er habe auch nicht mehr zwischen Maroneia und Laurion unterschieden, sondern die benachbarten Gruben unter »Laurion im weiteren Sinn« zusammengefaßt.

Diese Erklärung hat natürlich zur Folge, daß auch zwei getrennte Anträge des Themistokles und zwei Volksbeschlüsse angenommen werden müssen, für die Verwendung der Neueinnahmen aus Maroneia und für die der gewöhnlichen aus Laurion (im engeren Sinn) jeweils gesondert. Labarbe bewundert dabei das geschickte diplomatische Vorgehen des Themistokles. Er habe, nimmt er an, seine Hand zuerst auf die Gelder aus Maroneia gelegt, denn das seien neue Einkünfte gewesen und man habe mit ihrer staatlichen Verwendung den Bürgern nichts entzogen, auf das sich bereits ein Gewohnheitsrecht herausgebildet hatte, dessen Entzug also leicht Widerstand hätte hervorrufen können.

Mit der Übertragung des Schiffsbaus an die reichsten Bürger aber habe Themistokles eine Regelung eingeführt, die das spätere Liturgiesystem vorwegnimmt. Unter Liturgie *(leitourgía)* versteht man im 4. Jh. aufwendige Dienstleistungen für den Staat, zu denen die reichen Bürger Athens in bestimmter Reihenfolge verpflichtet waren. Dazu gehörte zum Beispiel die Leitung und Finanzierung der Festgesandtschaften zu den großen panhellenischen Festen *(architheoría)*, die Ausstattung und Einstudierung der dramatischen und lyrischen Chöre *(choregía)* oder eine der kostspieligsten und unbeliebtesten Liturgien – die Ausrüstung und Unterhaltung, Bemannung und Besoldung einer Triere *(trierarchía)*. Mit dem Unterschied allerdings, daß hierbei dem Trierarchen die Triere vom Staat fertig gestellt wird, während im Dekret des Themistokles der Bürger gerade den Bau der Triere zu beaufsichtigen hat.

War der Gedanke, die Bergwerksgelder zum Flottenbau zu verwenden, wie es auf Thasos seit langem üblich war, erst einmal den Athenern annehmbar gemacht, ja durch einen Volksbeschluß bereits öffentlich sanktioniert, so konnte, meint Labarbe, Themistokles einen Schritt weitergehen und seine Hand auch auf die Grubeneinnahmen legen, die bisher an die Bürger verteilt worden waren, und wo es nicht unproblematisch war, sie zum Verzicht auf einen festen Anspruch zu bewegen. Um die Situation zu entschärfen, habe Themistokles hier einen weniger revolutionären Modus vorgeschlagen, indem er mit seinem Antrag in den üblichen Bahnen der Schiffserstellung blieb: Die Einnahmen aus Laurion sollten den Naukrarien überwiesen werden, den alten Schiffsbesorgschaften des archaischen Athen, die Kleisthenes auf fünfzig erhöht hatte und die auf Staatskosten je ein Schiff zu stellen und zu unterhalten hatten. Auf sie entfiel nun das zweite Hundert Trieren, das heißt auf jede Naukrarie zwei, so daß, obwohl keine Summe genannt wird, Labarbe annimmt, daß auch hier hundert Talente zur Verfügung standen.

So entsteht aus den wenigen divergierenden Angaben über das Themistokleische Schiffsbaudekret von 483 eine ganze weitläufige Konstruktion, mit scharfsinniger Kombinatorik ausgedacht, und doch, nach Lage der Überlieferung, rein hypothetisch, wo eine Hypothese die andere nach sich zieht.

Denn wie erklärt es sich, daß aus beiden Silbergruben derselbe Betrag erzielt wird, noch dazu mit der runden Zahl hundert, wo man alles eher erwarten würde als eine solche Gleichheit und solche runde Zahl? Hier hilft Labarbe sich und uns mit der Hypothese weiter, daß es sich nicht um Real-, sondern um Pachterträge handelt. Die Entdeckung der Silbervorkommen von Maroneia – 485, wie er annimmt – habe den Anstoß gegeben, das bisherige System der Direktverwertung durch den Staat umzustellen auf ein Pachtsystem, dem einheitlich mit dem neuen auch die alten Gruben unterworfen wurden. Beide wurden, so erfordert es die Konstruktion, zu denselben Bedingungen verpachtet. Und zwar habe es sich um Dreijahresverträge gehandelt, die seit 484 liefen, denn ein Ertrag von 200 Talenten (= 5200 kg Silber) jährlich sei unwahrscheinlich hoch, 65 Talente aber in der richtigen Relation. Damit ist aber zugleich auch die Frage nach der Dauer des Flottenbauprogramms beantwortet, denn es war von vornherein nicht anzunehmen, daß das Dekret oder vielmehr, wie wir nach Labarbe sagen müssen, die beiden Dekrete des Themistokles nur eine kurzfristige Regelung für ein Jahr vorsahen, hätten doch auch die attischen Werften zweihundert Trieren in so kurzer Zeit gar nicht liefern können. Es ist in Wirklichkeit ein Dreijahresprogramm, wobei sich dann die Monatskapazität der Athener Werften auf 6–8 Trieren errechnet. Damit bleibt bis zur Schlacht von Salamis außerdem noch Spielraum für mehrere zusätzliche Monatslieferungen, wie denn Herodot 7, 144 ausdrücklich berichtet, daß die Athener im Juni 480 aufgrund und in Erfüllung des Orakels von der hölzernen Mauer beschlossen, noch weitere Schiffe zu bauen.

Das ganze ist ein vielleicht nicht leuchtendes, aber jedenfalls glänzendes Beispiel dafür, welch kunstvolle Gewebe wissenschaftliche Kombinatorik bei ungebrochenem Selbstvertrauen aus wenigen und vereinzelten Fäden der Überlieferung zu knüpfen vermag. Zu kunstvoll, um wahr zu sein. Denn die Unterscheidung zwischen einem Laurion im engeren und einem im weiteren Sinn ist nicht antik, auch gibt es keinen Zweifel, daß sowohl Aristoteles als auch Plutarch mit ihren Angaben die Gesamteinnahmen aus den Bergwerken gemeint haben. Auch krankt die Hypothese Labarbes an zu vielen runden und symmetrischen Zahlen: hundert Talente hier und hundert Talente dort. Und soll eine Triere wirklich genau ein Talent gekostet haben?

Die damit immer noch offene Frage, ob Themistokles nun den Bau von hundert oder von zweihundert Schiffen veranlaßt hat, versucht man durch eine Kompromißlösung zu beantworten:

Themistokles beantragte, die bestehende Flotte durch Neubauten auf eine Stärke von zweihundert zu bringen. Auch die umstrittene Inschrift von Troizén (Text Seite 281 f.) spricht von zweihundert Schiffen, die insgesamt zum Einsatz kommen sollen. Dagegen weiß die Inschrift nichts von dem Beschluß zusätzlicher Schiffsbauten nach Herodot 7, 144 vom Juni 480, obwohl sie angeblich die Beschlüsse gerade dieses Monats zusammenfaßt. In der Schlacht am Artemision betrug die Zahl der Athener Schiffe genau zweihundert, bei Salamis hundertachtzig.

Die Verbannung des Aristides

Im Frühjahr 482 fiel als letzter in der Verbannungsserie seit 487 auch Aristides der Ostrakisierung zum Opfer. Seine Verbannung erfolgte wahrscheinlich nach der Annahme des Flottendekrets. Er hatte ihm vielleicht nicht einmal besonderen Widerstand entgegengesetzt, und man fragt sich, wieso er dann doch noch weichen mußte, nachdem Themistokles seine Pläne durchgesetzt hatte. Aber es lag in der Natur der Sache, daß Aristides, auch wenn er sich den Absichten des Themistokles nicht mehr offen widersetzte, sie doch auch nicht unterstützte. Denn selbst wenn ihm die stategische Notwendigkeit des Flottenbaus einleuchtete – und wer hätte sie bestreiten können –, so mußten ihm doch seine Folgen auf jeden Fall bedenklich erscheinen, die alle miteinander auf eine Stärkung der demokratischen Richtung hinausliefen.

Denn das Flottenbauprogramm bedeutete eine umfangreiche und langfristige Steigerung der öffentlichen Aufträge und wurde als solche von den armen Volksschichten sicher begeistert begrüßt. Zunächst waren neue Werften einzurichten, was schon erhebliche Investitionen erforderte. Hatte aber erst einmal der Flottenbau selbst begonnen, so sicherte er Hunderten von Menschen auf Jahre hinaus ein festes und regelmäßiges Einkommen.

Freilich wird der erhöhte Geldumlauf auch damals schon eine spürbare Verteuerung mit sich gebracht haben. Noch mehr aber fürchteten die Konservativen vielleicht den Zuzug fremden Volks, gerufenen und ungerufenen, den der Flottenbau notwendig mit sich brachte. Denn wollte Athen mit seinem Neubauprogramm auf der Höhe der Zeit sein, so mußte es sich fremder Erfahrung, Anleitung und Arbeitskraft bedienen. Ohne Zweifel hat man versucht, fremde Schiffsbauingenieure und Facharbeiter nach Athen zu ziehen. Allerdings nicht aus Ägina, mit dem man im Kriege lag – es sei denn durch Abwerbung –, und offenbar auch nicht, obwohl man das am ehesten erwarten würde, von den berühmtesten und geschicktesten Schiffsbau- und Seefahrervölkern der damaligen Zeit, den Ioniern und Phönikern. Da wir später bei den Seeschlachten von 480 erfahren, daß die griechischen Schiffe insgesamt schwerer und stabiler gebaut waren als die der persischen Flotte, ist anzunehmen, daß die Schiffsbaumeister eher aus Korinth und Kerkyra kamen.

Am meisten aber mußte die Konservativen der Gedanke an die Bemannung der künftigen Flotte schrecken. Zweihundert Trieren erforderten 30000–36000 Mann Besatzung. Das bedeutete, daß große Teile der bisher politisch wie militärisch inaktiven unteren Volksschichten nun aktiviert und notwendig auch politisiert wurden. Ja, man mußte befürchten, daß die eigene Bevölkerung gar nicht ausreichen könnte und man auch hier gezwungen sein würde, sich fremden Zuzug aufzuladen. Kein Gedanke ist freilich daran, daß bereits während der Perserkriege auch Sklaven zum Ruderdienst eingesetzt worden wären.

Sowenig sich also vielleicht die Konservativen, die sich um Aristides sammelten, der strategischen Notwendigkeit des Flottenbaus noch länger verschließen konnten, sowenig waren sie auch in Zukunft bereit, seine Konsequenzen zu billigen. Der Gegensatz blieb bestehen und mußte bei wichtigen Anlässen immer wieder aufs neue aufbrechen. Und auch der persönliche Gegensatz der beiden Männer blieb unaufhebbar. Aristides wird es sich nie haben versagen können, dem Ungestüm und der Radikalität des Themistokles so viel wie möglich korrigierend entgegenzutreten. Der aber hatte zehn Jahre Geduld geübt und war es nun endgültig leid, sich noch länger behindert zu sehen. Beliebt ist er zu keiner Zeit und darin dem Aristides oder dem Kimon immer unterlegen gewesen, aber 482 war er offenbar mächtig genug, um den gewiß auch damals noch in hohem Ansehen stehenden Aristides auszuschalten, weil es ein wirklicher Volksentscheid über die politischen und militärischen Ziele einer großen Zukunft war.

Die Anekdote schmückt die Verbannung des Aristides mit jenem bekannten Vorkommnis aus, das Plutarch in Kapitel 7,5f. seiner Biographie überliefert. Als die Bürger mit ihren Scherben auf dem Markt zur Abstimmung versammelt waren, wandte sich einer von ihnen, der nicht schreiben konnte, an seinen Nebenmann Aristides, den er für einen gewöhnlichen Bürger hielt, mit der Bitte, ob er ihm wohl seine Scherbe beschriften könne. Welchen Namen er denn einritzen solle, fragte jener. Den des Aristides, antwortete der Schriftunkundige. Den Aristides kam es doch ein wenig hart an, und er fragte den anderen, was Aristides ihm denn Schlimmes zuleide getan habe. Gar nichts, gab der zur Antwort. Er kenne ihn nicht einmal. Aber er könne einfach das ewige Gerede von Aristides dem Gerechten nicht mehr hören. Da habe denn Aristides entschlossen die Scherbe ergriffen und seinen Namen hineingeritzt.

Der Athoskanal des Xerxes

Der neue, vermeintlich endgültige Feldzug gegen Griechenland war als ein kombiniertes Unternehmen von Heer und Flotte geplant, die sich gegenseitig decken sollten. Die Flotte würde also nicht wie die des Datis von Kleinasien aus quer durch die Ägäis nach Attika segeln, sondern wie die des Mardonius der thrakischen und makedonischen Küste folgen. Um dabei das Risiko des Athos zu umgehen, wo die Flotte des Mardonius im Sturm untergegangen war, wurde beschlossen, die Landenge des Athos zu durchstechen und einen Kanal anzulegen, mit dessen Bau 482 begonnen wurde. An ihrer schmalsten Stelle, bei der antiken Stadt Sane, ist der Isthmus des Athos flach, nur von niedrigen Hügeln bis 15 m Höhe besetzt und nur 12 Stadien (ca. 2,2 km) breit. Es war also eine technische Aufgabe von begrenztem Umfang, selbst wenn die Vorschrift lautete, der Kanal müsse so breit sein, daß zwei Trieren mit voller Ruderlänge nebeneinander hindurchfahren könnten, was immerhin eine Breite von mindestens 30 m bedeutete.

»Wenn ich es recht überlege«, schreibt Herodot 7, 24, »glaube ich, Xerxes ließ den Kanal nur bauen, um damit zu prahlen. Er wollte seine Macht zeigen und sich ein Denkmal errichten. Die

Schiffe hätten doch ohne große Mühe über die Landenge hinübergezogen werden können.«

Er meint also, wie beim Isthmus von Korinth, so hätte auch hier ein Diholkos, eine Gleitbahn, für die Schiffe genügt, über die dann jede Mannschaft ihr Schiff selbst hinüberziehen konnte. Aber wenn man bedenkt, daß die Perser mit einer Flotte von über tausend Schiffen gegen Griechenland zu ziehen gedachten, so bot der Kanal eine außerordentliche Erleichterung und Beschleunigung, zumal er auch später der Verbindung und dem Nachschub ständig zugute kommen würde. Kosten hatte der Großkönig nirgends zu berücksichtigen, und in diesem Fall um so weniger, als die Einwohner der anliegenden Städte Sane (Uranupolis) und Akanthos (Jerissos) einfach zur Dienstleistung verpflichtet wurden. Fronarbeit brauchen wir es nicht zu nennen, denn die Perser waren teils von Natur, teils durch Religion menschlicher als die anderen Völker des Alten Orients, und während Herodot aus Ägypten berichtet, beim Bau des Suezkanals unter Pharao Necho hätten 120000 Menschen den Tod gefunden (2, 158), überliefert er vom Athoskanal, daß Xerxes, als er auf seinem Zug gegen Griechenland durch Akanthos kam, die Akanthier beschenkt und zu seinen Gastfreunden erklärt habe, weil sie beim Bau des Kanals so tatkräftig geholfen hatten (7, 116).

Ein Denkmal aber konnte sich Xerxes mit dem Athoskanal kaum errichten, denn er war geradezu verschwindend neben dem ungeheuren Werk, das sein Vater Darius mit dem Bau des Suezkanals vollbracht hatte, den auch Herodot zweimal erwähnt (2, 158; 4, 39), der also den einschlägigen Vergleich auch gut selbst hätte anstellen können.

Der Suezkanal war von Pharao Necho (610–595) begonnen worden als Verbindung des Nil bei der Deltastadt Bubastis mit dem Nordende des Roten Meeres. Aber das gigantische Werk wurde nur zu einem Drittel ausgeführt. Als Darius um 510 mit dem Gedanken umging, den Kanal zu vollenden, fehlten nicht weniger als 84 km. Trotzdem gab er Befehl, das Riesenprojekt wiederaufzunehmen. Dabei führte der Dariuskanal nicht wie der heutige Suezkanal durch die Bitterseen, sondern bog westlich des Krokodilsees nach Südosten ab und führte auf seiner ganzen Länge durch einen künstlichen Graben. Auch der Dariuskanal soll bereits die Breite für zwei Trieren, also von mindestens 30 m, besessen haben. Nach ungefähr zehnjähriger Arbeit wurde er 498, zur Zeit des Ionischen Aufstands, vollendet.

Im Frühjahr 497 brach Darius zu seiner dritten Ägyptenreise auf, diesmal mit dem gesamten Hofstaat, um den Kanal mit gehöriger Repräsentanz einzuweihen und ihn zugleich allen Würdenträgern des Reiches vorzuführen. Die ägyptische Erinnerungsinschrift schließt mit dem Satz: »Ein vergleichbares Werk hat es niemals je gegeben.« Nicht nur der Großkönig selbst, sondern ebenso der Kronprinz Xerxes wird damals von berechtigtem Stolz erfüllt gewesen sein, um so mehr, als sehr wahrscheinlich auch er an den Einweihungsfeierlichkeiten und auf einem der vierundzwanzig ersten Schiffe an der Eröffnungsfahrt teilnahm. Xerxes konnte also nicht gut der Meinung sein, mit seinem Athoskanal von wenig mehr als 2 km Länge etwas Staunenswertes ins Werk zu setzen. Wohl aber konnte er sich bei dessen Bau auf die ägyptischen Erfahrungen, zum Teil vielleicht auch noch auf die alten Ingenieure stützen.

Der Kanal wurde nicht, wie Herodot angibt, von Sane aus in schnurgerader Linie geführt, sondern hatte eine leichte Ausbiegung nach Osten, weil er einer natürlichen Einsenkung des Geländes folgte, die die erforderlichen Erdbewegungen reduzierte und Felsarbeiten fast ganz erübrigte. Die Linie des Kanals ist noch heute gut verfolgbar, obwohl er in der weichen Erde bald verfiel und wohl auch, als er nach der persischen Niederlage nicht mehr benutzt wurde, bald an mehreren Stellen wieder aufgefüllt wurde, um den Übergang von Schiff und Brücke unabhängig zu machen und die beiden Ufer wieder für den Überlandverkehr zu verbinden. Die heutigen Kanalspuren bestehen aus einer Reihe langgezogener Mulden und kleinerer Löcher, die mehr oder weniger kontinuierlich aufeinander folgen und ihre Zusammengehörigkeit deutlich zu erkennen geben. Sie sind weitgehend versumpft und ziehen mit ihrem reichen Grasbestand einen leuchtend grünen Streifen durch das sonst eintönige, gelbgraue Gelände. Die erhaltenen Spuren lassen auf eine Kanaltiefe von 2,50 bis 3 m schließen und auf eine Breite der Sohle von 30 bis 40 m.

Vom Bau des Kanals stammt auch ein bedeutender persischer Münzfund, ein Hortfund von 300 Golddareiken.

In dem weichen Erdreich kann die Arbeit weder besonders hart noch besonders langwierig gewesen sein, und wir brauchen vermutlich nicht anzunehmen, daß man drei Jahre lang ununterbrochen am Kanal gebaut hat. Zwei angesehenen persischen Militärs war die Oberaufsicht übertragen. Von den Ingenieuren erfahren wir nichts. Die Arbeit wurde, wie gesagt, teils von den einheimischen Anwohnern geleistet, teils wurden auf der Thrakischen Chersones stationierte Schiffsmannschaften umschichtig zum Kanalbau abkommandiert, die auf diese Weise ihre Liegezeiten ausfüllten. Überhaupt scheint die Oberaufsicht von der Thrakischen Halbinsel, nämlich von Eläus aus, geführt worden zu sein.

Eine Schwierigkeit brachte die Ausschachtung in dem weichen Erdreich mit sich, nämlich daß die Wände, wenn sie zu steil angelegt wurden, immer wieder einstürzten und zusätzliche Arbeit verursachten. Da sollen es die phönikischen Schiffsmannschaften gewesen sein, die ihren Ruf praktischer Klugheit auch bei dieser Probe bewährten. Sie begannen den Aushub von vornherein doppelt so breit, wie die Sohle vorgeschrieben war, hatten dadurch zwar mehr Erde zu bewegen, kamen aber mit den schrägen Wänden sehr viel schneller vorwärts als mit den steilen.

Um die Kanalausgänge teils vor Verlandung, teils vor Korrosion durch starken Wellengang zu bewahren, wurde ihnen in einiger Entfernung ein Schutzdamm vorgelegt.

Thukydides nennt den Athoskanal respektvoll den »Königskanal« (IV 109), und staunend bewunderten die Griechen die durch die persischen Kanalbauten und Schiffsbrücken geschaffene Möglichkeit, »durch das Land zu segeln und übers Meer zu Fuß zu gehen«.

Die Schiffsbrücken über den Hellespont

Die Erhebung Ägyptens und die Unruhen in Babylon waren unterdrückt, und Xerxes konnte sich nun ungehindert den Kriegsvorbereitungen gegen Griechenland zuwenden.

»Vier volle Jahre nach der Unterwerfung Ägyptens dauerte die Sammlung und Rüstung des Heeres. Im Laufe des fünften Jahres setzte sich die gewaltige Truppenmasse in Bewegung. Es war bei weitem das größte Heer, von dem wir Kunde haben«, berichtet Herodot 7, 20.

Im Frühsommer 481 begannen die Truppenaufgebote der östlichen Reichsteile auszuziehen. Sie versammelten sich nach zum Teil endlosen Märschen einige Wochen später in Kritalla in Kappadokien, dem vorgeschriebenen Hauptsammelpunkt, wo sich auch Xerxes mit seinem Gefolge zu den Truppen gesellte. Man überschritt den Halys und zog durch Phrygien nach Lydien, wo Sardes, die Hauptstadt der ionischen Satrapie, zur zweiten Station und zum Winterquartier bestimmt war. Die hochgelegene Zitadelle nahm den König mit dem Hofstaat auf, die unendlichen Truppenmassen aber erfüllten die weite Ebene, wo nur die riesigen Grabhügel der lydischen Könige ihre Exklusivität bewahrten. Staunend fragt man sich, wie Zehntausende von Menschen hier so viele Monate provisorisch miteinander lebten, wie sie verpflegt und mit Wasser versorgt, wie sie beschäftigt und bei Disziplin erhalten, wie sie überhaupt untergebracht wurden. Denn Zelte gab es nur für die wenigsten, und auch dort ist das Klima im Winter lange Zeit naß und kalt.

Von Sardes aus schickte Xerxes Boten an die griechischen Staaten und Bünde, Erde und Wasser zu fordern, mit Ausnahme von Athen und Sparta, die von vornherein als Feinde betrachtet wurden. Und von Sardes aus wurden auch die Vorbereitungen für die Versorgung und den Transport des Heeres überwacht.

Um die Verpflegung sicherzustellen und von der Versorgung durch die einheimische Bevölkerung unabhängig zu machen, wurden an der thrakischen Küste bis nach Makedonien hin große Magazine angelegt. Frachtschiffe und Fähren der persischen Küstenländer waren unterwegs, um bei Selymbria und Perinth an der Propontis, bei Doriskos am Hebros und Eïon an der Strymonmündung riesige Vorratslager anzulegen, damit Mannschaften und Tiere auf dem Marsch gegen Griechenland keinen Mangel litten.

Von Sardes aus wurde die pünktliche Vollendung des Athoskanals überwacht, vor allem aber verfolgte man von hier aus den Bau der großen Schiffsbrücken über den Hellespont.

Sowenig wie der Kanal war der Bau von Schiffsbrücken für die Perser unter Xerxes etwas Neues. Schon 530 hatte Kyros auf seinem Zug gegen die Massageten, von dem er nicht zurückkehren sollte, den Araxes auf Schiffsbrücken überschritten (Hdt. 1, 205). 513 hatte Darius auf seinem Zug gegen die Skythen eine Schiffsbrücke sowohl über den Bosporus als auch über den Istros (die Donau) schlagen lassen. Die Brücke über den Bosporus, die sich gegen eine starke Strömung zu behaupten hatte und sich ungefähr in der Gegend befunden haben muß, wo Mehmed der Eroberer später Rumeli Hissar anlegen ließ, war das Werk des Mandrokles von Samos. Für seine Leistung von Darius mit Geschenken überhäuft, verwandte er einen Teil dieses Reichtums darauf, für das Haupttheiligtum seiner Heimat, den großen Heratempel des Polykrates, ein Gemälde zu stiften, auf dem die ganze Überbrückung des Bosporus dargestellt war. Man sah, wie König Darius auf einem Thron am Ufer sitzend den Übergang seines Heeres über die Brücke verfolgte. Ja, Herodot überliefert 4, 88 sogar noch die Weihinschrift von diesem Gemälde des Mandrokles.

Wenn nun Xerxes Befehl gab, nicht nur eine, sondern zwei Schiffsbrücken über den Hellespont zu errichten, so konnte er damit, anders als beim Kanal, diesmal das Werk seines Vaters wirklich übertrumpfen, aber der Hauptgedanke wird doch gewesen sein, dadurch den Übergang des großen Heeres zu beschleunigen, und vielleicht auch, bei Ausfall einer Brücke die andere zum Ersatz zu haben.

Die Brücken wurden in der Nähe von Abydos, beim sogenannten Heptastadion, errichtet, wo also der Abstand des asiatischen vom europäischen Ufer nur sieben Stadien (ca. 1300 m) betrug. Heute ist die Entfernung größer. Irgendwann in nachhellenistischer Zeit ist in vielen Teilen des Mittelmeers das Wasser um 2,50 bis 3 m gestiegen. Man erkennt es daran, daß an zahlreichen Orten hellenistische Bauwerke, die ursprünglich Wohnanlagen waren, heute unter Wasser liegen und daher oft fälschlich für antike Hafenanlagen gehalten werden. Die Erscheinung ist, so merkwürdig es klingt, bis heute ungeklärt. Wegen vermuteten Platzmangels im Erdinnern spricht man lieber davon, daß das Meer gestiegen, statt daß die Küste gesunken ist.

Phönikische und ägyptische Ingenieure wurden angewiesen, je eine Schiffsbrücke zu errichten. Sie benutzten dazu das ihnen vertraute Material, die einen Hanfseile, die anderen Seile aus Papyrus.

Die Chronik der Ereignisse liest sich so:

Im Frühjahr 480 waren alle Vorbereitungen abgeschlossen. Als aber das Heer im Begriff stand, von Sardes aufzubrechen an den Hellespont, kam von dort die Nachricht, daß die Brücken zerstört seien. Ein schwerer Sturm war ausgebrochen und hatte die beiden Schiffsketten zerrissen und vernichtet. Der König war außer sich. Es ging ihm nicht ein, daß irgend etwas in der Welt, und seien es selbst Naturgewalten, sich seinen Plänen widersetzen könnte. Er machte seinem Zorn in widersinnigen Züchtigungen Luft. Zur Strafe für seine Unbotmäßigkeit ließ er den Hellespont geißeln. Er ließ ein Paar Ketten ins Meer versenken zum Zeichen der Fesselung, daß die Wasserstraße sein Sklave sei, dem weder Wollen noch Nichtwollen zustehe, sich seiner Überschreitung zu widersetzen. Ja, er verstieg sich zu dem Frevel, die heilige Salzflut zu verfluchen.

Das Meer konnte das alles geduldig ertragen. Aber seine Despotenwillkür richtete sich auch gegen Menschen. Die leitenden Ingenieure wurden auf Befehl des Xerxes hingerichtet und hatten doch keinerlei Schuld an dem Mißlingen ihres Werkes, das eine übermächtige Natur zerriß. Aber wie hätten die Scharfrichter sich dem Befehl des Königs widersetzen können? fragt schon Herodot in fatalistischem Mitgefühl mit den schuldlosen Opfern.

Neue Ingenieure wurden ernannt und beauftragt, die zerstörten Brücken so schnell wie möglich und mit größerer Sicherheit wieder herzustellen. Man verstärkte die Seile und verwandte sie nun nicht mehr getrennt, hier Hanfseile auf phönikische Art, dort Papyrusbast auf ägyptische, sondern kombinierte sie zu doppelter Sicherung. Mit großen Holzwinden wurden sie strammgezogen. Auf der oberen Seite, der Propontis zu, waren es 360 Schiffe, Fünfzigruderer und Trieren, die die Brücke trugen. Sie bildeten keine gerade Reihe, die die beiden Ufer auf die kürzeste Entfernung miteinander verband, sondern waren schräg über den Hellespont gelegt, um weniger direkt der starken Strömung ausgesetzt zu sein. Dagegen zog man die untere Brücke, der Ägäis zu, gerade über die Meerenge, so daß hier 314 Schiffe genügten.

Es war also nicht so, daß die Seile die Schiffe zusammenhielten und diese die Brücke bildeten, sondern umgekehrt: die festverankerten Schiffe trugen die Seile als das eigentliche Fundament der Brücke. Denn quer über die Seile wurden Balken gelegt und quer auf diese wieder, parallel zu den Seilen, Planken, die eine geschlossene Bahn bildeten. Darauf wurde Erde geschüttet, so daß ein regelrechter Weg entstand, und zu beiden Seiten wurden Schirmwände errichtet, damit den Tieren beim Übergang der Anblick des Meeres erspart blieb und sie nicht scheuten.

So ist auch die Mitteilung Herodots verständlich, jede der beiden Brücken habe eine Öffnung besessen, um wenigstens kleinere Schiffe durchzulassen, damit der Schiffsverkehr zwischen dem Schwarzen Meer und der Ägäis nicht ganz unterbrochen wurde, was um so wichtiger war, als die Brücken ja für längere Zeit bestehenbleiben sollten. Denn hätten die Schiffe selbst die Brücke gebildet, so sind permanente Öffnungen undenkbar, weil sie den Übergang unterbrochen und unmöglich gemacht hätten. Aber auch fakultative Öffnungen, wo an einer bestimmten Stelle bei Bedarf, um fremde Schiffe durchzulassen, Brückenschiffe aus- und wieder eingefahren wurden, sind weder bezeugt noch wären sie technisch leicht zu bewerkstelligen gewesen. Sind dagegen die Seile die eigentlichen Träger der Brücke, so sind leicht hinreichend breite Öffnungen vorstellbar, wo sie nicht auf Schiffen aufruhten, sondern freitragend waren, so daß nicht zu hohe Schiffe unter ihnen durchfahren konnten.

So war also das große und schwierige Werk erneuert und der Übergang nach Europa zum zweitenmal hergestellt. – Wirklich zum zweiten Mal? Oder gehört die Überlieferung vom Sturm und der Zerstörung der ersten Brücken ins Reich der Legende?

Fragen wir zunächst, wann die angeblich ersten Brücken vollendet waren, so lautet die ziemlich sichere Antwort: im Frühjahr 480. Denn man wird die Brücken erst kurz vor ihrer Benutzung gebaut und sie nicht ganz sinnlos der Gefahr der Winterstürme ausgesetzt haben. Wurden aber die ersten Brücken erst im Frühjahr 480 gebaut, so wurden sie auch frühestens im Frühjahr 480 zerstört, und so konnte auch frühestens im Frühjahr 480 der Befehl zum Neubau ergehen. Nun hören wir überraschenderweise gar nichts davon, daß durch die Zerstörung der ersten Brücken irgendeine Verzögerung des persischen Aufmarsches eingetreten sei. Undenkbar ist aber, daß der Bau der neuen Brücken nicht wenigstens mehrere Wochen erfordert hätte. Jede von ihnen ruhte auf zwei Hanf- und vier Papyrusseilen (Hdt. 7, 36). Im ganzen waren also (4 × 1300 =) 5200 m Hanf- und (8 × 1300 =) 10400 m Bastseile von nirgends sonst gebrauchter Stärke in Syrien und Ägypten in Sonderanfertigung herzustellen, eine Aufgabe, die auch der strengste königliche Befehl nicht in wenigen Tagen erledigt sein ließ. Übermittlung des Auftrags, Beschaffung solch gewaltiger Mengen von Rohmaterial, Durchführung der Arbeit, Lieferung und Transport der fertigen Seile, das alles brauchte Zeit. – Weiter fragt man sich: Wo nahmen die Perser im Handumdrehen 674 neue Schiffe her? Es war ein Kontingent, so groß wie die gesamte persische Hauptflotte. Es ließ sich nicht einfach zusammenkommandieren. Auch war gar nichts damit geholfen, daß man irgendwelche beliebigen Schiffe zusammenbrachte, die ganz verschiedene Dimensionen hatten. Wie hätte sich darüber eine brauchbare Brücke errichten lassen? Man brauchte vielmehr überhaupt keine regulären Schiffe, sondern Pontons. Vollausgerüstete Fünfzigruderer und Trieren waren ein ebenso überflüssiger wie hinderlicher Luxus. Ja, man kann sich technisch gar nicht vorstellen, wie über zusammengewürfelte Fünfzigruderer und Dreidecker die Seilbrücke überhaupt hätte geführt werden sollen. So berichtet Herodot denn auch, daß für die ersten Brücken besondere Schiffe zur Verfügung standen, die er »lange Schiffe« nennt, was später »Kriegsschiffe« bedeutete. Wir würden eher erwarten, daß er sie wegen der freizulassenden Durchfahrt »hohe« Schiffe nennt. Klar ist jedenfalls, daß es sich um einen einheitlichen Schiffstyp handelt, der eigens für die Brücken hergestellt wurde, den besonderen Erfordernissen Rechnung trug und eine gleichmäßige Seillagerung ermöglichte. Hatte die Legende diese Pontons aber einmal im Sturm untergehen lassen, so getraute sie sich zwar, die Seile für den Neubau in kurzer Frist zu beschaffen, aber dem Zuhörer zuzumuten, daß auch die Pontonflotte von so vielen hundert Stück im Handumdrehen ersetzt worden wäre, wagte sie denn doch nicht und griff daher zu beliebigen Fünfzigruderern und Dreideckern, obwohl sie gar nicht verwendbar waren und obwohl auch hier die Frage unbeantwortet blieb, wo man sie in der Eile in so großer Zahl hernahm.

Die Brücken können nur auf einheitlichen, eigens für sie gebauten Pontons errichtet worden sein. Da der persische Aufmarsch keine Verzögerung erlitt, da aber weder die Herstellung so vieler hundert neuer Pontons noch die Anfertigung so vieler tausend Meter neuer Brückenseile in kurzer Frist denkbar ist, so erweist sich die Erzählung vom Sturm und der Brückenzerstörung als eine Erfindung. Wir können nicht zweifeln, daß Herodot hier einer Legende aufgesessen ist. In Wirklichkeit hat der Übergang über die ursprünglich geplanten und errichteten Brükken stattgefunden.

Die Erfindung vom Sturm und der Zerstörung entstammt der Tendenz, das Unternehmen des Xerxes von vornherein unter einen ungünstigen Stern und den Zorn der Götter zu stellen, die in angeblichen Vorzeichen, Träumen, Warn- und Mahnreden vielfältig erkennbar wird, vor allem auch in der Überlieferung, beim Auszug aus Sardes sei eine Sonnenfinsternis eingetreten, die ebenfalls unhistorisch ist.

Bei der Erfindung vom Brückenuntergang spielt unverkennbar auch die Tendenz mit, Xerxes lächerlich zu machen. Der Despot über so viele Länder und Menschen, der »Großkönig, König der Könige, König der Länder«, wie er sich offiziell nannte, der in ohnmächtiger Wut das Meer geißeln und die ewig strömende Flut durch Ketten fesseln läßt, hat zweifellos teils etwas Komisches, teils etwas Wahnsinniges an sich. Daß Xerxes aber zuletzt sogar Diener ausgesandt habe, die dem Hellespont, dem Wasser, wie einem Sklaven oder Ochsen das königliche Brandmal als unauslöschliches Zeichen königlichen Besitzes aufbrennen sollten, geht selbst dem gutgläubigen Herodot zu weit, dessen Protest uns hier immerhin erhalten hat, wie weit die griechische Legendenbildung mit ihren Erfindungen ging.

Auffällig ist auch, daß Herodot weder für den ersten noch für den zweiten Brückenbau auch nur einen Namen nennt, was er doch sonst bei großen Leistungen gewöhnlich, ja mit Vorliebe tut. Man wußte offenbar nur von den ursprünglichen und wirklichen Ingenieuren, konnte und wollte von ihnen aber nicht behaupten, daß sie hingerichtet worden waren, und ließ daher ihre Namen lieber fort.

Der Übergang des Perserheeres nach Europa

Der Auszug aus Sardes im Frühjahr 480 vollzog sich unter einer persönlichen Tragödie, die vielleicht nur einer momentanen Laune des Königs zuzuschreiben war, vielleicht aber auch kultischen Hintergrund hatte.

Pythios, ein Enkel und Erbe des Krösus, der nach dem Großkönig selbst für den reichsten Mann im ganzen Perserreich galt, hatte Xerxes und sein Heer während ihres Aufenthalts in Lydien großzügig bewirtet und glaubte sich daher, als Xerxes nun das Land verließ, zu einer persönlichen Bitte berechtigt. Pythios hatte fünf Söhne, die sich alle im Gefolge des Königs befanden, um mit ihm gegen Griechenland zu ziehen. Des Pythios Bitte an Xerxes war, er möge sich seines Alters erbarmen, sich an den vier jüngeren Söhnen genügen lassen und ihm den ältesten freigeben, damit er sich seiner und seines Besitzes annehme. Der König, unberechenbar, wie er war, faßte das Ansinnen als Zumutung und Eingriff in seine Rechte auf und fällte eine furchtbare Entscheidung, indem er die Erfüllung gegen die Bitte umkehrte. Die vier jüngeren Söhne gab er dem Pythios frei, den ältesten aber, der ihm der liebste war, übergab er dem Henker mit dem Befehl, ihn mitten durchzuhauen und die beiden Hälften rechts und links der Heeresstraße an den Weg zu legen. Zwischen ihnen hindurch hielt das Heer seinen Auszug aus Sardes.

Wir wissen nicht, welche Sitte, welcher Aberglaube ein solches Menschenopfer forderte oder anriet und warum ausgerechnet die Familie des vornehmsten lydischen Gastfreundes es bringen mußte. Persische Sitte war es nicht. Hatte Xerxes phönikischen Bräuchen nachgegeben und dadurch seinen Zug unter ein finsteres, atavistisches Vorzeichen gestellt, das ihm Unheil verheißen mußte, so glänzend er auch nach außen erschien?

Der König mit seinem Gefolge befand sich in der Mitte des Zuges. Den Anfang seiner Eskorte bildete eine Eliteschar persischer Reiter. Dann folgte die erste Tausendschaft der sogenannten Unsterblichen, der berühmten zehntausend Leibgardisten der persischen Könige, die deshalb die Unsterblichen hießen, weil ihre Zahl sich nie verringerte, sondern bei Ausfällen immer sofort wieder ergänzt wurde, und die umschichtig, jeweils mit tausend Mann, die Leibwache hielten. Darauf folgten zehn heilige Pferde in der Pracht ihres sakralen Schmuckes. Hinter den zehn Pferden kam der heilige Wagen des Ahura Mazdah, des Himmelsgottes der Perser, von acht weißen Pferden gezogen. Der Wagenführer folgte zu Fuß hinterher, denn kein Mensch durfte den heiligen Wagen oder die heiligen Pferde besteigen. Nach dem Sonnenwagen des Himmelsgottes folgte der König. Xerxes ritt nicht wie seine Vorgänger zu Pferde, sondern er fuhr wie der Gott auf einem Wagen, und auch seinen Wagen durfte der Wagenführer nicht besteigen. Xerxes zog auf einem offenen Prunkwagen aus Sardes aus. Später bestieg er einen geschlossenen Reisewagen, um sich gegen Sonne und Staub zu schützen. Dem Königswagen folgte die zweite Tausendschaft der Unsterblichen, die zum Zeichen, daß sie die Leibwache hielt, die Lanzen aufgerichtet hatte, während die übrigen Tausendschaften sie mit der Spitze zur Erde trugen. Auf die Leibwache folgte wieder eine Schar Elitereiter und dann die acht Tausendschaften der übrigen Unsterblichen. Den Schluß der königlichen Eskorte bildete die persische Reiterei. Dann folgte im Abstand von zwei Stadien die zweite Hälfte der Truppen und Völkerschaften des Heeres.

Das Heer überschritt den Hermos und kam ins Tal des Kaïkos, wo später Pergamon gegründet werden würde. Es zog am Golf von Adramyttion entlang und gelangte in die Troas und nach Troja. Am Ida soll ein schweres Gewitter das Heer getroffen und viele Menschen erschlagen haben. Wahrscheinlich ist auch dies eine jener Legenden, die das bevorstehende Unheil ankündigen sollen. Dem Skamander, der in der Tat weitaus berühmter als groß ist, ging vor der Menge der Menschen und Tiere das Wasser aus. Xerxes bestieg die Burg des Priamos und ließ sich berichten, was dort geschehen war. Dann brachte er der Athena Ilias ein großes Rinderopfer dar. Seine Priester spendeten den Heroen der trojanischen Sage Trankopfer. In der Nacht befiel angeblich ein großer Schrecken das Heer. Eine Massenpsychose? Eine kollektive Vorahnung drohenden Untergangs, wie ihn Troja erlitt, oder wieder eine Legende? In Abydos erreichte der Zug seine letzte Station auf asiatischer Seite. Hier waren die beiden Schiffsbrücken errichtet, hier sollte der Übergang über den Hellespont erfolgen. Es war die Zeit um Mitte April.

Auf einer Anhöhe war dem König ein Thron aus Marmor errichtet. Von dort aus musterte er Heer und Flotte. Da kam ihn das Verlangen an, eine Seeschlacht zu sehen – und man lieferte ihm eine Seeschlacht. Die Schiffe von Sidon waren es, die in diesem Flottenmanöver den Preis davontrugen.

»Xerxes freute sich an der Schlacht und an seinem Heere. Der ganze Hellespont war mit Schiffen bedeckt, und die ganze Küste und das Flachland von Abydos waren voller Menschen. Xerxes pries sich glücklich. Dann begann er zu weinen.«

Artabanos, sein Onkel, den er für die Zeit seiner Abwesenheit zum Reichsverweser bestellt hatte und der von Abydos nach Susa zurückkehren würde, fragte ihn überrascht nach dem Grund seines so völligen Stimmungswechsels. Es war der Gedanke der Vergänglichkeit, der den König ergriffen hatte. Er beklagte die Kürze des Lebens und daß von den vielen tausend Menschen, die hier so stolz versammelt waren, in dreißig Jahren kaum noch jemand am Leben sein würde.

Herodot (7, 46) benutzt diese eindrucksvolle Szene, um dem Artabanos als Antwort ein Stück griechischen Pessimismus und seine persönliche Überzeugung vom Neid der Gottheit in den Mund zu legen: »Aber während des Lebens ist das Schicksal der Menschen noch beklagenswerter (als nach ihm). Denn so kurz es auch ist, so gibt es doch nicht einen unter den Menschen, der nicht mehr als einmal in seinem Leben gewünscht hätte, lieber tot als lebendig zu sein. Unglücksfälle und Krankheiten quälen uns und machen, daß das kurze Leben uns noch allzu lang erscheint. So ist der Tod den Menschen die ersehnteste Erlösung von den Kümmernissen des Lebens, denn die Gottheit heißt neidisch, weil sie uns die Süße des Lebens kosten ließ.«

Den Tag vor dem Übergang verbrachte jeder mit den letzten Vorbereitungen für sich selbst oder seine Aufgabe. Wetter und Meer waren ruhig und verhießen einen guten Verlauf. Die Perser waren schon vor Tagesanbruch gerüstet und erwarteten den Aufgang der Sonne. Sie verbrannten Räucherwerk auf den Brükken und bestreuten den Weg mit Myrten. Als die Sonnenscheibe den Horizont überstieg, goß Xerxes aus goldener Schale ein Trankopfer ins Meer und betete zu Ahura Mazdah, dem Himmelsgott, er möge ihn und das Heer behüten und vor allem Unfall bewahren und sie auf ihrem Zug bis an das Ende Europas gelangen lassen. Nachdem er gebetet hatte, warf er die Schale ins Meer, dazu einen goldenen Mischkrug und einen persischen Säbel.

»Ob er diese Gegenstände der Sonne (dem Ahura Mazdah) weihte, oder ob er sie aus Reue über die Züchtigung des Hellespont dem Meer darbringen wollte, kann ich nicht bestimmt sagen«, schreibt Herodot (7, 54).

Dann begann der Übergang. Auf der oberen, nördlichen, der schrägen und längeren Brücke zogen das Fußvolk und die Reiterei hinüber, auf der unteren das Zugvieh und der Troß. Den Anfang machten die festlich bekränzten Unsterblichen, dann folgten in buntem Wechsel fremde Völkerschaften. Sieben ist in der Antike die Zahl der Fülle. Sieben Tage und sieben Nächte dauerte nach Herodot der Übergang.

Nach der einen Überlieferung überschritt Xerxes mit seiner Eskorte und dem heiligen Wagen am zweiten Tag den Hellespont, nach einer anderen am letzten. Einer dritten Andeutung Herodots ist zu entnehmen, daß der Übergang in Wirklichkeit einen ganzen Monat gedauert habe. Das wäre wohl so zu verstehen, daß man zunächst eine Vorausabteilung hinübersandte, um die Lage in Thrakien zu erkunden, oder eine Pionierabteilung, die die letzten Ausbesserungen an Straßen und Brücken vornehmen sollte, bevor der König mit dem Hauptheer nachfolgte.

Die kleinasiatischen Griechen, die in Abydos diesem riesigen Aufgebot persischer Truppen- und Flottenmacht beiwohnten, mochten sich mit Schrecken fragen, wie ihre Landsleute im griechischen Mutterland einen solch furchtbaren Angriff wohl bestehen könnten, und mit Verwunderung werden sie sich gefragt haben, was ein so ungeheures Aufgebot gegen das kleine Griechenland eigentlich solle. Manchem von ihnen wird vielleicht der Gedanke gekommen sein, daß dieser gigantische Xerxeszug nicht nur für die Unterwerfung Griechenlands, dessen Territorium dem Bestand des persischen Reiches ja nur einen verschwindenden Zuwachs gebracht hätte, sondern vielmehr für die Eroberung ganz Europas in Marsch gesetzt worden war, zumindest aber seiner griechisch besiedelten Gebiete, Unteritalien und Sizilien. Manches zeugt in der Tat für diese Annahme, und auch Herodot spricht den Gedanken mehrmals aus, am deutlichsten in dem zitierten Gebet des Xerxes vor dem Brückenübergang. Auch Platon spricht einmal von »jener Zeit, als der Angriff der Perser auf die Hellenen, ja vielleicht auf alle Bewohner Europas erfolgte« (*Gesetze* III 14, 698 ab. Vgl. *Menex.* 239 d).

Ein weiterer Beleg für die Tendenz vorherodoteischer Überlieferung, den unglücklichen Ausgang des Xerxeszuges durch Unglücksfälle und Vorzeichen aller Art schon in seinen Anfang hineinzuprojizieren, ist die bei Herodot 7, 57 überlieferte Legende von einem Naturereignis besonderer Art:

»Als alle hinüber waren und weiterziehen wollten, trat ein großes Wunder ein, das Xerxes indes nicht beachtete, obwohl seine Bedeutung klar war: eine Stute warf einen Hasen. Die Deutung war nicht schwer: Xerxes, der in aller Pracht und Herrlichkeit ein Heer gegen Hellas führen wollte, würde in voller Flucht, nur um sein Leben zu retten, zurückkehren.«

Truppenschau in Doriskos

Nach vollzogenem Übergang trennten sich Heer und Flotte wieder. Die Flotte segelte aus dem Hellespont hinaus, um die Thrakische Halbinsel zu umfahren. Sie hielt sich zunächst dicht unter der Küste, überquerte dann den Melasischen Golf und hielt auf das Vorgebirge Sarpedon östlich von Ainos zu, wo sie sich mit dem Heer wieder vereinigen sollte. Das Heer nahm die entgegengesetzte Richtung und zog durch die Halbinsel nach Osten, passierte die von Miltiades gegründete Stadt Chersones, die jetzt Agora hieß, überquerte den Melasfluß, dem das Wasser ausging, und marschierte dann um den Melasischen Golf herum nach Westen bis zur Stadt Ainos am Hebros. Die weitläufigen, schwer passierbaren Niederungen der Hebrosmündung umging es und überschritt den Fluß weiter oberhalb, wahrscheinlich auf einer Schiffsbrücke, obwohl eine solche erst für den Strymon wieder ausdrücklich bezeugt ist. Doriskos aber, westlich des Hebros gelegen, seit 512 die erste und älteste persische Garnison in Europa, hatte Xerxes ausersehen, hier eine allgemeine Truppen- und Flottenschau abzuhalten, bevor er endgültig gegen Griechenland aufbrach.

Es war ein buntes, vielfältiges Völkergemisch, das sich in Doriskos zusammengefunden hatte. Von Indien bis nach Thrakien, vom Kaukasus und dem Schwarzen Meer bis nach Nubien und Arabien hatte Xerxes alle Arten von Kriegern aufgeboten, die in seinem riesigen Reich zu finden waren. Herodot zählt nicht weniger als sechsundvierzig Völkerschaften namentlich auf, die Kontingente für diesen Zug gegen Griechenland stellten. Es waren merkwürdige Geschöpfe darunter und viele, denen der Gebrauch von Metallwaffen noch unbekannt war. Sie trugen hölzerne Helme und zum Teil überhaupt keine Schilde, oder nur aus Bast geflochtene oder mit Tierhaut bespannte. Als Speerspitzen konnten Antilopenhörner dienen, oder Speer- und Pfeilspitzen waren gar nur im Feuer gehärtet. Der militärische Nutzen solcher Truppenteile war die Verpflegung nicht wert, die sie verbrauchten, aber ihre Exotik war berückend. Und Herodot wird nicht müde, auch alle ihre merkwürdigen Trachten zu beschreiben (7, 65 ff.).

»Die Thraker zogen mit einem Fuchspelz auf dem Kopf zu Felde.« Die Äthiopier gar traten in Panther- und Löwenfellen auf. Für den Kampf färbten sie ihren Körper zur Hälfte mit Kreide, zur Hälfte mit Mennige. Die Saranger fielen durch ihre bunten Gewänder auf und durch ihr Schuhwerk bis ans Knie, die Araber durch ihre langen Burnusse.

»Die Inder trugen Kleider, die aus Wolle von Bäumen hergestellt waren.« Es ist die erste Erwähnung der Baumwolle in der europäischen Literatur. »Sie hatten Bogen und Pfeile aus Rohr, mit einer Eisenspitze versehen. Das war die ganze Bewaffnung der Inder.«

Wenn aber von den dunkelhäutigen Indern, den Drawiden, den Äthiopiern des Ostens, wie Herodot sie nennt, zu berichten ist, daß sie als Kopfbedeckung eine Pferdekopfhaut trugen, an der noch Ohren und Mähne saßen, so hat ihn das offenbar so fasziniert, daß er in diesem Fall ein einziges Mal vergißt, den Truppenführer anzugeben, den er sonst immer gewissenhaft verzeichnet:

»Die Mähne vertrat die Stelle des Helmbuschs. Die Pferdeohren waren aufgerichtet. Als Schutzwaffe diente ihnen statt des Schildes eine Kranichhaut.«

Erstaunliches war auch von den Reiterscharen zu erzählen. Da gab es arabische Kamelreiter, die sich immer abseits halten mußten, weil sonst die Pferde scheuten. Schon Kyros hatte bei der

Eroberung von Sardes 546 die Reiterei des Krösus ohne Kampf allein dadurch in die Flucht geschlagen, daß er seine Kamelreiter gegen sie aufstellte. Die Inder führten Streitwagen mit, die mit wilden Eseln bespannt waren. Das Abenteuerlichste aber bot der persische Reiterstamm der Sagartier. Sie führten außer dem Schwert nur lange Lederriemen als Waffe mit sich, die sie offenbar als Lasso handhabten. Damit fingen sie im Galopp Menschen und Tiere des Feindes und schleiften sie gefesselt hinter sich her.

Diese ganze Menagerie also führte Xerxes in seinem Zug gegen Griechenland mit sich. Einen Augenblick fragt man sich, ob man an so viel Exotik bei einem Feldzug wirklich glauben soll, und annehmbar erscheint sie einem eigentlich nur, wenn sie eine besondere Idee des Xerxes widerspiegelt: Es sollte kein Kriegszug, es sollte von Anfang an ein Triumphzug sein.

Das war der exotische Rahmen des Perserheeres, aber natürlich beginnt Herodot die Truppenschau mit der Aufzählung der persischen, medischen und elamischen Truppen, die den Kern und Hauptteil des Heeres bildeten und auf denen seine eigentliche Kampfkraft beruhte. Hinzu kam die königliche Garde der Unsterblichen. Diese bestand, wie wir wissen, aus zehn Tausendschaften. Wie stark aber waren all die anderen Kontingente, die regulären und die exotischen? Die Truppenschau des Xerxes hatte eben den Zweck, nicht nur festzustellen, welch kuriose Arten von Kriegern sich alles in seinem Heer befanden, sondern vor allem, wie groß ihre Zahl war. Hier gibt nun Herodot ein merkwürdiges Zählverfahren an: Man habe zehntausend Soldaten zusammengeführt und auf möglichst engem Raum zusammengedrängt, habe um die von ihnen eingenommene Fläche einen Kreis gezogen und sie wieder freigelassen. Nun errichtete man auf diesem Kreis einen Zaun von halber Mannshöhe und verfügte dadurch sozusagen über ein Hohlmaß, mit dem man das ganze Heer messen konnte. Denn nun ließ man alle Truppen diesen Kreis passieren und wußte auf diese Weise genau, wie viele Zehntausendschaften sie umfaßten. Eine kuriose Methode. Natürlich eine militärhistorische Ente. Die Perser besaßen seit Darius die bestorganisierte Staatsverwaltung des Alten Orients. Sie hatte Schriftlichkeit zur selbstverständlichen Voraussetzung, und zwar besaßen die Perser zwei Klassen von Schreibern, elamische Tontafelschreiber und aramäische Papyrusschreiber, die

Papyrus- oder auch Lederrollen benutzten. Selbst wenn es Herodot nicht ausdrücklich bezeugte (7, 100), könnten wir mit Selbstverständlichkeit voraussetzen, daß sich im Zug des Xerxes ein umfangreicher Stab von Schreibern befand. Die konnten bei den einzelnen Truppenführern leicht erfahren und aufzeichnen, wie stark ihre Kontingente waren. Kein Gedanke daran, daß sie es nicht genau gewußt hätten. Die Geschichte von der seltsamen Zaunmethode zur Abzählung von Zehntausendschaften stammt aus einer Zeit, als man sich ganz übertriebene Vorstellungen von der Größe des Perserheeres machte, das auf normale Weise angeblich überhaupt nicht mehr zu zählen war. Herodot beziffert es auf 1,7 Millionen Mann (7, 60), dazu kommen 80000 Reiter, 20000 arabische Kamelreiter und lybische Wagenfahrer und 300000 thrakische und griechische Vasallentruppen, insgesamt 2,1 Millionen. Das sind natürlich reine Phantasiezahlen. An späterer Stelle glaubt er, diese Zahlen noch verdoppeln zu sollen, weil der Troß und die Hilfsmannschaft »nicht weniger zahlreich, eher noch zahlreicher als die eigentliche Streitmacht« gewesen seien (7, 186). Ja, einmal deutet er sogar an, daß das persische Heer über fünf Millionen gezählt habe, als er nämlich Xerxes sagen läßt, daß auf jeden der fünftausend Spartiaten mehr als tausend Perser kämen (7, 103).

Man kann es unschwer verstehen, wenn ein englischer Althistoriker zu der entrüsteten Feststellung kam, Herodots Zahlenangaben zeigten, »mit wie geringem kritischem Sinn oder konkreter Vorstellungskraft er die Probleme von Raum und Zeit, von Marsch und Rast, von Verpflegung und Unterbringung handhabt« (Macan, *Hdt.-Komm. II*, 157).

Glücklicherweise ist diese Großzügigkeit nicht durchgehend. In Streckenangaben ist Herodot ziemlich verläßlich, und wo er Anlagen beschreibt, die noch heute nachmeßbar sind, wie der Athoskanal oder der Tunnel des Eupalinos auf Samos, da stimmen seine Längenangaben genau.

Aber wenn er dann wieder schreibt, bei den Schiffsbrücken über den Hellespont habe eine Elle (= 46 cm) des phönikischen Hanfseils ein Talent (= 26 kg) gewogen (7, 36), so möchte man zu seiner Ehre und unserer Beruhigung am liebsten annehmen, es sei ihm nicht klar gewesen, was eine Elle, oder ein Talent, oder Hanf oder was ein Seil ist. Und doch wußte er das alles sehr genau. Aber er scheint es in der Tat sich nicht konkret vorgestellt zu haben, zumindest nicht mit Lesern gerechnet zu haben, die das tun würden.

Die späteren Historiker sind auch nicht viel realistischer als Herodot und rechnen mit einem Perserheer von 700000–800000 Mann. Wir können alle diese Mengenangaben nur als schmükkende Beiwörter auffassen, von reinem Dekorations- und Prestige-, aber ohne jeden Informationswert. Selbst Xenophon, der als erfahrener Feldherr genau wußte, was eine Tausendschaft ist und wieviel zehn Tausendschaften sind, suspendiert als Geschichtsschreiber alle Kontrolle konkreter Anschauung und persönlicher Erfahrung und gibt für die Schlacht von Kunaxa, an der er selbst teilnahm, das Heer des Artaxerxes mit der ganz unmöglichen Stärke von 900000 Mann an (*Anab.* I 7,12). Man liebte offenbar Prestigezahlen, obwohl Luthers Frage: »Was nutzet die große Zahl?« dem Sinn nach natürlich auch den Griechen längst geläufig war: *»Ouk en to pollõ to eũ«* – Das Gute liegt nirgendwo in der großen Menge beschlossen. Wie kommen wir aber von den 1,7 Millionen des Herodot zu einer realistischen Zahl?

Ein ingeniöser Einfall war die Vermutung, den Angaben des Herodot liege ein einfaches Mißverständnis, ein Leseversehen zugrunde, indem entweder er selbst oder sein Gewährsmann das persische Zahlzeichen für 1000 irrtümlich als 10000 gelesen habe. Aber erstens beklagt Herodot 7, 60 ausdrücklich, daß ihm nirgends Angaben einzelner Truppenteile erreichbar gewesen seien, worauf er dann die erwähnte Kreismethode anführt, mit der die Zahl von 1,7 Millionen ermittelt worden sein soll, und zweitens kommen wir mit einer Teilung durch zehn immer noch auf keine annehmbare Zahl. Über Vermutungen ist nicht hinauszukommen. Eine jedenfalls nicht abwegige ist die folgende:

Den Oberbefehl über das persische Heer führen sechs Feldherrn (7, 82). Eine Sonderstellung hatte als siebter neben ihnen Hydarnes, der Führer der zehntausend Unsterblichen. Es ist nun nicht gerade willkürlich anzunehmen, daß die Kontingente der sechs übrigen Feldherrn sich in derselben Größenordnung bewegten. Wir erhielten damit persische, medische und elamische Kerntruppen in Stärke von 70000 Mann, und das kann eine glaubhafte Zahl sein gerade auch in bezug auf das, was wir über die Schlacht von Platää wissen.

Die weitere Frage ist dann, welche Stärke die Hilfstruppen aufwiesen. Hier bewegt man sich auf dem Feld bloßer, anhaltloser Vermutung. An sich konnten die Hilfstruppen wohl ein Vielfaches der Kerntruppen betragen, aber wahrscheinlich ist das keineswegs, da sie militärisch nur von geringem Wert waren und nur Versorgungsprobleme bereiteten. Es macht nicht den Eindruck, als ob all die exotischen Kontingente, so gewissenhaft Herodot sie auch aufzählt und stets ihre persischen Führer hinzufügt, jeweils das vollständige Aufgebot ihrer Völkerschaft dargestellt hätten. Im allgemeinen handelt es sich wohl nur um Ehrengarden, teils, um die Gefolgschaftstreue ihres Volkes zu bekunden, teils, um Zeugen des Sieges und Triumphes des Xerxes zu werden. Sie werden in vielen, vielleicht den meisten Fällen nicht nach Tausenden, sondern nur nach Hunderten gezählt haben, und manchmal vielleicht nicht einmal das. Rechnen wir für diese Hilfsvölker 30000–40000 und für die thrakischen und griechischen Kontingente 10000–20000, so kommen wir auf eine Gesamtstärke des persischen Heeres von etwa 120000 Mann, deren Verpflegung in den durchzogenen Gebieten vermutlich ein lösbares Problem war und die auch dem Ehrgeiz und Anspruch des Xerxes vollauf Genüge getan hätten, der sich nun rühmen konnte, mit der drei- bis vierfachen Heeresmacht gegen Griechenland zu ziehen, wie sie zehn Jahre früher Datis und Artaphernes zur Verfügung gestanden hatte.

Wie stand es um die Flottenstärke? Die weitläufige gerade Küste von Doriskos gab Xerxes auch glänzende Gelegenheit zu einer Flottenschau. Auch hier wurden die einzelnen Kontingente von den Schreibern aufgezeichnet, auch hier ist uns von den authentischen Zahlen keine einzige überliefert. Herodot gibt für die Trierenkontingente eine ganz schematische Staffelung an:

phönikische	300
ägyptische	200
kyprische	150
kilikische	100
ionische	100
hellespontische	100
karische	70
äolische	60
lykische	50 usw.

Im ganzen gibt er 1207 Trieren an. Die Zahl der kleinen und Hilfsschiffe aber: Dreißigruderer, Fünfzigruderer, Kutter und Pferdetransporter, habe sich auf 3000 belaufen (7, 89 u. 97). Herodot, der aus einer Hafenstadt stammte, auch sein Leben lang gereist war, wußte recht gut, was ein Schiff ist, konnte sich auch einigermaßen deutlich machen, was hundert Schiffe sind, vor allem, wenn er sich vorzustellen versuchte, wie viele wohl in der Bucht seiner Heimatstadt Halikarnaß Platz finden könnten. Aber tausend Schiffe hat er offenbar nicht mehr versucht sich vorzustellen, noch viel weniger viertausend.

Wie kommen wir bei der Flotte zu realistischen Zahlen? Hier gibt es kaum auch nur eine Orientierungshilfe. Äschylus, von dem Herodot die Zahl möglicherweise übernommen hat, gibt die Zahl der persischen Trieren ebenfalls mit 1207 an. Beide Autoren überliefern damit in Wirklichkeit vielleicht die Gesamtstärke der persischen Flotte, einschließlich aller sonstigen Schiffe, die sich nach Herodot noch einmal auf 3000 belaufen haben sollen. In einer Bemerkung (8, 13), die bei der sonst so nachdrücklich betonten Übermacht aufhorchen läßt, stellt Herodot zu den persischen Schiffsverlusten fest: »All das war das Werk der Gottheit, damit die persische Flotte der griechischen gleich würde und nicht mehr so viel größer wäre.«

Die griechische Flotte bei Salamis zählte 378 Schiffe. Mit den Verlusten am Pelion und bei Euböa kann man dann die persische Hauptflotte auf ursprünglich 600 Trieren veranschlagen. Wir haben oben gehört, daß Herodot bei früheren Kriegen, im Skythenfeldzug des Darius 513, bei Lade 494 und beim Feldzug des Datis 490, die Stärke der persischen Flotte sterotyp mit 600 angibt. Ohne Zweifel sind aber diese frühen Flotten wesentlich kleiner gewesen. 600 Schiffe umfaßte wahrscheinlich die größte Flotte, die jemals von den Persern zusammengebracht wurde, und das war die Flotte des Xerxes, deren Zahl dann auf die früheren übertragen wurde. Wir erhielten damit 600 Trieren und noch einmal so viele Schiffe anderer Klassen, insgesamt etwa 1200.

Gewiß ist allein, daß Herodots Angaben gewaltig überhöht sind. Wie weit sie reduziert werden müssen, dafür fehlt uns jede sichere Handhabe. Für eine Gesamtflotte von 1200 Einheiten treffen aber, wie wir sahen, wenigstens einige Argumente zusammen.

Das war also die Feindesmacht, die nun gegen Griechenland anrückte. Bei weitem nicht so groß, wie Herodot sie ausschmükkend angibt, und doch außerordentlich bedrohlich für ein Griechenland, das im Verhältnis dazu nicht nur schwach, sondern auch von vielfältigen Interessen und Gegensätzen zersplittert war.

Griechenland zur Zeit des Xerxes-Zuges

Welche Aussichten, welche Voraussetzungen hatte Griechenland, das gewaltige persische Aufgebot zu bestehen? Über die allgemeinen Verhältnisse in Griechenland zur Zeit des zweiten persischen Angriffs mag ein längerer Auszug aus der alten »Griechischen Geschichte« von Ernst Curtius informieren, der in Stil, Kürze und Gehalt von seinem ursprünglichen Verdienst kaum etwas verloren hat, jedenfalls durch nichts Neueres ersetzt ist. (Auslassungen sind nicht kenntlich gemacht.)

»In vielen Beziehungen kann man sagen, daß Griechenland besser als je imstande war, einem feindlichen Angriff zu widerstehen, denn das Land ist gewiß zu keiner Zeit volkreicher, das Volk selbst nie kräftiger, tüchtiger und gesünder gewesen als am Anfang des 5. Jhs. v. Chr. Die außerordentliche Kolonisationstätigkeit der letzten Jahrhunderte hatte das Mutterland keineswegs geschwächt, sondern ihm nur Wohlstand und Segen gebracht. Denn das Selbstgefühl der Nation war dadurch in hohem Grade gewachsen, daß sie sich leiblich und geistig allen anderen Völkern überlegen fühlte und nirgends einen ebenbürtigen Gegner gefunden hatte. Alle Kräfte und Geschicklichkeiten waren entwickelt, Mut und Geistesgegenwart durch die Mannigfaltigkeit neuer und schwieriger Aufgaben geübt. Die Verbindung mit den aufblühenden Pflanzstädten hatte den Mittelstand allerorten gehoben und dem Handel wie dem Gewerbefleiß eine Menge neuer Hilfsmittel geöffnet. Bei dem allgemeinen Wohlstand war die Auswanderung durch zahlreichen und kräftigen Nachwuchs rasch ergänzt worden.

Aus dieser Zeit des blühendsten Standes griechischer Bevölkerung stammt jener sorgfältige Anbau, dessen Spuren noch heute den Wanderer in Erstaunen setzen, wenn er sieht, wie einst jeder

Winkel ausgenutzt, jede Schwierigkeit der Ansiedlung und des Verkehrs überwunden, wie alles Land von menschlichem Leben durchdrungen war. Auf Felsklippen, wo jetzt nur Ziegenherden ein notdürftiges Futter finden, trifft man die Überreste wohlummauerter Städte, welche mit Zisternen und Wasserleitungen versorgt waren, während die umliegenden Höhen bis zum Gipfel hinauf in künstlichen Terrassen abgestuft waren, um für Kornbau und Obstzucht Platz zu gewinnen.

Die Städte der Griechen waren keine Großstädte, wie die Handels- und Residenzstädte des Morgenlandes. Dadurch blieben sie vor vielerlei Übeln bewahrt, welche sich in übervölkerten Städten unvermeidlich erzeugen. Es bildeten sich keine so schroffen Gegensätze von arm und reich, von Üppigkeit und Not, deren jede in ihrer Weise die Bevölkerung entkräftet. Die Armut war keine Bettelarmut, die Menge kein Pöbel. Auch das städtische und ländliche Leben traten nicht so schroff auseinander, da die griechische Stadt keinen Gegensatz gegen das Land bildete. Die Bürgerschaften waren übersichtliche Gemeinden, in denen jeder Abfall von der väterlichen Sitte um so leichter bemerkt und gerügt wurde. Durch gemeinsames Gesetz wurden die Bürgerschaften zusammengehalten. Das Gesetz galt aber für den Ausdruck einer lebendigen Willensgemeinschaft, darum war die Unterordnung unter dasselbe keine unfreie. Der einzelne fühlte sich als ein Glied des Ganzen, und die Öffentlichkeit des Gemeindelebens war die stärkende Luft, in welcher die Bürger aufwuchsen. In allen Städten gab es noch alte Geschlechter von Kraft und Talent, die mit dem väterlichen Herkommen verwachsen waren, und neben ihnen erhoben sich Leute des Gewerbestandes, um ihren Anteil am Gemeinwesen geltend zu machen.

Neben der bürgerlichen Gesellschaft bestand eine unfreie Bevölkerung, welche in Handels- und Fabrikstädten wie Korinth und Ägina sehr groß war. Hier muß die Menge derselben bis auf das Zehnfache der freien Einwohner sich belaufen haben. Das Vierfache muß auch in Attika als geringstes Maß angenommen werden. Man sollte denken, daß eine solche Menge unterdrückter Menschen einem Landesfeind große Vorteile in die Hand gegeben hätte, namentlich, wenn die Sklaven unter den feindlichen Truppen ihre Landsleute fanden, wie dies mit den Phrygern, Syrern und anderen Sklaven asiatischer Herkunft der Fall war. Indessen finden sich in den Perserkriegen keine Beispiele von Verrat und Überlauf. Die Sklaven waren mit der Bürgerschaft zu eng verknüpft. Es bestand zwischen ihnen und den Familien ein persönliches Verhältnis, das durch Sitte und Religion gepflegt wurde. Darum erschien ihre Unterordnung nicht als Unterdrükkung.[1]

Die Sklaven versahen alle untergeordneten Hantierungen. Sie bestellten den Acker, besorgten Küche und Viehstand; sie dienten ihren Herren als Handwerker und Arbeitsleute und erleichterten ihnen das Leben in allen Beziehungen, ohne daß die Bürger dadurch träge, schlaff und üppig wurden.

Vor dieser nachteiligen Einwirkung des Sklaventums wurden die Griechen durch die natürliche Energie ihres Wesens, die Macht der Sitte und das Gesetz bewahrt. Denn Müßiggang und Geschäftslosigkeit wurden in wohlgeordneten Staaten als Vergehen bestraft. Zugleich wurde das griechische Bürgertum dadurch in einer höheren Sphäre gehalten, daß nicht leicht ein Bürger in die Lage kam, einem anderen Dienstleistungen unwürdiger Art zu erweisen, und daß auch die Ärmeren für allgemeine Angelegenheiten und für geistige Bildung Muße und Neigung sich bewahren konnten. Denn eine freie Lebensstellung und behagliche Muße erschien den Alten als eine unerläßliche Bedingung für die Entwicklung bürgerlicher Tugend. Auch die gymnastische Ausbildung des Leibes war ein Vorrecht der Bürger. Sie war die Voraussetzung einer angesehenen Stellung in der bürgerlichen Gesellschaft, und in einzelnen Städten bestand sogar das Gesetz, daß keiner in die Bürgerlisten aufgenommen wurde, welcher nicht in den öffentlichen Ringschulen alle Übungen ordnungsgemäß durchgemacht hatte. Gymnastische Ausbildung war den jungen Männern zur anderen Natur geworden. Sie hatten gelernt, die Kraft zu verdoppeln, wenn es galt, und nichts mehr zu scheuen als den Verdacht der Feigheit. Die Palästra hatte die Vorübung zum ernsten Kampf gewährt.

So hatten Friede und Wohlstand in Hellas keine Erschlaffung herbeiführen können wie in Ionien. Aber die Einzelstaaten hat-

[1] Natürlich gab es oft menschliche Herren. Im ganzen verschlechterte sich das Los der Sklaven, als ihre Zahl nach 467 stark stieg. Erträglich ging es den Staatssklaven (Schreiber, Boten, Polizisten). Das härteste Los traf die Bergwerkssklaven. Grundlegend ist, daß die Sklaven Barbaren und schon als solche verachtet waren. (Anm. d. Verf.)

ten sich immer selbständiger ausgebildet. Jedes Gemeinwesen war dem anderen gegenüber vollständig abgeschlossen, gleichsam ein Hauswesen für sich. Die Bürger des Nachbarstaates waren Fremde, Ausländer. Eheliche Verbindungen zwischen Angehörigen verschiedener Staaten waren rechtlich ungültig, wenn diese nicht besondere Verträge über Ehegemeinschaft abgeschlossen hatten. Dazu kam, daß überall nachbarliche Reibungen stattfanden, Streitigkeiten über die Grenzlinien, über die Ausdehnung heiliger Ländereien, über die Aufnahme flüchtiger Sklaven, und nur selten fühlten sich die streitenden Parteien verpflichtet, friedliche Ausgleichung durch schiedsrichterlichen Spruch zu suchen. Ein Bundesgericht von allgemeiner Anerkennung war nirgends vorhanden, und es war keine nationale Verbindung vorhanden, welche den Angriffen einer despotisch geleiteten Feindesmacht gegenüber irgendeine nachhaltige Widerstandskraft verbürgen konnte.«

Der Hellenische Bund

Indessen war mit Partikularismus gegen die neue Bedrohung nicht mehr anzukommen. Die Nachricht vom Bau des Athoskanals wird sich im Sommer 482 wie ein Lauffeuer durch Griechenland verbreitet und jedermann klargemacht haben, daß es ernst wurde und die Schonfrist, die Marathon geschaffen hatte, nun über kurz oder lang zu Ende ging.

Herodot berichtet im letzten Kapitel des 7. Buches, daß König Demaratos von Sparta, der, wie wir uns erinnern, seit seiner Vertreibung 487 als Emigrant am persischen Königshof lebte, von Susa aus eine Geheimbotschaft gesandt habe, um seine Landsleute über die persischen Rüstungen zu informieren und sie zu warnen. Um vor Entdeckung sicher zu sein, habe er die Nachricht auf das Holz einer Wachstafel geschrieben, dann das Wachs darüber gezogen und unbeschriftet gelassen, so daß die Kontrollen an der leeren Tafel seines Boten keinen Anstoß nahmen. Als dieser dann die blanke Schreibtafel in Sparta vorwies, wußte man dort zunächst nichts damit anzufangen, bis die kluge Frau des Leonidas, die Tochter des Kleomenes, den Trick erriet. Man entfernte das Wachs, und die Botschaft kam zutage.

Die Anekdote gehört zu der beliebten Gattung von Geschichten über Geheimboten und Nachrichtentricks, die gewissermaßen die Anfänge der antiken Kriminalistik darstellen. Eine der eindrucksvollsten Lösungen fand während des Ionischen Aufstands Histiäus von Milet, der, in Susa in Ehrenhaft festgehalten, eine Geheimbotschaft auf die Weise nach Milet schmuggelte, daß

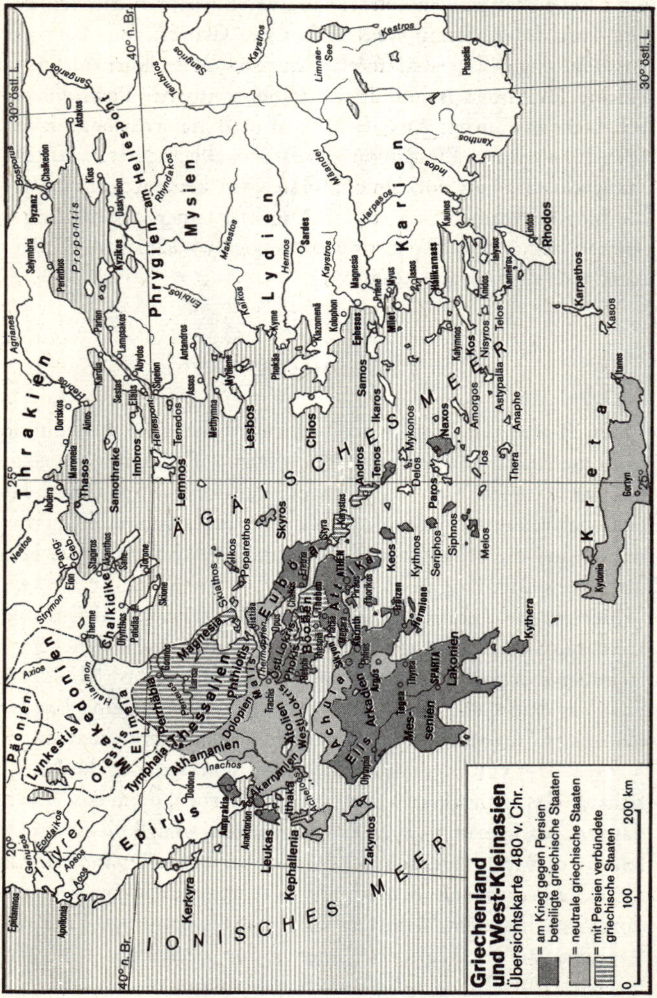

er einem Sklaven das Haar schor, ihm die Nachricht auf die Kopfhaut schrieb und ihn erst absandte, als das Haar wieder nachgewachsen war.

Die Anekdote von der Wachstafel des Demaratos wurde wahrscheinlich zur Ehrenrettung des Königs erfunden, der bei Herodot in höchster Wertschätzung steht, um ihn vom Odium des Landesverrats zu befreien, da er sich beim Griechenland-Feldzug des Xerxes in dessen Gefolge befand.

In Wirklichkeit bedurfte es solch besonderer Nachrichten gar nicht. Die griechischen Handelsstädte hatten ausreichenden Kontakt mit Ionien, um von dort mit einiger Sicherheit und Schnelligkeit zu erfahren, was im Perserreich an Kriegsvorbereitungen, vor allem aber an Schiffsbauten im Gange war.

Wie frühzeitig Themistokles Verhandlungen zur Gründung eines Hellenischen Bundes aufnahm, wissen wir nicht. Einigermaßen einleuchtend ist nur, daß die Initiative von ihm ausging, obwohl sie ihm eine schwierige Aufgabe stellte. Er hatte persönlich kein besonderes Verhältnis zu Sparta und war von Natur aus auch kein Diplomat. Und doch konnte nur eine Verbindung von Athen und Sparta die Basis des neuen Bundes bilden. Irgendwie wird Themistokles die Verbundenheit erneuert haben, die zur Zeit des Miltiades zwischen den beiden Mächten bestanden und sich in der gefahrlosen Zwischenzeit wieder verflüchtigt hatte. Die drohende Gefahr zwang nun beide Parteien, ihre Empfindlichkeiten beiseite zu setzen und ohne Umschweife auf Rettung zu sinnen. Dennoch kam die erste Bundesversammlung erst im Herbst 481 zustande, als die persischen Kriegsvorbereitungen manifest und die feindlichen Truppen bereits in Sardes zusammengezogen waren. Die beiden Bundesmächte kamen sich auf halbem Wege entgegen. Auf dem Isthmus von Korinth, am Vereinigungspunkt der beiden griechischen Meere, an einer der strategisch wichtigsten Stellen des Landes und unter dem Schutz des drittgrößten panhellenischen Heiligtums wählte die Bundesversammlung ihren ständigen Tagungsort. Den Kern des neuen Bundes bildeten natürlich der Peloponnesische Bund und Athen. »Die Spartaner, die Athener und ihre Bundesgenossen« war sein offizieller Titel (Hdt. 7, 157)[1] und mußte es auch bleiben, da es

[1] Die von einigen vertretene Vorstellung, der Bund habe keine eigene Bezeichnung besessen, ist merkwürdig. In wessen Namen sollen denn seine Gesandten aufgetreten sein?

zu einem panhellenischen Bund nicht kam. Die Schwierigkeiten waren zu groß. Alle griechischen Staaten waren aufgefordert, dem Bund beizutreten – »Sie wollten versuchen, ganz Hellas zu einigen und zu gemeinsamem Handeln zu bewegen, da doch alle Hellenen ohne Unterschied bedroht waren« (Hdt. 7, 145) –, aber manche Gegensätze waren unüberwindlich. Zwar nicht zwischen Athen und Ägina, wohl aber die zwischen Athen und Theben und zwischen Sparta und Argos. Die Thebaner und Argiver mochten keinem Bund beitreten, in dem sie sich mit ihren Erbfeinden aussöhnen mußten. Umgekehrt traten die Phoker dem Bund bei, weil ihre Nachbarn, die Thessaler, ihm fernblieben.

So konnte von einem panhellenischen Bund nicht die Rede sein. Mit Thessalien und Böotien, außer Plataä und Thespiä, fehlte der größte Teil des Nordens. Und doch war es das erste Mal, daß griechische Staaten sich in diesem Umfang und derart fest miteinander verbanden. Man verpflichtete sich durch feierlichen Eid, den Kampf gemeinsam zu führen und einzeln nicht mit den Persern zu verhandeln.

Der erste Beschluß der Bundesversammlung war ein Friedensartikel, der bestimmte, daß alle bestehenden Fehden zwischen den Bundesmitgliedern sofort einzustellen seien, was vor allem Athen und Ägina betraf.

Der zweite war ein Kriegsartikel. Der Bund drohte allen griechischen Staaten den Krieg an, die sich freiwillig, ohne unmittelbare militärische Bedrohung, den Persern unterwerfen würden. Man war sich klar darüber, daß viele, besonders die kleinen griechischen Staaten einer persischen Besetzung keinen Widerstand entgegensetzen konnten, aber man wollte jeden freien Zulauf zu den Persern unterbinden. Den perserfreundlichen Staaten wurde Eroberung und die Weihung des Zehnten von Land und Beute an das Heiligtum von Delphi angedroht. Die Priesterschaft des pythischen Apollon stand keineswegs im Ruf nationalhellenischer Gesinnung. Der Bund konnte deshalb kaum hoffen, sie durch das Angebot des Zehnten dazu zu bekehren, da den Delphiern ein griechischer Sieg ganz illusorisch erschien. Aber der Bund wollte auf diese Weise wenigstens den nationalen Anspruch an Delphi zum Ausdruck bringen.

Dann fertigten die Bundesgenossen vier Gesandtschaften ab. Man wollte sich nicht von vornherein damit abfinden, daß Argos dem Bund fernblieb. Es war eine Prestige-, aber auch eine strategische Frage. Bei seiner großen Nähe zum Isthmus hätte Argos, wenn es sich aktiv auf die persische Seite stellte, ernsthafte militärische Verwicklungen herbeiführen können. Man forderte also durch eine Sondergesandtschaft Argos noch einmal nachdrücklich zum Beitritt auf. Angesichts der furchtbaren Niederlage mit sechstausend Gefallenen, die sie vor wenigen Jahren durch Kleomenes von Sparta erlitten hatten, löste auch die zweite Aufforderung bei den Argivern wenig Begeisterung aus. Man wollte aber doch den Anschein vermeiden, das gemeinsame Anliegen nicht zu teilen. So stellte man eine Bedingung, von der man wußte, daß sie für Sparta unannehmbar war. Man forderte Beteiligung am Oberkommando und hatte damit die Ablehnung dem Bund zugeschoben. Argos hatte aber auch die Pythia um Rat gefragt und aus Delphi den Spruch erhalten:

»Du, deiner Nachbarn Feind, doch Freund unsterblicher Götter
Halte du ruhig den Speer und bleibe gepanzert zu Hause!
Schüzte und wahre dein Haupt! Das Haupt wird die Glieder beschützen.«

Ein Ratschlag, der mit der Argiver eigener Meinung vollkommen übereinstimmte.

Eine zweite Gesandtschaft soll nach Kreta abgefertigt worden sein. Sie bereitet unserem modernen Verständnis Schwierigkeiten, da Kreta sonst in der archaischen und klassischen Zeit überhaupt keine Rolle spielt. Man hat angenommen, daß man von den Kretern, die als Künstler im Bogenschießen galten, ein Kontingent Bogenschützen erbitten wollte, um gegen die persische Hauptwaffe wenigstens eine gewisse Gegenwehr aufbieten zu können. Aber die Pythia gab den Kretern einen ganz ähnlichen Rat wie den Argivern, und sie sagten ab.

Eine dritte Gesandtschaft ging nach Syrakus, zu Gelon, dem damals mächtigsten griechischen Dynasten auf Sizilien. Diese Gesandtschaft sprach das aus, worüber sie vielleicht konkrete Informationen besaß, was aber der Umfang des persischen Aufgebots ohnehin vermuten ließ, nämlich daß das persische Kriegsziel über Griechenland hinausgriff, und daß nach der Eroberung des griechischen Mutterlandes auch die griechischen Besitzungen in Unteritalien und Sizilien in Gefahr seien. Dieser Bedrohung zuvorzukommen, forderte man Gelon auf, den Streitkräften des Bundes sizilische Aufgebote zu Hilfe zu senden. Es war wahrscheinlich kein Argument, das man nur zu dem Zweck erfunden hatte, Gelons Eigeninteresse anzusprechen. Gelon soll zu außerordentlich großzügiger Hilfe bereit gewesen sein. Angeblich hat er die Entsendung von 200 Trieren, 20000 Hopliten und insgesamt 8000 Reitern, Bogenschützen, Schleuderern und Leichtbewaffneten zugesagt, unter der Bedingung allerdings, daß ihm das Oberkommando übertragen würde. Der spartanische Gesandte lehnte dies Ansinnen als mit der spartanischen Ehre unvereinbar ab, angeblich mit dem wenig taktvollen Zusatz, Agamemnon würde sich im Grabe herumdrehen, wenn er erführe, daß die Peloponnesier das Recht der obersten Kriegführung an Gelon und die Syrakusaner verloren hätten. Hatten doch die Peloponnesier einst im Trojanischen Krieg, dem für alle Zeit größten und berühmtesten Ereignis der griechischen Geschichte, die Führung innegehabt und den Sieg errungen.

Gelon wollte sich dann damit zufriedengeben, daß ihm der Oberbefehl über die Flotte übertragen würde. Von dieser Forderung fühlte sich der Athener Gesandte angesprochen, der trokken bemerkte, nicht weil es einen Führer brauche, habe Griechenland die Gesandtschaft zu ihm geschickt, sondern um Hilfe zu erbitten.

Die Verhandlungen scheiterten, die Gesandten kehrten unverrichteter Dinge in die Heimat zurück.

Gelon soll schließlich auch ohne Erfüllung seiner Bedingungen zur Bundeshilfe bereit gewesen sein, aber da habe ihn zur Zeit des Xerxeszuges der Angriff Karthagos getroffen und alle Mittel für die Selbstverteidigung erfordert. Es ist in der Forschung umstritten, ob es sich um ein zufälliges Zusammentreffen handelt, oder ob Xerxes sich mit Karthago abgesprochen oder gar verbündet hatte, um die griechischen Kräfte in Sizilien zu binden und Gelon später dann vielleicht in einen Zweifrontenkrieg zu verwickeln.

Bei ihrer Rückkehr aus Syrakus hatten die Bundesgesandten noch einen weiteren Auftrag auszuführen, nämlich Kerkyra (Korfu) anzulaufen und diese bedeutende Seemacht auf der

Rückseite des griechischen Mutterlandes ebenfalls zum Beitritt aufzufordern. Die Kerkyräer waren die einzigen, die keine Bedenken hatten, sondern ohne Zögern die Entsendung von sechzig Schiffen zusagten. Die Schiffe liefen auch aus, aber sie segelten nur bis zur Südspitze des Peloponnes und warteten hier in Sicherheit den Verlauf der Ereignisse ab. Den Griechen erzählten sie nach der Schlacht von Salamis, sie hätten natürlich am Kampf teilnehmen wollen, aber wegen der Nordwinde sei es ihnen unmöglich gewesen, um Kap Malea herumzufahren. Hätten die Perser gesiegt, so hätten sie darauf verweisen können, daß sie nicht an den Kampfhandlungen teilgenommen und dem griechischen Bund ihre Hilfe versagt hätten.

Und noch eine weitere Gesandtschaft soll die Bundesversammlung im Herbst 481 abgefertigt haben, eine Gesandtschaft eigener Art, nämlich drei Spione, die sich in Sardes über Stand und Umfang des persischen Aufgebots unterrichten sollten. Sie wären auch nach Sardes gelangt, seien aber dort bei ihren Erkundungen ertappt, ergriffen und vom Satrapen zum Tode verurteilt worden. Zu ihrem Glück habe Xerxes von dem Vorfall erfahren. Er entsandte sofort eine Wache, ihm die Verurteilten vorzuführen, wenn sie noch lebten. Sie lebten noch und wurden vor den König gebracht. Sie wiederholten ihr Geständnis, aber Xerxes hob das Todesurteil auf. Er befahl vielmehr, sie ausgiebig im Heerlager von Sardes herumzuführen und ihnen alles Wichtige zu zeigen, und forderte sie auf, sich alles gut zu merken und in ihrer Heimat ausführlich zu berichten und ihren Landsleuten dann die Frage vorzulegen, ob es nicht klüger sei, sich einer so gewaltigen Übermacht freiwillig zu ergeben.

Das ist eine von den Anekdoten, die es auch und an mehreren Stellen gibt, die die Unbefangenheit und den Weitblick des Xerxes rühmen sollen. Es ist sehr unwahrscheinlich, daß der Hellenische Bund einen solchen Spionagetrupp auf die Reise geschickt hat. Was in Sardes vorging, konnte man viel einfacher und genauso gründlich durch alle möglichen Mittelsmänner in Ephesus erfahren. Und von ihnen wird man in der Tat darüber informiert worden sein, daß der persische Angriff mit einem nie gesehenen Aufgebot an Land- und Seestreitkräften für das kommende Frühjahr geplant war.

Das Konzept der persischen Strategie schrieb dem griechischen

Bund eine ähnliche Art der Kriegführung vor, und man wird sich gewiß schon auf dieser ersten Bundesversammlung vom Herbst 481 darüber klargeworden sein, daß nur eine kombinierte Heeres- und Flottenstrategie Aussicht hatte, dem persischen Angriff erfolgreich zu begegnen. Und es konnte hierbei auch keine Frage des Primates geben, beide Gattungen waren gleich wichtig. Ein griechisches Heer ohne Flottendeckung war dem offenen Angriff der persischen Flotte und vor allem immer auch der Landung feindlicher Truppen in seinem Rücken ausgesetzt. Eine griechische Flotte ohne eigene, das heißt, von eigenen Truppen besetzte Küste aber war nur begrenzt operationsfähig, da man auf offener See nur ausnahmsweise übernachten konnte. Die Raumverhältnisse auf den antiken Schiffen erforderten, daß man an Land stationiert war. Besonders stark war man auch in der Wasserversorgung von eigenen Stützpunkten abhängig.

So war der alte Antagonismus Hopliten oder Flotte gegenstandslos geworden. Beide standen nun gleichgewichtig nebeneinander. Das Verdienst des Themistokles wurde dadurch allerdings nicht geschmälert. Ohne seine Weitsicht hätte es eine griechische Flotte, die den Persern entgegentreten konnte, nicht gegeben, und ohne eine solche Flotte wären wiederum auch die Hoplitenscharen nur von vermindertem Wert gewesen.

Nicht zuletzt ist auf diesem ersten Kongreß auch die Frage des Oberbefehls verhandelt worden. Der Anspruch Spartas nicht nur auf das Oberkommando über die Landstreitkräfte, sondern auf den allgemeinen Oberbefehl war unanfechtbar. Es stellte dasjenige Heer, das von allen griechischen als das beste, ja überhaupt für unbesiegbar galt, und es stellte mit seinen peloponnesischen Verbündeten Kern und Hauptteil des neuen Bundes. Es hätte aber sachlich wie diplomatisch nahegelegen, daß Athen den Oberbefehl über die Flotte erhielt. Die Athener brachten ihre große Flotte natürlich in den Bund ein, weil sie davon ausgingen, die Führung der Gesamtflotte zu übernehmen. Die Bundesgenossen widersetzten sich aber einem solchen Anspruch (Hdt. 8, 3), vor allem vermutlich die Ägineten. Aber auch die Spartaner selbst mochten den Athener Zielsetzungen nicht trauen und lieber an der Einheit des Kommandos festhalten, auch wenn sie selbst in der Kriegführung zur See nicht gerade erfahren waren. Für Athen war es eine harte Zumutung. Es ist wahrscheinlich das

Verdienst des Themistokles gewesen, der die Athener Abordnung leitete, wenn sich an diesem kritischen Punkt keine Mißstimmung oder gar Differenz entzündete, sondern die Athener, um die gemeinsame Sache zu retten, ihre berechtigten Ansprüche aufgaben.

Die Expedition ins Tempetal

Die erste militärische Maßnahme, die der Hellenische Bund beschloß, war angeblich die Entsendung eines großen Truppenkontingents von 10000 Mann an den Olymp, ins Tempetal, zur Sicherung der Nordgrenze Griechenlands durch Abriegelung des Übergangs von Makedonien nach Thessalien.

Die Überlieferung darüber lautet so:

Da das mächtigste Fürstengeschlecht in Thessalien, die Aleuaden, unverhohlen persophil war, nicht zuletzt, weil es hoffte, seine Vorrangstellung im Thessalischen Bund mit Hilfe der Perser zu einer erblichen Herrschaft auszubauen, so soll die Anregung zu der Tempe-Expedition von den nationalistischen Kreisen Thessaliens ausgegangen sein. Sie schickten eine Gesandtschaft an den Bundesrat auf dem Isthmus mit dem Antrag, den Tempe-Durchgang zu verteidigen. Der Bund entsprach ihrer Forderung und entsandte, gegen den Willen des mächtigsten thessalischen Fürstengeschlechts, 10000 Hopliten nach Thessalien, 5000 Peloponnesier unter Führung des spartanischen Feldherrn Euainetos und 5000 Athener unter Führung des Themistokles, im ganzen 20000 Mann, da jeder Hoplit wenigstens von einem Waffenträger begleitet war. Es war um die Zeit, als sich Xerxes noch in Abydos auf dem asiatischen Ufer befand und gerade im Begriff war, nach Europa überzusetzen, also etwa Mitte April 480.

Die Truppen wurden zu Schiff nach Norden transportiert – offenbar sollte die Bundesflotte ihre Tauglichkeit schon einmal an einem Transportunternehmen erweisen – und in Halos, auf der Westseite des Golfs von Pagasä ausgeschifft, von wo aus es zu Fuß weiterging. Der Aufenthalt der Schutztruppe im Tempetal dauerte indessen nur wenige Tage (Hdt. 7, 173). Dann erfuhr man nämlich, daß ein weiterer Übergang von Makedonien nach

Thessalien durchs Gebirge führe, die Abriegelung des Tempetals also nutzlos sei, und kehrte, wie man gekommen, zuerst zu Fuß und dann zu Schiff nach Hause zurück. Der Hellenische Bund hatte also Truppen in Stärke von 20000 Mann 370 bis 630 km weit entsandt, je nachdem, ob sie aus Athen oder Sparta oder irgendwoher aus der Mitte stammten, sozusagen nur, um zu erfahren, daß das Tempetal nicht die einzige Verbindung zwischen Makedonien und Thessalien war.

Ist das glaublich? Es klingt jedenfalls nicht sehr danach, und das aus mehr als einem Grund.

Es ist wenig wahrscheinlich, daß im Hellenischen Bundesrat »Mitternacht herrschte«, wie die Griechen bei totaler Unkenntnis sagen, Mitternacht über die Verbindungswege zwischen Makedonien und Thessalien. Es ist aber ganz und gar unglaubhaft, daß die thessalische Gesandtschaft bei ihrem Antrag nicht hinreichend Auskunft darüber gegeben hätte – sie hätte sich ja eines schweren Informationsversäumnisses schuldig gemacht –, oder bei den Verhandlungen nicht eingehend darüber befragt worden wäre.

Aber machen wir die ganz unwahrscheinliche Voraussetzung, daß man den wahren Tatbestand wirklich erst an Ort und Stelle erfuhr. Was wäre die natürliche Folge gewesen? Hier ist die Angabe von den »wenigen Tagen« nicht nur verdächtig, sondern geradezu entlarvend. Denn die normale Folge wäre gewesen, daß man zunächst einmal die Wegeverhältnisse genau recherchiert und dann dem Bundesrat Meldung erstattet hätte, um seine Entscheidung abzuwarten, aber nicht, daß man auf die unangenehme Entdeckung hin »nach wenigen Tagen« mit 20000 Mann fröhlich wieder dahin zurückkehrte, wo man hergekommen war. So schnell konnten weder die Boten die Nachrichten überbringen, zum Isthmus und wieder zurück, noch der Bundesrat seine Entscheidung fällen.

Und bei einiger Beherztheit hätte diese Entscheidung nur lauten können: Dann müsse eben auch der Gebirgsübergang abgeriegelt werden. Einen Gebirgspaß zu schließen, ist eine genaue, fest umrissene Aufgabe, auch konnten dazu vor allem die Einheimischen selbst eingesetzt werden, die ja auch ihren Verteidigungsbeitrag leisten wollten und vor allen anderen am Gelingen interessiert waren. Will man aber den kleinmütigen Abzug »nach wenigen Tagen« für bare Münze nehmen, so kann man daraus nur schließen, daß es weder dem Bundesrat noch den Thessalern selbst mit der Verteidigung Thessaliens jemals ernst war.

Einer der Haupteinwände gegen ihre Historizität ist schließlich der Zeitpunkt der Tempe-Expedition. Die Perser standen damals, wie wir hörten, überhaupt noch auf dem asiatischen Ufer. Bis sie Thrakien und Makedonien durchquert hätten, würden Monate vergehen, und zwar drei, ein ganzes Vierteljahr. Was sollte also eine Entsendung zu einem so frühen Zeitpunkt? Strategisch war sie völlig sinnlos. Es war zunächst vor allem eine politische Demonstration, sagt man. Der Bund wollte den propersischen Kreisen Thessaliens unzweideutig zu verstehen geben, daß er entschlossen war, ihnen energisch entgegenzutreten. Aber mit dem kleinmütigen Rückzug nach wenigen Tagen hätte man ihnen ja das genaue Gegenteil bewiesen! Und wäre zu einer solchen Demonstration ein Aufgebot von 20000 Mann erforderlich gewesen?

Und glaubt man im Ernst, Themistokles sei der Mann gewesen, der einfach so, wegen Fehlanzeige, das Bundesheer hätte kehrtmachen lassen – wenn er wirklich dabeigewesen wäre. Aber Themistokles ist ja gerade gegen seinen Willen zur Teilnahme an dem Unternehmen gezwungen worden, das er von vornherein für sinnlos hielt, wendet man mit Plutarch (Them. 7,2) ein. Doch auch das ist ganz unglaubwürdig. Denn Themistokles hätte sich kaum an die Spitze eines von ihm für sinnlos gehaltenen Unternehmens stellen lassen, wo nichts daran hinderte, einen der neun anderen Athener Strategen mit dieser unerwünschten Aufgabe zu betrauen.

Wenn aber Labarbe nicht nur annimmt, daß der Fehlschlag der Tempe-Expedition Themistokles willkommen war, sondern daß er ihn notfalls selbst herbeigeführt hätte (*La loi navale*, S. 120), so steht eine solch unreflektierte Verdächtigung des Themistokles auf Hochverrat außer jeder Diskussion.

Man liest in modernen Darstellungen des Tempe-Unternehmens, König Alexander I. von Makedonien sei es gewesen, der das Bundesheer und seine Führer auf die Existenz des Umgehungsweges aufmerksam gemacht und sie darüber informiert habe, daß bereits an seinem Ausbau für die Benutzung durch die persischen Truppen gearbeitet werde. Auf seinen Rat hin habe man dann den Plan aufgegeben. Aber das ist eine rationalisierende Zurechtlegung. Der Bericht bei Herodot lautet 7, 173 vielmehr so:

»Aber das Heer blieb nur wenige Tage dort (im Tempetal). Es kamen Boten von den makedonischen Fürsten Alexander, dem Sohn des Amyntas, die ihnen zum Abzug rieten. Sie sollten sich nicht in dem Engpaß von dem anrückenden Heer erdrücken lassen. Dabei schilderten sie ihnen die gewaltige Größe des Heeres und der Flotte. Diesem Rat folgten sie, weil er ihnen gut schien und die freundschaftliche Gesinnung des Makedonen bewies. Meiner Meinung nach spielte auch die Furcht mit. Sie erfuhren nämlich, daß es noch einen zweiten Paß nach Thessalien gab, im oberen Makedonien im Gebiet der Perrhaiber bei der Stadt Gonnos, wo denn auch das Heer des Xerxes eindrang. Die Griechen marschierten also wieder zu ihren Schiffen und fuhren nach dem Isthmus zurück.«

Hier tritt also durch die Boten des Königs ein ganz anderes Argument auf, und das Hauptargument erscheint in merkwürdiger Sekundärstellung. Der König macht ihnen angeblich die ungeheure Stärke des Gegners vorstellig, und sie ist es eigentlich, vor der sie nun in einer wenig überzeugenden Reaktion zurückschrecken, denn das sagte ihnen ja nichts Neues, und woher wußte Alexander von Makedonien mehr als ein anderer von der Größe des Perserheeres zu berichten, das sich vorläufig noch auf asiatischem Boden befand? Merkwürdig schwach und abgleitend ist auch die Begründung: »Diesem Rat folgten sie, weil er ihnen gut schien und die freundschaftliche Gesinnung des Makedonen bewies.«

Und erst dann, sozusagen nur als Nachgedanke, folgt bei Herodot der eigentlich gravierende Umstand, die Existenz des Umgehungsweges. Ein merkwürdiger, zwiespältiger Bericht, eine merkwürdige Verkehrung der Argumente, die nicht für ein authentisches Zeugnis sprechen.

Die Geschichte von der Tempe-Expedition wird aber nicht zuletzt dadurch als Erfindung erwiesen, daß sich einleuchtend angeben läßt, welchem Zweck sie diente.

Nach dem siegreichen Abschluß der Perserkriege mußte es dem griechischen Nationalstolz peinlich sein, daß man niemals den Versuch gemacht hatte, Griechenland als ganzes zu verteidigen, wie es den Thessalern peinlich sein mußte, von vornherein auf persischer Seite gestanden und sich um die griechische Sache niemals gekümmert zu haben. Mit der Erfindung der Tempe-Expedition war beiden geholfen. Der griechische Bund hatte angeblich einen Versuch gemacht, auch Thessalien zu verteidigen, war aber einfach an der Wegelage gescheitert. Und auch Thessalien fand sein Nationalbewußtsein salviert. Es hatte angeblich den Hellenischen Bund zu Hilfe gerufen, war aber von ihm schon bald im Stich gelassen und damit unverschuldet den Persern in die Arme geliefert worden.

So mußte Herodot zwar mit der Feststellung beginnen: »Die Thessaler waren die ersten, die zu den Persern übergingen«, konnte nun aber fortfahren: »der Not gehorchend, wie sie bewiesen, denn . . .«

Der Evakuierungsbeschluß

Der persische Angriff stellte nicht nur militärische, sondern viel weitreichendere Fragen, zumindest für Athen, denn er bedrohte Griechenland mit Eroberung, Athen aber mit Vernichtung. Die Athener hatten das Schicksal der Milesier und Eretrier vor Augen, und es war zu entscheiden, ob sie dem gleichen Schicksal ergeben entgegenharren und es dem Kriegsglück überlassen wollten, sie zu retten, oder ob es noch andere Auskünfte gab.

Wie wir wissen, ist Attika in den Tagen vor Salamis evakuiert worden. Nach der Darstellung des Herodot handelte es sich um eine Maßnahme letzter Stunde, ausgelöst durch den Heroldsruf: »Rette sich, wer kann!« In der Forschung ist anhaltend und umständlich diskutiert worden, ob der Evakuierungsbeschluß erst nach Thermopylä oder schon vorher gefaßt wurde. Nach Herodot handelte es sich, wie gesagt, um einen Aufruf letzter Stunde. Nach der Inschrift von Troizén dagegen (unten Seite 281 f.) wurde der Evakuierungsbeschluß schon vor Thermopylä gefaßt. Die Inschrift ist jedoch umstritten. Ganz unabhängig davon aber, was Herodot und was die zweifelhafte Inschrift von Troizen schreibt, ist es völlig undenkbar, daß man sich in einer so wichtigen Sache, wo die Existenz, nicht des Staates, sondern jedes einzelnen Bürgers auf dem Spiel stand, der leichtfertigen Gedankenlosigkeit des »Kommt Zeit, kommt Rat« ergeben hätte. Von dem Augenblick an, wo kein Zweifel mehr war, daß Persien angriff, war für jeden Athener die Frage akut, was im äußersten Fall geschehen sollte. Eine Niederlage war auf keinen Fall auszuschließen und erschien sogar eher wahrscheinlich. Sollte damit alles besiegelt sein?

Der Gedanke der Evakuierung wird schon früh in vielen Köpfen aufgetaucht, er wird auch schon bald öffentlich diskutiert worden sein. Bis zu einem Beschluß der Volksversammlung war es freilich noch lange hin. Aber die verantwortungsvollen Bürger waren sich im klaren darüber, daß die Evakuierung der gesamten attischen Bevölkerung von sicher mehr als 100000 Zivilisten eine ungeheure organisatorische Aufgabe bedeutete, die frühzeitige Vorbereitung verlangte. Standen die Perser erst einmal im benachbarten Böotien, war es bereits zu spät. Es hat alle Wahrscheinlichkeit für sich, daß man mit der Evakuierung begann, sobald die Perser makedonisches Gebiet erreicht hatten. Die Reichen und die Realisten werden die ersten gewesen sein, die Athen verließen, die ersteren, um außer ihren Familien auch einen großen Teil ihres Besitzes in Sicherheit zu bringen, solange noch geordnete Transportverhältnisse bestanden – und manche reiche Athenerin wird in Ägina und Troizén vermutlich mehr Freiheit genossen haben als bisher in Athen –, und die Realisten sagten sich, daß mit Aufschieben gar nichts gewonnen und es das einzig Vernünftige sei, sich mit dem Unvermeidlichen so schnell wie möglich abzufinden und sich in Ägina und Troizen ein passables Quartier zu suchen, solange es noch welches gebe. Die große Menge aber, die an ihrer leeren Hoffnung einen schlimmen Betrüger hatte, verhielt sich zunächst abwartend in dem Glauben, daß das Äußerste vielleicht doch nicht eintreten werde.

Die Evakuierung verfolgte und erfüllte einen doppelten Zweck. Zum einen rettete sie die Bevölkerung. Frauen und Kinder wurden nach Ägina und Troizen evakuiert, die nicht mehr wehrfähigen Alten aber und Sklaven zu Hilfsdiensten nach Salamis, wohin auch der Rat und die Behörden umgesiedelt wurden. Zum anderen erfüllte sie den militärischen Zweck, den feindlichen Vorstoß ins Leere laufen zu lassen und um seine Wirkung zu bringen. Die Perser konnten zwar das, was sie in der Stadt und auf dem offenen Land noch vorfanden, vernichten und zerstören, aber ihre Truppen bekamen keinen Gegner zu fassen, die Besetzung blieb ohne Sieg und Entscheidung. Das Verfahren mag an die Strategie der verbrannten Erde erinnern und war in Wirklichkeit doch viel radikaler. Es wurde nicht ein Teil des Territoriums preisgegeben, eine Randzone, um das Kerngebiet zu retten, sondern es wurde das gesamte Staatsgebiet aufgegeben. Der athenische Staat rückte sozusagen von der Stelle, begab sich auf Wanderschaft, war territorial überhaupt nicht mehr existent und selbst in seinen Menschen auf drei getrennte Siedlungsgebiete verteilt. Es war eine Lösung von einer Radikalität, wie sie bei modernen Staaten allein schon wegen ihrer Größe überhaupt nicht mehr denkbar ist.

In archaischer Zeit war der Fall dagegen keineswegs so einzigartig, wie er zunächst erscheinen mag, wenn auch Athen immer das berühmteste und auch quantitativ größte Beispiel bleibt.

Da ist z. B. der Rat des Bias von Priene, der unter die Sieben Weltweisen gerechnet wird. (Seine Spruchsammlung beginnt mit der tristen Feststellung, »die meisten Menschen sind schlecht«. Mit solchen Sprüchen konnte man damals Weltweiser werden.) Als nach der Eroberung von Sardes 546 Kyros sich anschickte, Ionien zu besetzen, da riet Bias von Priene seinen Stammesgenossen, sie sollten ihre Heimat aufgeben und alle miteinander nach Sardinien auswandern (Hdt. 1, 170).

Während des Ionischen Aufstands, 494, zur Zeit des Angriffs auf Milet, hatte Hekataios der Geograph seinen Mitbürgern geraten, sie sollten ihre Mutterstadt aufgeben und nach der Insel Leros übersiedeln (Hdt. 5, 125). Als, ebenfalls im Ionischen Aufstand, die Karer von den Persern die erste schwere Niederlage erlitten hatten – später brachten sie ihnen selber eine vernichtende bei –, »da hielten sie Rat, wie sie sich retten könnten, ob sie sich den Persern ergeben oder gänzlich aus Asien auswandern sollten« (Hdt. 5, 119). Die Byzantier und Chalkedonier sollen, um 493 dem Strafzug der phönikischen Flotte zu entgehen, ihre Städte aufgegeben und sich in Mesembria am Schwarzen Meer angesiedelt haben, das wie sie ebenfalls eine megarische Kolonie war (Hdt. 6, 33).

Das merkwürdigste Beispiel bleibt aber immer Phokäa, die nördlichste der zwölf ionischen Städte und nach Milet die fruchtbarste aller griechischen Mutterstädte. Massalia (Marseille) ist seine berühmteste Gründung (um 600). Als Harpagos, der Feldherr des Kyros, die Stadt belagerte und zur Übergabe aufforderte, baten sich die Phokäer einen Tag Bedenkzeit aus, den sie auch erhielten. Da schifften sie ihre Frauen und Kinder ein, verluden ihr Hausgerät, die Götterbilder aus den Tempeln und alle Weihgeschenke, die beweglich waren, und fuhren nach Chios. Die menschenleere Stadt überließen sie den Persern. Die Chier wollten ihnen aber aus Konkurrenzangst die erbetenen Inseln nicht verkaufen. Da beschlossen sie, weit nach dem Westen zu fahren und sich auf Korsika anzusiedeln, wo sie zwanzig Jahre früher die Stadt Alalia, das heutige Aleria, gegründet hatten. Unterwegs ergriff aber die Hälfte von ihnen so mächtig das Heimweh, daß sie umdrehten und in ihre Stadt zurückkehrten. Die anderen aber siedelten sich auf Korsika an. Hier wurden sie später von den vereinigten Etruskern und Karthagern vertrieben, flüchteten sich nach Unteritalien und gründeten dort die Stadt Elea, die Heimat einer der bedeutendsten antiken Philosophenschulen (Hdt. 1, 163–67).

Das Schicksal und die Rückkehr der Phokäer mag die Athener in ihren Ängsten getröstet haben.

Die Pythia persophil?

In ihrer Not wandten sich die Athener natürlich auch an das Orakel von Delphi – und wurden von der Pythia hart angefahren: »Was sitzt ihr, Elende, hier!« Es klingt so, als habe die Pythia die Anfrage der beiden Athener Gesandten gar nicht erst angehört, sondern sie gleich fortgescheucht:

»Elende, was sitzt ihr hier? An die Enden der Erde
Flieh aus der Stadt, der runden, mit ragendem Felsen!
Denn nicht das Haupt, nicht der Leib bleibt unversehrt dir erhalten,
Nicht die Füße am Boden, die Hände nicht, nicht die Hüfte
Bleibt dir verschont, sondern elend fällt es zum Opfer dem Feuer,

Rechts: Landschaft bei Termopylä. – Folgende Seite: Meerenge von Salamis.

Oder dem wütenden Ares, auf assyrischem Wagen dich
jagend.
Nicht nur deine allein, viel andere Burgen zerstört er.
Viele Tempel der Götter verzehrt er mit gierigem Feuer.
Triefend vom Schweiß der Angst und zitternd und bebend
vor Schrecken
Stehen sie jetzt schon da. Es rinnt von den obersten Zinnen
Schwarzes Blut und verkündet den Zwang unentrinnbaren
Unheils.
Fort aus dem Heiligtum hier! Und wappenet euch für das
Unglück!«

So war noch niemals eine offizielle Gesandtschaft vom Orakel abgefertigt worden. Inhaltlich aber riet die Pythia den Athenern das gerade Gegenteil von dem, was sie den Argivern angeraten hatte: die Heimat zu verlassen, fluchtartig, ohne Kampf, nicht als Strategie und taktische Maßnahme, um sie wiederzugewinnen, sondern um sie aufzugeben, ganz und für immer. Die Athener nicht nur fort aus Attika, sondern fort aus Griechenland, irgendwo im Westen des Mittelmeers eine neue Heimat suchend, wie die Phokäer!

Daß Athen evakuiert werden sollte, war den Gesandten vertraut. Und hier konnte das Orakel mit seiner Anweisung zur Flucht denen, die sich in ein Verlassen der Heimat nicht finden konnten, hilfreich sein. Aber man wollte Athen räumen, um es zurückzugewinnen. Das Orakel jedoch verkündete Auswanderung ein für allemal. Mit einem solchen Bescheid wagten die Gesandten nicht, nach Hause zurückzukehren. Aber wie war ihnen zu helfen? Timon, ein angesehener Delphier, riet ihnen, sich noch einmal an die Gottheit zu wenden, als Schutzflehende, und die Anfrage zu wiederholen. Die beiden Athener legten, wie es für Schutzflehende vorgeschrieben war, mit Wolle umwundene Olivenzweige auf dem Altar Apollons nieder und erklärten, sie würden das Heiligtum nicht eher verlassen, als bis die Pythia sie mit einem neuen Orakel beschieden habe. Und siehe, die Pythia

Links oben: Streitwagen aus der Mauer des Themistokles. – Unten: Mauerabschnitt aus der Mauer des Themistokles. – Vorangehende Seite: Landschaft bei Platää.

gab dieser Drohung eines Sitzstreiks nach und ließ sich zum zweitenmal vernehmen:

»Nicht einmal Pallas Athene vermag mit flehenden Bitten,
Noch mit verständigem Rat den Zorn des Zeus zu
erweichen.
Dir aber sag ich ein Wort, ein neues, untrüglich wie Eisen:
Alles wird überwältigt, was liegt vom Hügel des Kekrops[1]
Bis zu den Schluchten hin des göttlichen Berges Kithäron.
Nur die hölzerne Mauer läßt Zeus seiner Tritogeneia[2],
Sie allein bleibt heil zur Rettung für dich und die Kinder.
Du aber sollst nicht erwarten die großen Scharen vom
Festland,
Reiter und Krieger zu Fuß, nein, weiche und wende den
Rücken!
Später fügt es die Zeit, daß du deinen Feinden begegnest.
Salamis, göttliche Insel, du mordest die Söhne der Frauen,
Wenn gebracht wird das Korn zur Aussaat oder zur
Ernte.«

Die Pythia hatte sich in Unkosten gestürzt. Noch einmal zwölf Verse! Trotz der Ungewöhnlichkeit, ja Einzigartigkeit dieses Vorgangs der Erteilung eines zweiten Orakels, wird er doch von niemandem angezweifelt. Die beiden Gesandten konnten sich beglückwünschen. Zwar blieb die Aufforderung zur Flucht bestehen, aber nun nicht mehr als das Ende von allem, sondern in Übereinstimmung mit dem Evakuierungsbeschluß: Man wich dem Feind, um ihm später entgegenzutreten. So prophezeite es nun auch das Orakel, ja, es erlaubte nun nicht nur den Kampf, sondern verhieß sogar Rettung mit Hilfe der hölzernen Mauer. Was das war, würden in Athen die Chresmologen, die offiziellen Orakeldeuter, herausbringen. Jedenfalls gab es nun Hoffnung, und erleichtert kehrten die Gesandten in die Heimat zurück.

Dem Orakel wurden in Athen dreierlei Auslegungen zuteil. Die Chresmologen beschäftigten sich wider Erwarten mit der hölzernen Mauer überhaupt nicht, sondern rieten rundheraus vom Kampf ab, sagten, man dürfe überhaupt keine Hand rühren,

[1] die Akropolis
[2] Athene

sondern müsse Attika endgültig verlassen und sich anderswo ansiedeln, sei es, daß sie nur das erste Orakel anerkannten, sei es, daß sie das zweite gewaltsam im Sinne des ersten auslegten, was praktisch auf dasselbe hinauslief (Hdt. 7, 143). Man kann sich der Folgerung nur schwer entziehen, daß die Chresmologen die Wiederholung des Orakels für ungültig hielten und nur den ersten Spruch anerkannten.

Die Athener wollten sich aber die Hoffnung, die das zweite Orakel offenließ, nicht rauben lassen, sich die Verheißung nicht nehmen lassen, die der hölzernen Mauer galt. Was konnte das *xýlinon teĩchos* bedeuten?

»Von den älteren Leuten behaupteten viele, der Gott meine, daß die Akropolis erhalten bleibe. Denn die Akropolis von Athen war vor Zeiten von einer Dornenhecke *(rhēchós)* umzäunt gewesen. Das sei, meinten sie, die hölzerne Mauer.

Die anderen sagten, der Gott meine die Schiffe. Darum solle man die Flotte instand setzen und alles andere beiseite lassen« (Hdt. 7, 142).

Die zweite Auslegung setzte sich unter Nachhilfe der Anhänger des Themistokles allgemein durch, und so kam es sogar zu dem Volksbeschluß, zusätzlich zu dem Flottenbaudrekret des Themistokles noch weitere Schiffe zu bauen:

»Die Athener beschlossen jetzt, zu den bereits vorhandenen Schiffen noch weitere zu bauen, und so endete die Beratung über den Orakelspruch damit, daß sie den Angriff der Barbaren zur See erwarteten und ihnen, getreu der Weisung des Gottes, mit ganzer Macht und mit allen Hellenenstädten, die sich anschließen würden, gemeinsam entgegentreten wollten« (Hdt. 7, 144).

Vielfach wird angenommen, Themistokles habe selbst das Orakel von der hölzernen Mauer veranlaßt, um seinen Seekriegsplänen göttliche Sanktion zu geben und allen menschlichen Widerspruch aufzuheben. Weil berichtet wird, daß König Kleomenes von Sparta einmal das delphische Orakel manipuliert hat, meint man, es sei auch weiter energischem Zudringen gefügig gewesen.

Der Annahme steht zunächst im Wege, daß nach der Darstellung des Herodot das zweite Orakel vom ersten nicht zu trennen ist. Das erste war aber für Themistokles ganz unbrauchbar. Hat er seinen Einfluß erst beim zweiten geltend gemacht? Es blieb aber gar keine Zeit, ihn über die Unbrauchbarkeit des ersten zu informieren. Wie, muß man sich aber vor allem fragen, soll die Einflußnahme des Themistokles praktisch vor sich gegangen sein? Drei Fälle sind dabei denkbar, mehr nicht:

1. Mit oder ohne Initiative des Themistokles wurden Gesandte mit einer Anfrage nach Delphi geschickt, und Themistokles legte der Pythia, besser noch dem Propheten, der die ekstatischen Äußerungen der Pythia versifizierte, in Hexameter faßte, die gewünschte Antwort direkt in den Mund.

2. Das Orakel wurde normal erteilt, aber Themistokles veranlaßte die Gesandten, das echte Orakel zu unterdrücken und durch das seine zu ersetzen.

3. Es wurde in Wirklichkeit gar kein Orakel erteilt, sondern ein von Themistokles fingiertes in Umlauf gesetzt.

In der Praxis sind alle drei Möglichkeiten gleich undenkbar. So kann die »hölzerne Mauer« nicht zustande gekommen sein.

Da ist dann noch die ominöse 11. Zeile: »Salamis, göttliche Insel, du mordest die Söhne der Frauen.« Diese Zeile ist deutlich nachträglich. Denn die genaue Lokalangabe »Salamis« dieser vorletzten Zeile steht in befremdlichem Gegensatz zu der ganz unbestimmten Temporalangabe der letzten Zeile: »wenn gebracht wird das Korn zur Aussaat oder zur Ernte.«

Wie sollte das Delphische Orakel, das nicht einmal wußte, welcher Seite der Sieg zufallen würde, ausgerechnet diese Einzelheit erraten, daß er bei Salamis errungen würde? Stammt also nicht wenigstens diese Zeile von Themistokles? Haben doch manche Althistoriker geradezu von einer Salamis-Strategie des Themistokles gesprochen.

Aber weder kann diese Zeile von Themistokles stammen, denn sie könnte dann ebenfalls nur auf eine der drei obigen Weisen in das Orakel hineingekommen sein, noch hat es so etwas wie eine Salamis-Strategie des Themistokles je gegeben. Was erkennbar ist, ist eine Seekriegsstrategie des Themistokles, aber keine Festlegung auf einen bestimmten Ort. Das wäre ja ganz unrealistisch gewesen. Zu dem wenigen, was die Geschichte an Generellem lehrt, gehört, daß Seeschlachten zu den unvorhersehbarsten, unberechenbarsten Ereignissen überhaupt gehören. Der Peloponnesische und der Erste Punische Krieg sind voll von den unwahrscheinlichsten Verwicklungen und Wechselfällen zur See, und noch die größte Seeschlacht der Neuzeit, die bei Skagerrak, hat sich für beide Seiten überraschend, zufällig, sozusagen akkumulativ entwickelt. Selbst wenn Themistokles die Lage von Salamis besonders günstig erschienen wäre, wie sollte er sicher sein, dem Gegner dort die Schlacht vorschreiben zu können? Auch ist kein Zweifel, daß er selbst den Ort der Schlacht viel weiter nördlich gewählt hätte, spätestens irgendwo um Euböa, um die Perser gar nicht erst bis nach Attika vordringen zu lassen und ihm das Schicksal der Evakuierung und Verwüstung zu ersparen. Die Salamis-Zeile ist keine Prophetie, weder der Pythia noch des Themistokles, sondern ein ganz gewöhnliches *vaticinium ex eventu*, ein Nachtrag nach dem wirklich Eingetretenen.

Was aber meinen die Worte »du mordest die Söhne der Weiber?« Mit »Weibersöhnen« ist eine verächtliche Bezeichnung der Perser gemeint, dem vergleichbar, was wir mit Muttersöhnchen bezeichnen. Eine schöne Illustration dazu gibt eine Erzählung bei Xenophon und Plutarch. Danach suchte König Agesilaos von Sparta auf seinem Feldzug in Kleinasien, als sich seine Soldaten vor den Persern fürchteten, ihnen dadurch Mut zu machen, daß er ihnen einige persische Gefangene nackt vorführen ließ. Als die Soldaten sahen, wie weiß und weichlich ihre Gegner aussahen, weil sie nie nackt Sport getrieben hatten, wurden sie zuversichtlich, weil der Kampf »wie gegen Weiber sein würde«.

Wie steht es aber nun um die aufregende Frage der Perserfreundlichkeit des Delphischen Orakels? Den Knidiern, den Argivern, den Kretern hatte das Orakel auf ihre Anfrage geraten, sich vom Kampf fernzuhalten. Die Athener hatte es ursprünglich aufgefordert, sich überhaupt auf- und davonzumachen. Ergriff das Orakel die Partei des Landesfeindes? Man hat die delphische Priesterschaft damit zu rechtfertigen gesucht, sie habe nicht dem Siege der Perser das Wort geredet, sondern nur verantwortlich den Anfragenden dasjenige angeraten, was ihrer Meinung nach für die Betreffenden das Dienlichste sein werde. Sie habe die Zerstörung von Milet und Eretria vor Augen gehabt und sie vor einem ähnlichen Schicksal bewahren wollen. Die erste Sorge des Orakels wird aber doch die gewesen sein, seine eigene Glaubwürdigkeit zu bewahren, und da sagte es eben das voraus, was ihm als das Wahrscheinlichere erschien. Und dabei griff es fehl. Fürs Wahrscheinliche braucht man ja auch kein Orakel. Hat es also nicht als panhellenische Institution, so hat es doch zumindest als Orakel versagt.

Die Griechen haben ihm aber diese Fehlleistung offenbar nicht weiter übelgenommen, denn sie entrichteten ihm Zehnten und Weihgaben ungeschmälert wie bisher.

Zug nach Westen

Um die außerordentliche Länge des Heereszuges abzukürzen und den Vormarsch zu beschleunigen, marschierte von Doriskos an das Heer des Xerxes, wo nicht Engpässe das verhinderten, in drei parallelen Kolonnen, die jeweils von zwei Feldherren geführt wurden. Xerxes selbst befand sich bei der mittleren.

Daß durch diese Marschordnung die Küstenstädte von der Versorgung entlastet wurden, sie nur die unmittelbar durchziehenden Truppen zu verpflegen hatten, ist kaum anzunehmen, denn die übrigen konnten in den thrakischen Dörfern schwerlich satt werden. Jedenfalls soll die Insel Thasos für die Bewirtung des Xerxes-Zuges in ihren Festlandsstädten nicht weniger als vierhundert Talente haben aufwenden müssen, die Staatseinnahmen zweier ganzer Jahre (10,4 Tonnen Silber). Und die Einwohner von Abdera priesen sich glücklich, daß sie dem Xerxes nur eine Hauptmahlzeit auszurichten brauchten, denn wenn sie ihm auch das Frühstück hätten bereiten müssen, wäre der Staatsbankrott über sie hereingebrochen.

Bald hinter Abdera war der Nestos zu überschreiten. Die große Barriere des Pangäongebirges wurde südlich durch das breite fruchtbare Tal des Symvolon umgangen, wo auch heute die Straße entlangführt. Bei Eïon wurde der Strymon erreicht und damit die Westgrenze Thrakiens. Von den Thrakern aber berichtet Herodot, daß sie noch zu seiner Zeit das Land, über das Xerxes gezogen war, nicht umpflügten und bestellten, sondern unberührt ließen und heilighielten, als ob es ein Gott gewesen wäre, der sie heimgesucht hatte.

Dem Strymon brachten die persischen Priester weiße Pferde zum Opfer dar. Der Fluß war überbrückt, vermutlich mit mehreren parallelen Pontonbrücken, eine in der Nähe der Kreuzung, die *Neunwege (Ennéa hodoí)* hieß, wo später Amphipolis gegründet wurde. Als die Priester den Namen des Ortes erfuhren, sollen sie dort neun Jungen und Mädchen der Eingeborenen geopfert haben, indem sie sie lebendig begruben. Wenn aber Herodot erklärend hinzufügt, »Menschen lebendig zu begraben, ist persische Opfersitte« (7, 113), so irrt er. Es gab vielleicht überhaupt keine derartige Sitte, die ein so furchtbares Opfer forderte.

Bei Argilos hätte das Heer weiter nach Westen ziehen müssen, aber Xerxes bog hier nach Süden ab, um den Athoskanal zu besichtigen, und es besteht wenig Zweifel, daß er auch einen Teil des Heeres mit sich nach Akanthos führte, um dem Bau die gehörige Zahl von Bewunderern zu verschaffen. Er beschenkte, wie wir schon hörten, die Akanthier für ihren Eifer beim Bau des Kanals mit persischen Gewändern und ernannte sie zu seinen Gastfreunden. Er konnte sich davon überzeugen, daß sich der Kanal bewährte. In langen Reihen fuhren die Schiffe geschützt und sicher in den Golf von Singos hinüber.

In Akanthos trennten sich also Heer und Flotte, um sich erst in Therme wieder zu vereinigen. Die Schiffe umfuhren die mittlere und westliche Halbinsel der Chalkidike und liefen dann in den Golf von Therme ein. Xerxes aber wandte sich mit seinem Gefolge über Stagira nach Norden an den Bolbesee und von hier westwärts, bis er in Therme, dem späteren Thessalonike, mit der Flotte wieder zusammentraf.

Es wird Anfang Juli gewesen sein, als das Heer in Therme eintraf und hier nach der Durchquerung Thrakiens wieder Rast hielt. Die Flotte hatte sich von Therme bis an die Mündung des Axios über den ganzen Golf verteilt, das Heer aber lagerte noch weiter auseinandergezogen bis an die Mündung des Haliakmon.

Hier in Therme sah Xerxes zum erstenmal das Land seiner Feinde, vor ihm lag das gewaltige Massiv des Olymp als ein mächtiger Wächter über die Zugänge nach Griechenland. Daß er in Therme auch den Ossa gesehen habe, wie Herodot erzählt, ist jedoch nicht möglich. Als man aber dem König berichtete, daß zwischen den beiden Gebirgen des Ossa und des Olymp eine enge Felsenschlucht den Zugang nach Griechenland bilde, hatte er den Wunsch, dieses Tal zu sehen. Er bestieg, heißt es, einen sidonischen Schnellruderer und ließ sich, von einem größeren

Geschwader begleitet, an die Mündung des Peneios bringen. Als er hier den engen Durchbruch des Tempetals bestaunte und man seine Frage, ob der Peneios noch einen anderen Ausgang habe, verneinte und ihm erklärte, Thessalien sei rings von Gebirgen eingeschlossen, da kam ihm der Gedanke, man könne also den Ausfluß des Peneios abriegeln, die Schlucht zuschütten und auf diese Weise ganz Thessalien unter Wasser setzen.

Das Tempetal durch einen Damm zu verschließen, wäre den persischen Ingenieuren technisch sicher möglich gewesen, und die ganze Tempe-Exkursion des Xerxes ist vielleicht nur um dieser Idee willen erfunden.

Ein Teil des Heeres überschritt dann den Haliakmon und lagerte in der Landschaft Pierien nördlich des Olymp. Die persischen Pioniere aber hatten längst begonnen, durch die Wälder östlich des Haliakmontals über den Volustanapaß, beim heutigen Servia, den Weg für die Hauptmasse des Heeres zu bahnen. Ein zweiter Übergang nach Thessalien wurde südlich des Olymp nach Gonnos ausgebaut. Das Tempetal wollte man ganz umgehen. Man traute offenbar den Thessalern doch nicht ganz, fühlte sich vor Überraschungen nicht sicher und fürchtete, nachher im Tempetal in der Falle zu sitzen.

Die Schlacht am Artemision

Während die Pionierabteilungen für das Heer die beiden Übergänge nach Thessalien bahnten, erhielt die Flotte den Auftrag zu einem Vorkommando. Sie sollte klären, ob die Gewässer bis Euböa von der griechischen Flotte noch frei seien. Eine weitere Aufgabe war, zwischen der Insel Skiathos und der Halbinsel Magnesia eine Untiefe zu markieren, die sogenannte Myrmexklippe (Ameisenklippe), damit die Flotte ungefährdet die Straße von Skiathos passieren könne. Zehn sidonische Schnellsegler stachen nach Süden in See. Sie stießen auf ihrer Fahrt auf drei griechische Vorpostenboote, die sich außerordentlich weit nach Norden vorgewagt und mit einem so schnellen Gegner offenbar nicht gerechnet hatten. Nur die Athener Mannschaft unter Phormos konnte sich retten, indem sie ihr Schiff in der Peneiosmündung auf Strand setzte und sich ins Tempetal flüchtete. Die beiden anderen Schiffe aber, die versuchten, über See zu entkommen, wurden verfolgt und aufgebracht. Als erstes das Schiff aus Troizén unter dem Kommando des Prexinos. Es waren die ersten Feinde, die die Phöniker in diesem Feldzug zu Gesicht und zu fassen bekamen, und sie vollzogen an ihnen ihren phönikischen Kriegsbrauch. Sie wählten aus den Gefangenen den Schönsten und Kräftigsten aus, führten ihn auf das Vorderdeck, wo das Kultbild des Baal aufgestellt war, und brachten ihn dort als Erstlingsopfer dar. Und sie betrachteten es als ein glückliches Vorzeichen, daß unter den ersten Griechen, die sie fingen, ein so schöner und stattlicher Mann war. Die Geschichte hat auch den Namen des Unglücklichen aufbewahrt, er hieß Leon.

Das dritte Schiff stammte aus Ägina und stand unter dem Kommando des Arsonides. Ein Mitglied der Besatzung, Pythes, wehrte sich bis zum äußersten, er verteidigte sich noch, als er schon niedergehauen war. Die Perser respektierten den Mut des Besiegten. Der Schwerverwundete wurde sachkundig verbunden und behandelt und in Therme der Flotte vorgeführt, ein Beweis zugleich für persische Ritterlichkeit und dafür, daß auf ihren Schiffen bereits ein organisierter Sänitätsdienst bestand. Pythes erholte sich so schnell wieder, daß er auf dem Schiff, das ihn gefangen hatte, Dienst tun konnte. Er hatte das große Glück, daß dieses Schiff in der Schlacht von Salamis von den Ägineten aufgebracht wurde, die ihn im Triumph in die Heimat zurückbrachten.

Die zehn sidonesischen Schnellruderer setzten ihre Fahrt nach Skiathos fort, wo sie im Verlauf des zweiten Tages ankamen, keine weiteren feindlichen Schiffe sichteten und auftragsgemäß die Myrmexklippe aufsuchten. Drei von ihnen begannen am nächsten Tag mit der Markierung, während die übrigen sieben die Straße von Skiathos sicherten. Das Setzen der Bake war keine leichte Aufgabe und nicht eine Arbeit nur von Stunden. Die unter Wasser liegende Klippe wurde sichtbar gemacht, indem man eine Menge großer Felsblöcke auf ihr auftürmte, die aber erst auf Skiathos oder dem Festland gebrochen und dann zu der Klippe transportiert werden mußten. Auf diesem künstlichen Felsen wurde dann noch eine Säule errichtet, die man mitgebracht hatte. Unter drei bis vier Tagen war diese Arbeit nicht zu leisten. Die griechische Flotte kann sich zu dieser Zeit noch nicht am Artemision befunden haben, sonst hätte sie die Perser bei der Markierung sicher gehindert. Am siebenten oder achten Tag kehrte das Sonderkommando nach Therme zurück und meldete, daß das nördliche Meer von feindlichen Verbänden frei und die Bake auf der Myrmexklippe vorschriftsmäßig gesetzt sei.

Inzwischen war das persische Heer teils durch das Haliakmontal, teils über den südlichen Olymp nach Thessalien aufgebrochen. Elf Tage später erhielt die Flotte Befehl, ihrerseits nach Süden auszulaufen. Die einzelnen Verbände bewegten sich mit unterschiedlicher Geschwindigkeit, weit auseinandergezogen fuhren sie an der Küste Pieriens und des Olymp entlang und gingen am Abend des dritten Tages an der Ostseite der Halbinsel Magnesia, am Fuß des Peliongebirges, vor Anker. Die Ostküste des Pelion ist steil und ungastlich. Es gibt nur wenige und kleine Strände und Buchten, die größte ist die beim heutigen Chorevtó, dem Anlegeplatz von Zagorá, wo ein Kies- und Sandstrand von etwa einem Kilometer Länge einer größeren Anzahl von Schiffen Landeplatz bietet. Die persische Flotte mußte also weit auseinandergezogen an diesem unwirtlichen Gestade Unterschlupf suchen, und die Zahl der Schiffe war so groß und der Landeraum so gering, daß auch bei Chorevtó die Schiffe in acht Reihen hintereinander vor Anker gehen mußten. Die persische Flottenführung war nicht gut beraten, diesen Ankerplatz zu wählen, so schwer er auch zu vermeiden war. Denn die Ostseite des Pelion wird gerade auch im Sommer von starken Nordostwinden heimgesucht, so daß die Schiffahrt oft für mehrere Tage ganz unterbrochen wird. Das Unglück wollte es, daß am Morgen des vierten Tages der Nordost über die persische Flotte hereinbrach. Bei heiterem, windstillem Wetter geriet das Meer in Bewegung, und dann kam der Sturm auf. Wer das Unwetter rechtzeitig bemerkte und einen günstigen Ankerplatz hatte, dem blieb noch Zeit, sein Schiff auf den Strand zu ziehen und sich und das Schiff zu retten. Aber für die meisten ankernden Schiffe hätte es keinen Platz gegeben, auch wenn der Sturm weniger plötzlich gekommen wäre. Viele von ihnen wurden losgerissen und abgetrieben, viele gingen mit ihren Wachmannschaften unter.

Später hieß es, das Orakel von Delphi habe die Weisung gegeben, zu den Winden zu beten, wahrscheinlich eine Propagandaerfindung der Delphier, um sich nach so vielen Kassandrarufen auch einmal ein Verdienst am griechischen Siege zuzuschreiben. Wie auch immer, die Athener riefen den Boreas, den Nordwind, zu Hilfe, dem die Sage eine Athenerin zur Frau gab und den sie daher als ihren Schwager betrachteten. Als sie das Anwachsen des Windes spürten, opferten sie dem Boreas und riefen ihn an, ihnen zu helfen und die Flotte des Feindes zu vernichten wie einst am Athos.

»Ob sich Boreas wirklich dadurch hat bewegen lassen, sich auf die Barbarenflotte zu stürzen, weiß ich nicht. Aber die Athener behaupten, er habe ihnen schon früher beigestanden und sie auch damals erhört. Und als sie heimkehrten, bauten sie dem Boreas ein Heiligtum am Ilissos« (Hdt. 7, 189).

Es ist das Heiligtum, in das Platon das Gespräch des Sokrates mit Phädrus über das Schöne verlegt und wo Sokrates seinem vom Zauber des Orts und der Schönheit der Natur gefangenen Mitunterredner den berühmten Satz entgegenhält: »Felder und Bäume wollen mich nichts lehren, wohl aber die Menschen in der Stadt.«

Vierhundert persische Trieren mit unzähligen Menschen und unermeßlichen Schätzen sollen am Pelion untergegangen sein. Die Zahl der verlorenen Schiffe ist sicher so übertrieben wie die angebliche Stärke der Flotte selbst. Aber der Schaden war auf jeden Fall groß.

Erst am vierten Tage legte sich der Wind. »Drei Tage hielt das Unwetter an. Endlich brachten die Magier (die medischen Priester) dem Winde Opfer dar und beschwichtigten ihn durch Zaubergesänge. Auch der Thetis und den Nereiden opferten sie, und der Sturm legte sich am vierten Tage. Vielleicht tat er es auch aus eigenem Willen« (Hdt. 7, 191).

Dabei hatten die Perser noch Glück im Unglück, daß sie nicht von einem noch größeren Sturm betroffen wurden, denn dann wäre von ihrer Flotte nicht viel übriggeblieben. Der Sturm hätte die geankerten Schiffe losgerissen und auf die an den Strand gezogenen geschleudert, und sie wären alle miteinander vernichtet worden. So kann es nur einer der heftigen Winde gewesen sein, der die auf den Strand gezogenen unversehrt ließ, aber einen Teil der vor Anker liegenden losriß und sie entweder mit den anderen zur Kollision brachte oder aufs offene Meer hinaustrieb. Dennoch war der Schaden groß und mußte von allen als ein böses

Vorzeichen betrachtet werden. Die Perser benutzten den vierten Tag dazu, zu bergen, was noch brauchbar war, und von den havarierten Schiffen so viele wie möglich wieder seetüchtig zu machen. Am Morgen des fünften Tages brach man auf, um die Fahrt endlich fortzusetzen. Man umrundete Kap Sepias, passierte die Straße von Skiathos, wo die markierte Klippe niemandem zum Verhängnis wurde, und ging gegen Mittag an der Südküste von Magnesia vor Anker, wo die Flottenleitung die Wasserstelle bei Apheta zur Kommandostation wählte, während die Flotte selbst sich wieder auf weit auseinandergezogene Buchten und Landestellen verteilte, denn die Südseite der Halbinsel Magnesia ist nur wenig gastlicher als die Ostseite. Wenn die persische Flotte aber nach den gemachten Erfahrungen zum zweiten Mal einen so ungünstigen Ankerplatz wählte, so ist nur eine unaufhebbare Notwendigkeit die Erklärung. Die ursprüngliche Absicht war natürlich, zwischen dem Festland und Euböa durch die Straße von Oreos in den Malischen Golf einzulaufen, um sich dort mit dem Heer wieder zu vereinigen. Diese Durchfahrt war den Persern jedoch verwehrt, denn inzwischen hatte die griechische Flotte beim Heiligtum der Artemis auf Nordeuböa Stellung bezogen und sperrte die Durchfahrt.

Der persischen Strategie, mit Heer und Flotte gemeinsam zu operieren, konnte die griechische Kriegführung nur auf die gleiche Weise begegnen. Um den Persern »den Eintritt nach Hel-

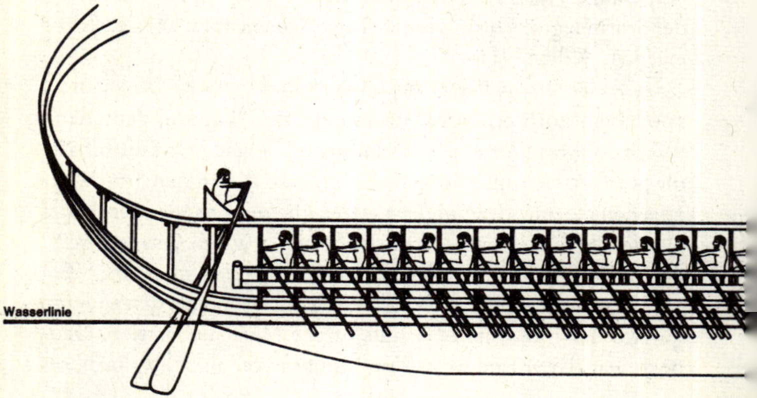

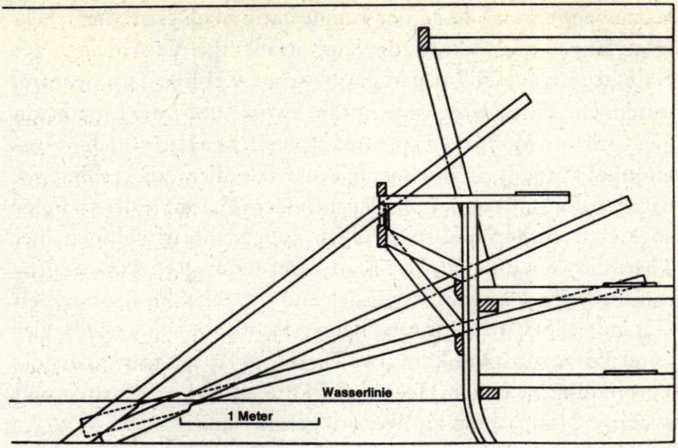

Zeichnung der Ruderanordnung. Die Triere, der Dreidecker, wurde erst möglich durch die Erfindung des sogenannten Auslegers. Hätte man auch die obersten Ruder auf die Bordwand gelegt, so wäre ein ganz ungünstiges Hebelverhältnis entstanden. Das Innenende des Ruders wäre im Verhältnis zum Außenende viel zu kurz gewesen und hätte jede menschliche Kraft überfordert. Durch Erfindung des Auslegers wurde aber der Drehpunkt wieder weiter in die Mitte des Ruders verlegt und dadurch ein rationelles Hebelverhältnis geschaffen.

Schematische Zeichnung einer Triere des 5.–4. Jhs. v. Chr. mit 170 Ruderern. Im Heck mit dem hochgeschwungenen Aphlaston der Steuermann mit dem doppelten Steuerruder. Der Bug mit dem Rammsporn ist als apotropäisches Ungeheuer gestaltet. Die Trieren am Anfang des 5. Jhs. hatten vermutlich nicht mehr als 150 Ruderer, vor allem hatten sie noch kein durchgehendes Deck.
Breite 4,50–5 m, Länge etwa 30 m

las zu verwehren«, hatte der Bundesrat beschlossen, den Thermopylenpaß zu besetzen, die enge Straße, die die Abhänge des Kallidromos am Golf von Malia zwischen Gebirge und Meer frei lassen. Die Flotte aber sollte nördlich von Euböa die Einfahrt in den Golf von Malia sperren, um das persische Heer von der Flottenunterstützung abzuschneiden und vor allem zu verhindern, daß feindliche Truppen im Rücken der Thermopylenkämpfer abgesetzt würden und sie in einen Zangenangriff nähmen. Bei Thermopylä wurde ein Dreißigruderer unter dem Athener Abronichos, der später mit Aristides und Themistokles zusammen Gesandter in Sparta war, und beim Artemision ein Schnellsegler unter Polyas aus Antikyra (bei Thermopylä) stationiert, die die Verbindung zwischen Heer und Flotte aufrechtzuerhalten und wichtige Nachrichten zu überbringen hatten.

Im ganzen waren 270 griechische Schiffe beim Artemision stationiert, 261 Trieren und 9 Fünfzigruderer. Von den Trieren hatte Athen allein 147 gestellt, die allerdings nicht alle mit Athenern bemannt waren. Für 20 hatte Chalkis die Mannschaften gestellt, und auf einer unbestimmten Zahl anderer dienten Platäer, obwohl diese von Hause aus der Schiffahrt unkundig waren. Ägina war nur mit 18 Schiffen vertreten, und auch die ganze peloponnesische Flotte zählte nicht mehr als 85.

Trotz des absoluten Übergewichts der Athener und obwohl sie selbst nicht mit einem einzigen Schiff vertreten waren, stellten nach der Vereinbarung des Bundesrats die Spartaner mit Brasidas den Flottenkommandanten. Die attische Flotte wurde von Themistokles geführt.

Die erste Begegnung zwischen den beiden Flotten verlief durch ein Versehen des Gegners zum Vorteil für die Griechen. Bei der Abfahrt vom Pelion hatte sich ein persisches Geschwader von fünfzehn Schiffen unter dem Kommando des Sandokes verspätet und den Kontakt mit der Hauptflotte verloren. Als es Kap Sepias umfuhr und an der gegenüberliegenden Küste die griechische Flotte liegen sah, hielt es sie für die eigene und segelte auf sie zu. Die Griechen, die den Irrtum der Gegner bemerkt hatten, ließen sie zuerst nahe herankommen, damit sie ihnen nicht mehr entgehen konnten. Dann liefen sie gegen sie aus und kreisten sie ein. Es kam zu Kämpfen, in denen Sandokes fiel. Alle fünfzehn Schiffe wurden von den Griechen aufgebracht.

Von diesem Sandokes erzählt Herodot ein merkwürdiges Schicksal. Er war ursprünglich Mitglied des königlichen Gerichtshofs gewesen und hatte sich durch Bestechung dazu verleiten lassen, ein ungerechtes Urteil zu fällen. Kambyses, der Vorgänger des Darius, pflegte ungerechte Richter häuten zu lassen und, nach der Überlieferung, mit der Haut des Verurteilten den Richterstuhl seines Nachfolgers zu bespannen, damit er sich bei der Rechtsprechung immer der Folgen eines ungerechten Urteils bewußt sei. Darius ließ den Sandokes ans Kreuz schlagen, änderte aber dann seine Meinung und kam zu dem Schluß, daß seine Verdienste doch größer seien als seine Verfehlung. Da er noch lebte, ließ er ihn wieder abnehmen, begnadigte ihn und setzte ihn zum Statthalter in Kyme in Äolien ein. So war Sandokes einem grausamen Tod entgangen, um nun in diesem Seekampf sein Ende zu finden.

Zwei weitere prominente Männer konnten die Griechen gefangennehmen: Aridolis, den Tyrannen der karischen Stadt Alabanda, und Penthylos, den Feldherrn des kyprischen Paphos. Penthylos kommandierte die zwölf Schiffe des paphischen Kontingents in der Flotte des Xerxes. Elf davon hatte er im Sturm am Pelion verloren, und mit dem letzten geriet er nun in die Hände der Griechen. Die beiden Männer wurden gründlich verhört und dann nach Korinth gebracht und dem Bundesrat überstellt.

Noch genauere Nachrichten über den Zustand der persischen Flotte als von den beiden prominenten Gefangenen erhielten die Griechen bald darauf durch einen Überläufer. Skyllias aus Skione auf der Chalkidike, der berühmteste griechische Taucher der damaligen Zeit, der sich den Persern bei ihrem Durchzug hatte anschließen müssen, hatte ihnen am Pelion am Tage nach dem Sturm durch seine Kunst einen Teil ihrer untergegangenen Schätze gerettet. Und obwohl er reich beschenkt worden war, beschloß er nun, als die beiden Flotten bei Aphetä und dem Artemision einander gegenüberlagen, dies alles im Stich zu lassen und zu seinen Landsleuten überzugehen. Er legte die 80 Stadien (etwa 15 km) schwimmend zurück. Die Legende berichtete später, er habe die ganze Strecke getaucht. Er wurde den griechischen Flottenführern vorgeführt und konnte ihnen nicht nur verläßliche Auskunft über die Verluste und Schäden geben, die

die persische Flotte am Pelion erlitten hatte, sondern brachte außerdem die überaus wichtige Nachricht mit, daß ein großes persisches Geschwader, angeblich von zweihundert Trieren, unterwegs sei, um Euböa zu umfahren und die Griechen von Süden anzugreifen. Um vom Artemision aus nicht gesichtet zu werden, hatte das Geschwader ein Scheinmanöver ausgeführt und Kurs nördlich um Skiathos herum genommen, so, als ob es auf den Hellespont zu führe. Eine überaus wichtige, aber beunruhigende Meldung. Zwar war die enge Durchfahrt des Euripos bei Chalkis durch Wachschiffe abgesichert und die Perser würden es nicht leicht haben, hier durchzubrechen, doch Sicherheit gab es nicht, und es würde sie erhöhen, wenn man die Stellung zurücknähme und weiter nach Westen verlegte. Man war dadurch Thermopylä näher, um dort im Notfall schneller eingreifen zu können, vor allem aber konnte man die Straße von Oreos, die Durchfahrt zum Malischen Golf, an dem Thermopylä lag, leichter an der Stelle sperren, wo die Insel Argyrónesos lag.

Themistokles riet jedoch, der angeschlagenen persischen Flotte keine Gelegenheit zu lassen, sich weiter zu konsolidieren, sondern sie noch am gleichen Nachmittag anzugreifen und die Rückkehr gleichzeitig als Tarnung für den Standortwechsel zu benutzen.

So erging der Befehl, die Schiffe klar zum Auslaufen zu machen, und am Spätnachmittag stach die vereinigte griechische Flotte in See, um die »Feuerprobe« zu bestehen und ihr erstes gemeinsames Gefecht zu liefern. Die Perser waren von dem feindlichen Angriff zu so ungewohnter Tageszeit überrascht. Aber wenn die Griechen geglaubt hatten, den Gegner überrumpeln zu können, so sahen sie sich getäuscht. Die Perser erkannten frühzeitig, was vorging, waren erstaunlich schnell startklar und fuhren den Griechen entgegen. Da sie in der Überzahl und auch schneller waren, holten sie zu einem Umfassungsmanöver aus und kreisten die Griechen ein. Die gingen in Igelstellung, bildeten den sogenannten Kyklos (Kreis), den Bug nach außen, feindwärts gewandt, das Heck nach innen. Es war ein schwieriges Manöver, aber sie schienen es hinreichend exerziert zu haben, denn es glückte. Aus ihrer Ringstellung gingen sie nun zum Angriff über. Den Athener Lykomedes verzeichnet die Überlieferung ruhmvoll als denjenigen, der als erster ein feindliches Schiff eroberte. Er erhielt den Siegespreis. Im ganzen wurden dreißig feindliche Schiffe erobert und der Bruder des Königs von Salamis auf Zypern gefangengenommen. Die hereinbrechende Nacht machte dem Kampf ein Ende.

Kyklos

Es war ein bedeutender Sieg der Griechen und eine große Ermutigung für sie, das erste Gefecht so glänzend bestanden zu haben. Und doch war die Nacht vielleicht zu ihrem Heil hereingebrochen, denn der Kyklos, den die Perser durch ihre Umzingelung erzwungen hatten, stellte ein gefährliches Manöver dar. Auf die Dauer war er gegen eine Übermacht nicht zu halten. Mußte der Kyklos erst einmal vor der Übermacht zurückweichen, dann gerieten die Schiffe dichter aneinander, und fingen sie erst einmal an, sich gegenseitig zu behindern, so dauerte es nicht mehr lange und sie wurden überhaupt manövrierunfähig. Der rechtzeitige Abbruch des Gefechts hatte den Griechen vielleicht diese ungünstige Entwicklung erspart.

In der Nacht brach ein neues Unwetter aus, eines der schweren Sommergewitter, die sich mit wolkenbruchartigem Regen und heftigen Sturmböen entladen. Wieder waren die persischen Schiffe vor der ungeschützten Küste in Gefahr, losgerissen zu werden. Die Mannschaften wurden in die Schiffe befohlen und angewiesen, gegen den Wind zu rudern, um auf diese Weise die Anker von dem gefährlichen Druck zu entlasten. Wrackteile und Ertrunkene des Gefechts vom Nachmittag wurden vom Wind gegen die Schiffe getrieben, brachten die Ruderer aus dem Takt und erschreckten beim Anschlag mit ihrem teils dumpfen, teils dröhnenden Klang die verängstigten Matrosen, die in Nacht und Sturm, in Regen, Blitz und Donner schon glaubten, das Ende sei nahe. Doch scheint dieser nächtliche Rudereinsatz die persische Flotte bei Aphetä vor weiteren Verlusten bewahrt zu haben. Das Geschwader aber, das unterwegs war, Euböa zu umfahren, ereilte angeblich in dieser Nacht sein Schicksal. Nachdem es Kap Chersones umrundet hatte, befand es sich in den sogenannten Koila Euböas, vor einer der trost- und erbarmungslosesten Steilküsten der ganzen Ägäis, wo ihm auch Ortskenntnis nicht geholfen hätte. Die Abdrift war so groß, daß mit Rudern nicht gegen sie anzukommen war, und rettungslos zerschellten Schiffe und Mannschaften an den steilen Felswänden.

Die Griechen dankten besonders dem Poseidon, der ihnen in ihrem Kampf zu Land und zur See das Meer zum Heil hatte ausschlagen lassen, und riefen ihn hinfort unter dem Beinamen »Retter« an. Erinnernswert ist, daß die große Bronzestatue des Poseidon mit weit ausgestrecktem Arm, eines der bedeutendsten Meisterwerke der griechischen Plastik überhaupt, am Kap Artemision gefunden wurde.

Indessen war vorläufig von der Katastrophe in den Koila Euböas nichts bekannt. Nach dem Gefecht am Vortage und nach der stürmischen Nacht hielten beide Flotten am andern Tag zunächst Ruhe. Doch die Griechen bereiteten sich wieder zum Angriff vor. Der Sieg vom Vortag war für sie ein großer Ansporn. Noch wichtiger aber mußte es für Themistokles sein, die Mannschaften, die so eifrig gedrillt worden waren, nun auch im Ernstfall zu üben. Außerdem war eine Verstärkung von 53 athenischen Schiffen eingetroffen, wenn die Überlieferung stimmt. Ihr Eintreffen kann allerdings niemand erklären. Die Stärke der athenischen Flotte wurde dadurch auf 200 erhöht.

Um Wechselfällen vorzubeugen und Länge und Risiko des Gefechts von vornherein zu begrenzen, wurde wieder die Nachmittagsstunde für den Angriff festgesetzt. Diesmal fuhr ihnen die persische Flotte nicht entgegen, sondern blieb vor Anker. Nur mit den kilikischen Schiffen kam es zu einem Gefecht. Mit welchem Ausgang, ist der Überlieferung nicht zu entnehmen, die hier mit sich selbst im Widerspruch steht, denn wenn die kilikischen Schiffe alle zerstört wurden, wie Herodot 8, 14 berichtet, können es nicht hundert gewesen sein, wie 7, 91 überliefert wird. Und wenn es wirklich hundert waren, so können sie kaum alle zerstört worden sein, denn dann hätte die persische Flotte nur noch zu einem Teil existiert.

Die persische Flotte lief am Nachmittag des zweiten Tages vermutlich deshalb nicht gegen die Griechen aus, weil inzwischen die Unglücksbotschaft vom Untergang des Euböa-Geschwaders eingetroffen war und die persische Flottenleitung vor eine völlig neue Lage stellte. Teils um die am Pelion erlittenen Havarien auszubessern, teils in Erwartung der Ankunft des Umgehungsgeschwaders hatte sie vom aktiven Einsatz bisher abgesehen. Inzwischen lag das persische Heer aber seit fast einer Woche am Thermopylenpaß fest, konnte den Durchgang nicht erzwingen und wartete dringend auf die Unterstützung der Flotte, deren vom Unglück verfolgter Leitung die Ungnade des Großkönigs drohte. Nachdem nun mit einem Zangengriff nicht mehr zu rechnen war, beschloß man, am nächsten Tag im Frontalangriff gegen die griechische Flotte vorzugehen und den Durchbruch in die Straße von Oreos und damit in den Golf von Malia zu erzwingen. So kam es am dritten Tag beim Artemision zu der entscheidenden Schlacht.

Die Griechen legten ihren Verteidigungsbogen zwischen dem Festland und Euböa vor die Insel Argyrónesos (Silberinsel). Die Perser versuchten, wie am ersten Tage mit vorgeschobenen Flügelgeschwadern die Griechen zu umfassen, aber die hielten auf beiden Seiten festen Anschluß an die Küste und vereitelten dadurch das Umfassungsmanöver. So kam es sozusagen zu einem Stellungskrieg auf See. Die Perser konnten den griechischen Verteidigungsbogen weder durchbrechen noch eindrücken, und so entwickelte sich der Kampf nach der üblichen Art früher Seeschlachten, ohne Taktik und Manöver, als ein fortgeführter Kampf zu Lande. Man versuchte, ein gegnerisches Schiff zu entern, und dann begann, wie auf dem Lande, auf den Decks ein regulärer Nahkampf zwischen den Soldaten, teils Bogenschützen, teils Hopliten. Gelang es nicht, den Gegner abzuwehren, und erlagen die Soldaten seinem Angriff, so war das Schicksal des Schiffes entschieden und auch die ganze Rudermannschaft verloren.

Der Kampf wurde auf beiden Seiten mit großer Erbitterung

geführt. Den Persern kam ihre Übermacht nicht recht zustatten, da sie den Gegner nicht umfassen konnten, sondern auf einen festen Kreisbogen eingeschränkt blieben, wo ein massierter Einsatz nur hinderlich und gefährlich war. Auf persischer Seite zeichneten sich die Ägypter, auf griechischer die Athener an diesem Tage besonders aus, und von den Athenern wieder Kleinias, der Vater des Alkibiades, der auf eigene Kosten eine Triere gebaut und bemannt hatte und mit ihr an der Schlacht teilnahm. Es gelang den Griechen, zahlreiche feindliche Schiffe zu versenken. Aber auch sie selbst erlitten hohe Verluste. »Viele griechische Schiffe und viele griechische Männer gingen zugrunde« (Hdt. 8, 16). Ja, den Ägyptern gelang es sogar, fünf griechische Schiffe samt ihrer Mannschaft zu erobern.

Die Schlacht endete unentschieden. Die Griechen behaupteten ihre Stellung und waren dadurch in der Lage, die havarierten Schiffe, vor allem aber ihre Toten zu bergen, denn unbestattet in der Meerestiefe zu versinken, kein Grab und keinen Totenkult zu erhalten, war für den antiken Glauben das schwerste metaphysische Unglück. Aber sie waren hart angeschlagen und hatten große Verluste erlitten. Die Hälfte aller athenischen Schiffe war beschädigt. In solchem Zustand war es äußerst riskant, einen zweiten persischen Angriff anzunehmen. Man wollte die Flotte nicht der Gefahr der Vernichtung aussetzen und beschloß den Rückzug, ein Beschluß, der bedeutete, daß gleichzeitig auch die Stellung an den Thermopylen unhaltbar wurde und daß als erstes die Insel Euböa den Persern zur Beute werden würde. Trotz eines Orakels, das ihnen angeblich schon beim Brückenbau über den Hellespont geraten hatte, die Insel zu räumen, waren die Euböer sorglos geblieben und hatten jetzt nur noch die ungewisse Hoffnung, auf den Gipfeln der Berge für sich, ihr Vieh und ihre Habe Zuflucht zu finden.

Dann traf auch für die Griechen eine Katastrophennachricht ein. Von den Thermopylen war Abronichos mit seinem Dreißigruderer eingelaufen und brachte die Unglücksbotschaft, daß die Verteidiger des Passes gefallen seien und die Feinde ihn bereits besetzt hätten, denen nun der Vormarsch nach Attika offenstand.

Damit hatte eine weitere Sperrung der Durchfahrt ihren Sinn verloren, und die Flotte konnte ihre Stellung ohne Zögern räu-

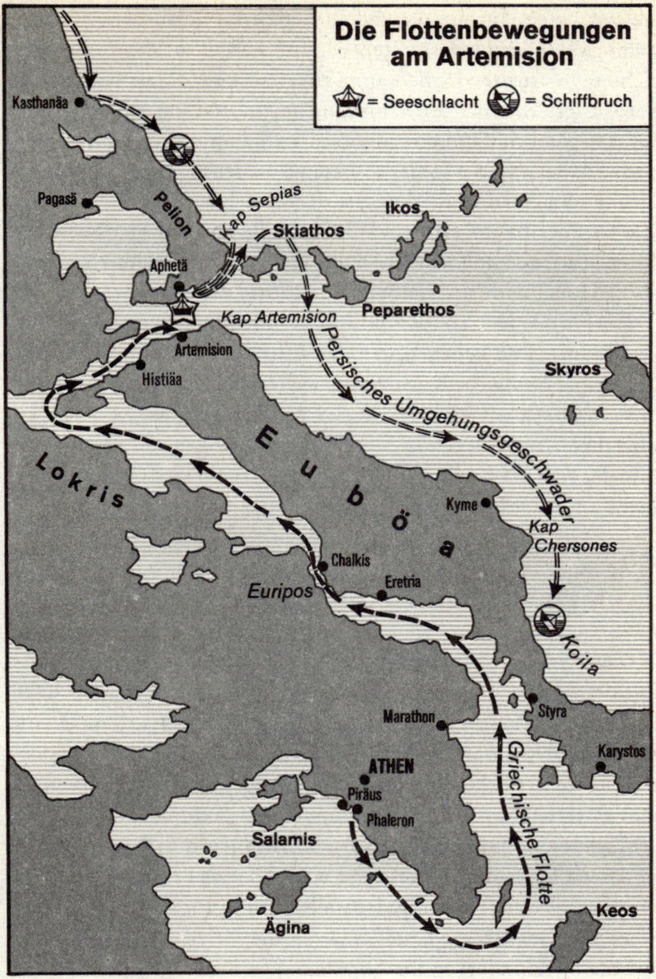

men. Sie fuhr in der Ordnung ab, in der sie ankerte, die Korinther zuerst, die Athener zuletzt.

Für die Umsicht des Themistokles ist bezeichnend, daß er den Rückzug mit einer besonderen Aktion verband. Er wählte einige der besten Athener Schiffe aus und lief mit ihnen noch einmal Nordeuböa an, und zwar an den Stellen, die die Perser bei ihrer

Besetzung der Insel wahrscheinlich als erste aufsuchen würden, nämlich den Trinkwasserstellen. Hier ließ er an die Ionier gerichtete Inschriften in die Felsen ritzen, die sie daran erinnerten, daß sie griechischer Abstammung seien, und sie aufforderten, nicht gegen ihre Stammesgenossen zu kämpfen. Der Hintergedanke dabei war, die Ionier sollten, wenn der König nichts davon erfuhr, abfallen und auf die Seite der Griechen übergehen. Wenn Xerxes aber davon erfuhr, sollte er mißtrauisch gegenüber den Ioniern werden und sie nicht mehr am Kampf teilnehmen lassen, so daß auch dadurch die persische Flotte reduziert würde.

Die Flotte nahm so viele euböische Flüchtlinge auf, wie sie fassen konnte, und kehrte durch den Euripos nach Attika zurück. Als sie die böotische Küste hinter sich hatten, stiegen die Platäer aus, um so schnell wie möglich zu Lande nach Hause zu gelangen und ihre Angehörigen in Sicherheit zu bringen, da ihrer Stadt nun der Angriff der Perser bevorstand. So kam es, daß die Platäer nicht an der Schlacht von Salamis teilnahmen.

Die Schlacht an den Thermopylen

Neuere Gelehrte haben gefragt, was der Bundesrat eigentlich damit bezweckte, daß er die Thermopylen sperren ließ. Konnte er sich ernsthaft Erfolg davon versprechen? Mußte er sich nicht von vornherein klar darüber sein, daß er die Verteidiger auf verlorenen Posten schickte? Konnte er die Augen davor verschließen, daß es außer durch die Thermopylen auch durch die Asoposschlucht einen Durchgang nach Süden gab und daß es daher, so beschwerlich dieser letztere auch war, nur eine Frage der Zeit sein würde, bis die Thermopylenstellung umgangen und nutzlos war? Die Gegenfrage lautet: Hätten die Griechen vielleicht die Feinde ungehindert in ihr Land einziehen lassen sollen? Schon die normale Selbstachtung würde eine solche Idee von vornherein ausschließen. Wollte man aber in Krieg und Frieden immer nur unternehmen, was sicheren Erfolg verspricht, so würde man sich nicht nur auch dann immer wieder gehörig verrechnen, sondern dem Leben mit jedem Wagnis auch jede große Chance nehmen. Ebenso klug müßte man dann auch fragen, was wollte eigentlich Miltiades bei Marathon, was wollte Themistokles bei

Salamis? Sie wollten wagen und gewinnen. Und mit viel Mut und Klugheit und einer großen Portion Glück ist es ihnen auch wirklich gelungen. »Sicherheit des Erfolgs« gab es hier von vornherein noch viel weniger als bei Thermopylä, er kam gegen jede normale Erwartung, aber er belohnte das Wagnis – und macht damit die Torheit der Frage offenbar. »Nur wer das nicht zu Erhoffende erhofft, wird es auch finden«, sagt Heraklit (Frg. 18). »Dem Perserkönig den Weg nach Griechenland zu verlegen« (Hdt. 7, 175), »dem Perserkönig den Eintritt nach Griechenland zu verwehren« (7, 176), »die Barbaren nicht nach Hellas hineinzulassen« (8, 15), war die einfache, natürliche, bis auf die neueste Zeit allen Lesern des Herodot leicht verständliche Aufgabe des Leonidas. Dabei hatte die Thermopylenstellung durchaus ihre realen strategischen Chancen.

Das Gebirge des Kallidromos trat an drei Stellen so nah ans Meer heran, daß nur ein Durchgang von wenigen Metern Breite bleibt. Diese Engpässe hießen seit alters *Pylai*, die *Tore*, oder bestimmter *Thermopylai*, die *Warmtore*, nach den in der Nähe gelegenen heißen Schwefelquellen. Östlich des westlichen Engpasses lag die Stadt Anthela, und bei ihr ein altberühmtes Heiligtum der Demeter, zu dessen Schutz die Umwohner sich zu einem Kultverband, einer Amphiktionie, zusammengeschlossen hatten, die auch dann noch die Pyläische hieß, als das Heiligtum der Demeter von Anthela längst in den Hintergrund getreten war gegenüber dem des Apollon von Delphi, um das sich nun die Amphiktionie konzentrierte, die deshalb auch die Delphische hieß. Den Thermopylenkämpfern, frommen Griechen archaischer Zeit, konnte es nicht gleichgültig sein, daß ein so altehrwürdiges Heiligtum, der Ursprung der Delphischen Amphiktionie, in der Nähe ihres Kampfplatzes lag.

Westlich des mittleren Engpasses befand sich eine alte Mauer der Phoker, einst errichtet zum Schutz gegen die Angriffe ihrer Nachbarn, der Thessaler. Die Mauer wurde jetzt verstärkt und wieder in Stand gesetzt und bildete eine zusätzliche Deckung und Sicherung.

Die Spartaner stellten, wie es ihnen zustand, den Oberbefehlshaber und ernannten dazu, zum Beweise, daß es ihnen ernst sei, einen ihrer beiden Könige, Leonidas, den jüngeren Bruder und Nachfolger des Kleomenes, der kinderlos gestorben war. Einen

Augenblick fragt man sich doch, ob die Schlacht von Thermopylä anders verlaufen wäre, wenn Kleomenes sie geleitet hätte. Als einheimisches Kontingent führte Leonidas dreihundert Spartiaten an, ausgewählte Männer, wie sie ihm das Königsrecht zugestand. Ob außerdem noch weitere tausend Spartaner bei Thermopylä kämpften, darüber ist die Überlieferung geteilt und läßt keine Gewißheit zu. Nur so viel ist klar, daß Leonidas auf keinen Fall ein reguläres spartanisches Aufgebot führte, sondern nur eine kleine Truppe. Vielleicht hatten die Spartaner vor, Verstärkung nachzuschicken – aber sie haben sicher niemals im Ernst die Absicht gehabt, den regulären Heerbann nach Thermopylä zu entsenden, weil sie von vornherein den Isthmus von Korinth als die eigentliche Verteidigungsstellung ansahen. Ob sie bereit gewesen wären, den Persern nach Böotien entgegenzuziehen, weiß man nicht. Sie haben es jedenfalls nicht getan.

Das Aufgebot fiel in die Zeit der Karneen, des wichtigsten spartanischen Kultfestes, das mit dem Vollmond am 20. August seinen Höhepunkt erreichte und normalerweise jeden Feldzug sistierte. Es war also eine außergewöhnliche Konzession und nur in Anerkennung einer absoluten Notwendigkeit, daß die Spartaner überhaupt eine Schar ausziehen ließen.

Daß sie nach Beendigung des Festes Verstärkung nachsenden wollten, darf man mit ziemlicher Sicherheit annehmen, wenn auch ganz ungewiß ist, wie groß diese gewesen wäre. Als Argument, daß die Entsendung der Dreihundert nur pro forma geschah und von vornherein mit ihrem Untergang gerechnet wurde, könnte man anführen, daß Leonidas nicht, wie es seit 506 üblich war, von zwei Ephoren begleitet wurde, die man also schonen wollte, oder die sich vielmehr selber schonten. Aber die Ephoren konnten auch zurückgeblieben sein, um das Verstärkungskorps nachzuführen. Aus diesem Argument ist also kein Schluß zu gewinnen.

Auch in Elis war man im August kultisch gebunden, denn 480 war ein Olympiadejahr, und man wollte sich von dem großen und seltenen Fest, das überdies allgemeinen Landfrieden vorschrieb, nicht abhalten lassen. So stellten die Eleer keinen einzigen Mann für Thermopylä.

Dafür beteiligten sich aber die Arkader, deren Städte ja nicht groß waren, mit Kontingenten, die die Spartaner beschämen mußten: Je 500 Hopliten kamen aus Tegea und Mantinea, 120 aus Orchomenos und aus den ländlichen Bezirken weitere 1000, insgesamt also 2120 Mann. Über die Anzahl der Waffenträger schweigt die Überlieferung ebenso wie über die Zahl der Heloten, die die dreihundert Spartaner begleiteten. Wie üblich, scheinen diese ihr nicht erwähnenswert. Gewöhnlich hatte aber jeder Hoplit einen Waffenträger bei sich, ein Spartiat oft mehrere Heloten. Sonst kamen aus der Peloponnes nur noch 80 Hopliten aus Mykene, 200 aus Phlius und 400 aus Korinth. Die Korinther waren damit die einzigen, die sowohl in Thermopylä als auch am Artemision mitkämpften, denn von allen anderen Staaten, die Schiffe stellten, nahm keiner sonst an den Landkämpfen teil.

Auf dem Marsch des Leonidas nach Norden hatten sich ihm 700 Thespier angeschlossen, es war das gesamte Aufgebot an Hopliten, über das die Stadt verfügte. Die Platäer dienten alle, wie wir schon hörten, auf athenischen Schiffen. Den Thebanern aber, die als perserfreundlich galten, nötigte Leonidas die Stellung von 400 Hopliten ab, teils um sie auf die Probe zu stellen, ob sie sich schon offen zu den Persern zu bekennen wagten, teils um dadurch in den Besitz von Geiseln zu gelangen, damit er im Fall des Mißlingens und des Rückzuges durch Böotien dort nicht schutzlos wie in Feindesland stünde.

Die Anlieger der Thermopylen in Ost und West waren die Phoker und die Lokrer. Die Phoker waren allein schon deshalb perserfeindlich, weil ihre alten Gegner, die Thessaler, persophil waren. »Die Phoker waren der einzige Stamm jener Gegend, der nicht auf seiten Persiens getreten war, meiner Meinung nach bloß aus Haß gegen die Thessaler. Wären die Thessaler für Griechenland eingetreten, so wären, glaube ich, die Phoker persisch geworden«, schreibt Herodot 8, 30.

Sie stellten 1000 Hopliten, und auch die Lokrer boten ihren ganzen Heerbann von unbekannter Stärke auf, aber beide erst, als der Bund ihnen versichert hatte, die Truppen des Leonidas kämen nur als Vorhut. Es ist deshalb nicht anzunehmen, daß Leonidas sich zum Kronzeugen einer Täuschung machte.

So war denn durch verschiedenen Zuzug doch eine stattliche Streitmacht zusammengekommen: 6200 Mann, wenn wir die Lokrer gleich stark ansetzen wie die Phoker, Waffenträger und Leichtbewaffnete nicht gerechnet. Eine Zahl, vollkommen ausreichend, um mit Erfolg und für lange Zeit den Paß zu sperren, der ja keine Möglichkeit für die Entfaltung größerer Truppenmengen bot, wo vielmehr nur eine kleine Schar die andere ablösen konnte – vorausgesetzt, daß die Flotte standhielt und es dem Feind verwehrte, Truppen im Rücken der Stellung zu landen. Wollte der Gegner aber versuchen, durch die unwegsame, enge und steile Asoposschlucht[1] nach Süden vorzudringen, so konnte man ihn dort ebenso aufhalten. Jedenfalls aber konnte diese Umgehung, die weitab führte, keine unmittelbare Bedrohung der Thermopylenstellung mit sich bringen, der notfalls reichlich Zeit zur Räumung blieb.

Zu der Zeit, als die persische Flotte den Pelion erreichte, hatte das Heer, bei dem sich Xerxes befand, bereits ganz Thessalien durchquert und den Malischen Golf erreicht, es hatte den Spercheios überschritten und bei der Stadt Trachis zwischen den Flüssen Melas und Asopos sein Standlager bezogen, denn hier war die Entfernung zwischen Gebirge und Meer am größten und gab eine etwa sechs Kilometer tiefe Ebene frei.

»So lagerten sie einander gegenüber. In Xerxes' Hand war alles nördlich von Trachis gelegene Land, in der Hand der Griechen das ganze Festland südlich von dem Paß« (Hdt. 7, 201).

An Ort und Stelle angelangt, erfuhr Leonidas nicht eben zu seiner Erleichterung, daß eine Umgehung der Küstenstraße existierte, die sogenannte Anopäa, ein Bergpfad, der am Ende der Asoposschlucht seinen Anfang nahm und über den Kallidromos bei Alpenoi an die Küste führte, ein Pfad, der schon einmal, im Krieg zwischen Thesssalern und Phokern, eine Rolle gespielt hatte, als die Phoker die Küstenstraße durch ihre Mauer gesperrt hatten.

Anders als im Fall der angeblichen Tempe-Expedition rief diese Entdeckung jedoch keine Panik hervor, sondern fand einfach die notwendige Berücksichtigung. Die Phoker selbst waren es, die sich erboten, den Pfad zu sichern. Sie waren hier von allen die Ortskundigsten, und die Gefahr betraf ihr eigenes Land am unmittelbarsten. Also bezogen sie Stellung auf den Höhen des

[1] Es ist die klammartige Schlucht, die in den trachinischen Bergen zwischen Öta und Kallidromos hindurchführt und die man auf der Eisenbahnfahrt zwischen Brallos und Lamia (Stavros) in schwindelnder Tiefe unter sich sieht. Sie wäre nur für Fußtruppen und Reiter von begrenzter Zahl passierbar gewesen, nicht für Troß und Wagen und stellte für das riesige persische Heer keinen Durchgang, sondern ein ernsthaftes Hindernis dar.

Kallidromos, während die Scharen des Leonidas beim sogenannten Mittleren Tor hinter der Phokischen Mauer ihr Lager aufschlugen.

Nach dem anstrengenden Marsch über das Gebirge und durch das heiße Thessalien hatte Xerxes seinen Truppen vier Tage Ruhepause gegönnt. Vielleicht hatte er auch wirklich erwartet, wie Herodot meint, die Griechen würden es sich beim Anblick eines so gewaltigen Feindes noch überlegen und den Paß freiwillig räumen. Vor allem aber wartete er auf das Erscheinen der Flotte, die normalerweise, ohne den Sturm am Pelion und ohne die griechische Verteidigung, längst zur Stelle gewesen wäre. Die persische Heeresleitung hatte die vier Ruhetage dazu benutzt, sich gründlich über die Geländeverhältnisse und die Möglichkeiten des weiteren Vormarsches ins Bild zu setzen. Spätestens jetzt erfuhr auch sie von dem Umgehungsweg der Anopäa.

Da Xerxes nicht mehr länger auf das Erscheinen der Flotte warten wollte, gab er am fünften Tag den Befehl zum Angriff. Bisher hatten sich nur persische Aufklärungsreiter der griechischen Stellung genähert. Die Feinde, die sie dabei zu Gesicht bekamen, hatten einen merkwürdigen Eindruck auf sie gemacht. Es waren immer nur die kleinen Wachmannschaften gewesen, die sich diesseits der Mauer aufhielten und den Persern sichtbar waren. Das Gros befand sich jenseits der Mauer. Trotz ihrer geringen Zahl nahmen aber die griechischen Wachen von den Persern keine Notiz, sondern setzten furchtlos ihre augenblicklichen Beschäftigungen fort, merkwürdige Beschäftigungen für die Perser: Die einen trieben Sport und rangen miteinander, andere kämmten und schmückten sich das Haar, wie es bei den Spartanern vor dem Kampf Sitte war.

Die persischen Patrouillen fanden die Aufführung der Griechen komisch und lächerlich, und ihre Berichte waren wenig geeignet, den Orientalen besonderen Respekt vor ihrem künftigen Gegner einzuflößen.

Meder und Elamer waren es, die am fünften Tag den Kampf gegen die Griechen eröffneten. Aber da zeigte sich bald, daß die griechischen Hopliten ihnen bei weitem gewachsen waren und sie gar nichts gegen sie ausrichten konnten. Leonidas war den Feinden ein Stück entgegengezogen, um aus der engsten Stelle herauszukommen, einen breiter angelegten Kampf führen und wenigstens eine begrenzte Schlachtreihe entwickeln zu können. An ihr zerschellte der gegnerische Angriff. Und so viele Feinde auch nachdrängten, es führte nur zu immer höheren Verlusten »und machte aller Welt, besonders aber dem König kund, daß auf ihrer Seite viele Menschen waren, aber nur wenige Männer« (Hdt. 7, 210).

Schließlich sah Xerxes die Vergeblichkeit ein und ließ nun seine Elitetruppe gegen die Griechen anrücken, die Unsterblichen unter Hydarnes. Die Härte des Kampfes verschärfte sich, und auch einige Spartiaten fanden den Tod. Aber im ganzen richteten die Unsterblichen sowenig aus wie ihre Vorgänger. Der Raum war viel zu eng und erlaubte ihnen nicht, ihre Überlegenheit zu entfalten. Ihre große Zahl nutzte ihnen nichts. Es zeigte sich auch, daß ihre Speere kürzer waren als die der Griechen und sie in gefährlicher Weise benachteiligten. Der Tag endete, ohne daß der persische Angriff den geringsten Erfolg gebracht hätte.

Am nächsten Tag setzten die Perser ihren Angriff fort, in der Absicht, den Gegner zu zermürben. Aber die Griechen kämpften abwechselnd und hatten Reserven genug, einer solchen Taktik mühelos zu begegnen. Die Perser mußten erkennen, daß in regulärem Kampf nicht weiterzukommen war. Inzwischen wird bei ihnen auch die Nachricht eingegangen sein, daß das erste Seegefecht mit den Griechen ebenfalls verlustreich verlaufen und daß mit dem Erscheinen der Flotte vielleicht noch für längere Zeit nicht zu rechnen war.

Unter den Thessalern und Maliern, die sich neuerdings im Heer und Gefolge des Xerxes befanden, waren mehrere, die Auskunft über den Umgehungspfad der Anopäa geben konnten, und man brauchte nur noch einen ortskundigen Führer zu finden, der das Umgehungskorps auch bei Nacht sicher über das Gebirge führen konnte.

Der Name des Ephialtes aus Trachis ist auf ewig mit der Schande beladen, den Persern diesen Dienst geleistet zu haben. Die Überlieferung war darüber aber keineswegs einhellig, denn Herodot weiß noch von zwei anderen Männern, Onetes aus Karystos und Korydallos aus Antikyra, denen dieser Verrat ebenfalls angelastet wurde.

Es geht auf Herodots persönliche Entscheidung zurück – »ich

aber erkläre Ephialtes für den Schuldigen« (7, 214) –, wenn Ephialtes seither als der alleinige Verräter gilt. In Wirklichkeit brauchten die Perser wohl nicht lange nach einem Wegführer zu suchen, noch viel weniger waren sie darauf angewiesen, daß sich ihnen einer anbot, wie Herodot es darstellt. Unter den Thessalern und Maliern in ihrem Zug gab es ortskundige Leute genug, oder jedenfalls solche, die Ortskundige kannten und vermitteln konnten. Von einem einzelnen hing es gar nicht ab. Und auch der Begriff »Verrat« ist in diesem Zusammenhang nicht eindeutig. Ein längerer Aufenthalt des Perserheeres bedeutete für die betreffende Landschaft eine Katastrophe. Es erwies also einer seiner Heimat einen großen Dienst, wenn er dazu beitrug, daß die Besatzung weiterzog.

Für die anstrengende und risikoreiche Aufgabe, die griechische Stellung bei Nacht übers Gebirge zu umgehen und dann im Rükken anzugreifen, konnte die Wahl des Königs nur auf die Unsterblichen fallen. Hydarnes selbst übernahm ihre Führung. Wir wissen nicht, wie viele Männer er mit sich nahm – eine Tausendschaft? zwei? vier? –, was für die Beurteilung des Ausgangs nicht unwichtig wäre.

Die Truppe brach also am Abend von Trachis auf, und nachdem sie den Asopos überschritten hatte, begann der Anstieg. Die Perser waren ein Gebirgsvolk, und es war für sie nichts sonderlich Ungewohntes, Stunden um Stunden bergan zu steigen. Als der Morgen graute, gelangten sie auf die Höhe des Gebirges, nicht weit von der Stelle, wo die Phoker ihr Lager hatten. Die Phoker hatten von der Annäherung der Feinde nichts bemerkt, da der Kallidromos dicht bewaldet war und der Wald die Geräusche dämpfte. Als sie aber jetzt an dem windstillen Morgen plötzlich Zweige knacken und Blätter rascheln hörten, legten sie schnell ihre Rüstungen an und sahen sich dann auch schon den Feinden gegenüber. Die Perser waren wahrscheinlich weniger überrascht als die Phoker. Es wird ihnen bekannt gewesen sein, daß die Griechen eine Tausendschaft auf dem Gebirge stationiert hatten, und dieser Umstand gehörte eben mit zu den Risiken im Auftrag des Hydarnes. Jedenfalls formierten sie sich sofort zur Kampfordnung, während die noch schlaftrunkenen Phoker kopflos waren und vor dem entschlossenen Gegner flohen. Der dachte nicht daran, sie zu verfolgen, sondern setzte seinen Weg fort, beunruhigt, ob ihm die Überrumpelung des Leonidas jetzt noch gelingen würde.

Hier beginnen nun die vielfältigen Rätsel um den Ausgang der Schlacht von Thermopylä. Die Phoker hatten ihren Wachdienst sträflich versäumt und sind damit die Hauptschuldigen an der schließlichen Katastrophe. Doch nicht bereits durch dieses erste Pflichtversäumnis. Sie waren überrascht worden und geflohen, das war schlimm und unrühmlich, aber nicht tragisch. Völlig unbegreiflich aber ist ihr weiteres Verhalten. Sie zogen sich zurück und brachten sich in Sicherheit, und dort blieben sie auch und wurden an diesem entscheidenden Tage nicht mehr gehört und gesehen. Sie seien in dem Glauben gewesen, der Angriff der Perser habe ihnen gegolten, sagt Herodot. Aber konnten sie sich in diesem Glauben wirklich beruhigen? Hätten die Perser, wenn sie es wirklich auf sie abgesehen hatten, sie nicht weiter verfolgt, statt gleich von ihnen abzulassen? Unmöglich konnte ihnen verborgen bleiben, daß die Perser weitergezogen waren, und unvermeidlich mußte ihnen dabei aufgehen, was dies bedeutete. Waren doch gerade sie es gewesen, die seinerzeit mit den Thessalern dasselbe erlebt hatten. Wie aber konnten die Phoker bei dieser Erkenntnis passiv bleiben? Mußten sie nicht den Gegner verfolgen, ihn noch im Walde, auf dem Abstieg von oben angreifen, wie es leichter und ungefährlicher gar keine Position für sie gab? Mußten sie dem Gegner dann nicht an die Küste folgen, um ihn dort seinerseits in die Zange zu nehmen? Mußte ihnen vor allem nicht wenigstens daran gelegen sein, Leonidas von der drohenden Gefahr in Kenntnis zu setzen? Von alledem geschah aber nichts. Die Phoker scheiden mit ihrer Flucht aus dem Geschehen aus, als habe der Berg sie verschluckt. Ist das glaubhaft?

Indessen war die Nachricht von der feindlichen Umgehung auch ohne die Phoker schon bald zu Leonidas gelangt. Als erster soll der Opferdeuter Megistias das Unglück vorausgesehen haben. Noch am Abend des zweiten Tages habe er bei der Opferschau den Griechen den Tod für den nächsten Morgen vorausgesagt, ein Vorgang, der durchaus Glauben verdient und den wir, weil er uns Heutigen unerklärlich erscheint, darum doch nicht für unmöglich halten dürfen.

Dann seien in der Nacht Überläufer herübergekommen, um die Griechen vor dem Umgehungsmanöver zu warnen, Leute, die ihr Leben nicht nur in dieser Nacht aufs Spiel setzten, sondern vor allem nachher beim persischen Vormarsch immer in Gefahr waren, entdeckt zu werden, eine Gefahr, die sie zur Rettung ihrer Landsleute bewußt auf sich nahmen, denn sie konnten nicht damit rechnen, daß die griechische Stellung jetzt noch zu halten wäre. Es waren wohl eher Hirten oder Bauern als Soldaten, die sich nachher wieder in ihre Unwegsamkeit zurückzogen.

Am Morgen schließlich trafen schon früh die ersten Späher ein, die auf dem Gebirge postiert waren, die Perser gesichtet hatten und nun Meldung machten. Um diese Zeit war die Entscheidung des Leonidas wahrscheinlich bereits gefallen.

Für Leonidas wäre es von größter Wichtigkeit gewesen, genau zu wissen, wie viele Feinde gegen ihn unterwegs waren. Man war zahlreich genug und die Stellung so günstig, daß man sie längere Zeit mit Erfolg auch nach beiden Seiten verteidigen konnte. Mehr als zwei Tausendschaften wird Hydarnes auf seinem Gewaltmarsch kaum bei sich gehabt haben. Hätte man sich gar mit den Phokern darüber verständigen können, das Umgehungskorps im Rücken anzugreifen, so hätte es seinerseits in der Zange gesessen. Das war freilich nur eine Lösung für eine gewisse Zeit. Denn die Perser würden sehr bald Verstärkung übers Gebirge schicken. Dann waren die Griechen hoffnungslos eingeschlossen und dem Untergang geweiht. Das alles ist möglicherweise schon in der Nacht auf den Bericht der Überläufer hin ausführlich und mit allen Konsequenzen erörtert worden.

Für Leonidas und die Spartiaten gab es nur eine Lösung: Nach ihrer Ehrauffassung und ganzen Erziehung war es unmöglich, dem Feind kampflos das Feld zu überlassen, sie schrieb ihnen vielmehr vor, »keiner Heeresmacht zu weichen, sondern unverrückt in der Phalanx zu stehen und zu siegen oder zu sterben« (Hdt. 7, 104). Die anderen dagegen waren überzeugt, daß sie ihrem Vaterland lebend nützlicher seien als tot. Es blieb also nur die Lösung, sich zu trennen. Wie diese Trennung vor sich ging, darüber lagen Herodot zwei Überlieferungen vor.

Die eine besagte, nicht bereits in der Nacht, sondern erst nach dem Eintreffen der Späher und dem Empfang ihrer Meldung fand am Morgen des letzten Tages eine Lagebesprechung der Truppenführer statt, die mit Meinungsverschiedenheiten endete.

Die meisten waren dafür, die Stellung zu räumen, Leonidas wollte sie halten. Die letzte Entscheidung über alle Truppen stand ihm zu, sie ist nicht erhalten. Sämtliche Kontingente der Peloponnesier und die Lokrer traten dann möglicherweise gegen den Willen des Leonidas, das heißt unter Befehlsverweigerung den Rückzug an, ein Tatbestand, an dessen Überlieferung später niemand ein Interesse hatte, auch nicht die Spartaner.

Nach der zweiten Version hat Leonidas die Kontingente, die nicht am Endkampf teilnahmen, selbst entlassen. Der Rückzug war also befehlsgemäß und legal, und der letzte Kampf des Leonidas hatte unter anderem den Sinn, den Rückmarsch der Entlassenen zu decken, besonders gegen eine schnelle Verfolgung durch die persische Reiterei. Das ist eine deutlich harmonisierende Version und gehört deshalb wahrscheinlich der Legende an.

Die Thebaner behielt Leonidas als Geiseln zurück. Die siebenhundert Thespier aber blieben freiwillig bei ihm, um mit ihm zu kämpfen und zu sterben.

Die Perser begannen morgens um 9 oder 10 Uhr mit dem Angriff, zu der Zeit, da sie annehmen konnten, daß Hydarnes die Umgehung beendet und die Küste erreicht haben würde. Leonidas verließ mit den Seinen die Schutzstellung hinter der Mauer der Phoker im Mittleren Paß. Sie zogen den Angreifern so weit entgegen, bis das Gelände sich öffnete und wenigstens ein Teil von ihnen sich aufstellen konnte. Sie wollten noch einmal in der Schlachtreihe kämpfen, wie sie es gewohnt waren und wie es ihre Stärke war. So konnten sie dem Gegner auch die schwersten Verluste beibringen. Als die Lanzen zersplittert waren, wurde mit dem Schwert weitergekämpft. In diesen Kämpfen ist Leonidas gefallen. Um seine Leiche entbrannte ein erbittertes Ringen. Schließlich konnten die Spartiaten die Leiche ihres Königs den Feinden entreißen.

Dann kam die Nachricht, daß Hydarnes mit den Unsterblichen anmarschierte. Da brachen sie den Kampf ab und zogen sich hinter die Phokische Mauer auf einen Hügel zurück. Hier wurden sie umzingelt. Viele hatten nur noch ihre Dolche, um sich zu wehren.

Aber die Perser wichen nun dem Nahkampf aus und setzten ihre Bogenschützen ein. Unter einem immer erneuten Pfeilhagel fanden die letzten Spartiaten und Thespier den Tod, ohne sich noch wehren zu können.

Einer der Spartiaten, Pantites, war als Bote nach Thessalien geschickt worden. Er hatte sich der Schlacht nicht entzogen, sondern einen dienstlichen Auftrag ausgeführt. Und doch wurde er, weil er am Leben geblieben war, nach seiner Rückkehr in die Heimat ehrlos und beging schließlich Selbstmord.

Die Thebaner unter Führung des Leontiades hatten nur gezwungen am Kampf teilgenommen. Ihre Chance kam beim Rückzug. Als der Kampf abgebrochen wurde, gingen sie nicht mit zurück, sondern wollten sich den Persern ergeben. Mit ausgestreckten Händen gingen sie ihnen entgegen. Trotzdem wurden noch einige von ihnen getötet. Sie erklärten, daß sie persisch gesinnt seien und dem König Erde und Wasser gegeben hätten. Nur gezwungen und gegen ihren Willen hätten sie an der Schlacht teilgenommen. Sie konnten die Thessaler zu Zeugen anrufen, und das rettete sie. Dennoch wurden sie als Abtrünnige behandelt. Xerxes ließ ihnen das königliche Brandmal einbrennen, als erstem ihrem Feldherrn.

Noch nach seinem Tode entehren aber wollte Xerxes den Leonidas. Wie einem Rebellen und Insurgenten ließ er ihm den Kopf abschlagen und auf einen Pfahl stecken. »Aus vielen Anzeichen, namentlich aber aus diesem Befehl ersehe ich«, schreibt Herodot (7, 238), »daß König Xerxes keinen seiner Feinde so gehaßt hat wie Leonidas. Sonst hätte er seinem Leichnam nicht diese Schmach antun können. Denn kein Volk, das ich kenne, ehrt heldenmütige Krieger so hoch wie die Perser.«

Für die Spartaner war diese Entehrung ihres Königs ein Sakrileg schlimmster Art. Sosehr die politische Macht der spartanischen Könige im Laufe der Entwicklung durch das Ephorat eingeschränkt wurde, so blieb ihnen doch bis in späte Zeit immer eine sakrale Weihe eigen, die sie über alle anderen Spartaner hinaushob, ein lebendiger Nachklang aus früher Zeit, wo sie die Funktionen des Priesters, Feldherrn und Richters in sich vereinigten. Mit ihrem Tode stiegen die spartanischen Könige automatisch zu der Würde von Heroen auf, von ausgedehnten Leichenfeiern unter Beteiligung des ganzen Landes begleitet. Mehr als im übrigen Griechenland war in Sparta die Gewißheit lebendig, daß Tote und Lebende miteinander verbunden seien. Die

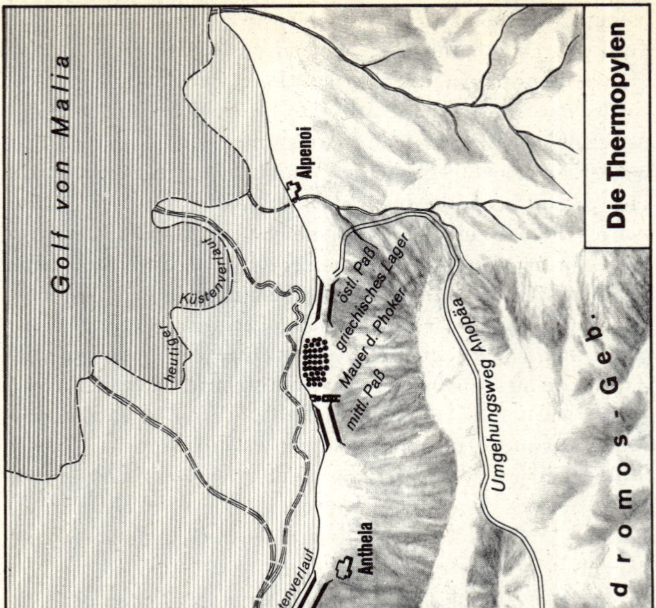

Toten, und besonders natürlich die heroisierten Toten, sind mächtig und erheben Anspruch auf Ehrungen, und der Schutz der Heroen und heroisierten Könige kann dem Staat nur zuteil werden, wenn diese rituellen Ehrungen regelmäßig und ordnungsgemäß vollzogen werden. Das aber hat zur Voraussetzung, daß die Gebeine des zu Verehrenden anwesend sind. Sparta legte daher allen Wert darauf, daß ihre auf Feldzügen gefallenen Könige nicht in fremder Erde bestattet, sondern in die Heimat zurückgebracht wurden. In späterer Zeit wurden sie für den Transport in Honig konserviert, sonst wurde, wenn kein Honig in solcher Menge zur Verfügung stand, der Leichnam mit Wachs überzogen. Leonidas konnte man wegen der persischen Besatzung nicht in die Heimat zurückholen und griff deshalb zu einer merkwürdigen Ersatzhandlung. Es wurde ein *eídolon*, vermutlich eine lebensgroße Statue, des Leonidas angefertigt und wie ein Verstorbener auf einer Kline zu Grabe getragen. Auf diese Weise hoffte man, sowohl dem heroisierten Toten die schuldige Ehre zu erweisen, wie auch sich seines Beistands zu versichern. Erst vierzig Jahre später, 440, wurden die Gebeine des Leonidas nach Sparta zurückgeholt. Es wurde ihm ein Ehrenmal, das Leonideion, errichtet und ein jährlicher Wettkampf eingesetzt, an dem nur Spartiaten teilnehmen durften.

Die Schändung der Leiche des Leonidas war für die Spartaner ein ebenso schwerer persischer Frevel wie für die Athener die Zerstörung der Heiligtümer des Landes.

Die Amphiktionie errichtete später zu Ehren der Gefallenen zwei Inschriften, die eine für die Toten der beiden ersten Tage:

»Drei Millionen Feinde bekämpften an dieser Stelle
Viermal tausend Mann peloponnesisches Volk.«

Die drei Millionen sind indiskutabel. Aber auch die Zahl viertausend muß übertrieben sein, selbst dann, wenn man die Waffenträger einrechnet. Die Spartiaten nicht gerechnet, waren 2800 Hopliten aus dem Peloponnes ausgezogen, und Herodot läßt keinen Zweifel, daß ein großer Teil von ihnen zurückkehrte. Wenn die Zahl nicht die Menge der Gefallenen, sondern der Teilnehmer nennen würde, so wäre sie verständlich, aber es ist eindeutig eine Grabinschrift.

Den Spartanern wurde das bekannte Epigramm gesetzt:

»Wanderer, kommst du nach Sparta, verkündige dorten, du habest
uns hier liegen gesehn, wie der Befehl es gebot.«

Dieser »Befehl« wird dem Xerxes von König Demaratos mit den Worten erläutert, die wir schon einmal anführten: »Der Befehl (des Gesetzes) ist ewig derselbe: keiner Heeresmacht zu weichen, sondern fest in der Phalanx zu stehen und zu siegen oder zu sterben« (Hdt. 7, 104).

Irritiert fragen wir uns, war das alles? Gedachte die Amphiktionie nur der Peloponnesier? Gedachte sie nicht auch der siebenhundert gefallenen Thespier? Und wenn nicht sie es tat, taten es nicht wenigstens die Thespier selbst? Offenbar nicht. Anders als im Fall der Platäer bei Marathon gedenkt Herodot der Thespier bei Thermopylä ausführlich. Aber ein Epigramm auf sie hat es offenbar nicht gegeben, sonst hätte er es überliefert.

Merkwürdig! Aber das ganze Schicksal der Thespier bei Thermopylä ist merkwürdig. Die dreihundert Hopliten des Leonidas stellten etwa ein Zwanzigstel aller Spartiaten dar, und Herodot schreibt dem Leonidas bei seinem Entschluß zu bleiben unter anderem die Überlegung zu, »Spartas Blüte wäre dadurch nicht verloren« (7, 220). Aber für Demophilos, den Feldherrn der Thespier, sah die Lage anders aus. Er befehligte das vollständige Hoplitenaufgebot seiner Stadt. Konnte er es geschlossen in den Tod führen und seine Stadt schutzlos machen? Und die Thespier selbst? Warum wollten auch sie sich opfern? Was waren die inneren oder äußeren Gründe ihres Entschlusses? Das Opfer der Thespier ist am Ende genauso rätselhaft wie das Verschwinden der Phoker.

Es gibt eine Reihe von Schwierigkeiten mit der Darstellung des Herodot. Wir erwähnen hier nur noch kurz ein Zeitproblem: Xerxes wartet mit dem Angriff bis zu dem Zeitpunkt, wo Hydarnes das Gebirge überstiegen hat und den Zangenangriff einleitet. Zu eben diesem Zeitpunkt aber rücken die Griechen aus, kämpfen in der Phalanx, verlieren ihren König, kämpfen um seine Leiche und gewinnen sie, wie es ausdrücklich heißt, erst im vierten Anlauf zurück. Dann ziehen sie sich geordnet zurück, um erst jetzt mit dem Gegner im Rücken in Berührung zu kommen.

Zeitlich geht das nicht auf. Wir wissen nicht, wie die ursprüngliche Überlieferung lautete, wir verstehen nicht einmal, wie Herodot sich das von ihm selbst Berichtete vorgestellt hat.

Daß nicht nur die Umstände der Schlacht von Thermopylä, sondern auch die Person ihres Helden in der Forschung umstritten ist, mögen zwei negative Urteile belegen. In seinem Herodot-Buch nennt der Engländer J. L. Myres Leonidas einen Mann, »whose heart and muscles were better than his head«, und K. J. Beloch schreibt in seiner »Griechischen Geschichte« geradezu: »Nur einen Vorteil hat die Katastrophe an den Thermopylen der griechischen Sache gebracht, sie hat das Bundesheer von einem unfähigen Oberfeldherrn befreit.«

Aber können solch willkürliche und törichte Gelehrtenurteile den Respekt vor dem Mut und der Todesbereitschaft der Thermopylenkämpfer vermindern?

Die Besetzung Attikas

So heroisch der Heldenkampf des Leonidas und seiner Mitstreiter auch war, trösten konnte er die Griechen damals nicht. Sie waren in ihrer Bedrängnis ganz auf das Resultat und die Folgen fixiert, und die waren katastrophal. Mittelgriechenland und bald auch Attika waren nun schutzlos den Persern preisgegeben.

Die ersten, die es mit aller Härte traf, waren die Phoker. Trotz des persischen Sieges und ihrer unmittelbaren Bedrohung wollten sie sich nicht unterwerfen. Die Thessaler machten ihnen das Angebot, zu vermitteln. Die Phoker antworteten ihnen, wenn sie persisch werden wollten, so brauchten sie keine Hilfe dazu, das könnten sie alleine.

Die Lokrer hatten sich offenbar ergeben. Aber durch ihr Gebiet, an der Küste entlang, zogen die Perser gar nicht. Das ganze Heer drang über den Paß von Dekeleia nach Phokis ein und hauste hier fürchterlich. Alle Städte und Heiligtümer wurden geplündert und verbrannt. Die Bevölkerung hatte sich auf den Parnaß oder ins Nachbargebiet, nach Amphissa, geflüchtet. Um so grausamer ging man mit den wenigen um, die man in ihren Schlupfwinkeln aufspürte.

Dann drangen die Perser in Böotien ein. Offenbar befürchtete man auch hier Übergriffe, obwohl das Land sich unterworfen hatte. Alexander von Makedonien hatte den böotischen Städten makedonische Besatzungen zur Verfügung gestellt, die als Verbündete der Perser die Böoter schützen konnten. Nur Platää und Thespiä wurden als erklärte Perserfeinde zerstört. Die Bevölkerung hatte sich jedoch rechtzeitig auf dem Peloponnes in Sicherheit gebracht.

Als die Thermopylen fielen, war die Evakuierung Attikas natürlich in keiner Weise abgeschlossen. Tausende, vielleicht Zehntausende von Menschen befanden sich noch im Lande. Nun hieß es plötzlich im Ernst: Rette sich, wer kann! Die vom Artemision zurückgekehrte Flotte wurde jetzt bei der Evakuierung miteingesetzt und konnte sicher einen großen Anteil übernehmen, obwohl sie für Transporte nicht gebaut und eingerichtet war, da die Trieren damals auch noch kein durchgehendes Deck hatten. Merkwürdig ist, daß allein die Athener Schiffe bei der Evakuierung halfen, während die der anderen Bundesgenossen untätig bei Salamis lagen (Hdt. 8, 41), obwohl sich wenigstens die Trieren von Ägina und Troizén hätten nützlich machen können. Aber sonst zeigten sich die Troizener überaus großzügig. Sie setzten allen bei ihnen einquartierten Athener Familien eine tägliche Unterstützung von zwei Obolen aus, besoldeten auch die Lehrer für die Athener Schulkinder auf Staatskosten und stellten den Kindern frei, Obst und Trauben zu pflücken, wo immer sie wollten.

Neun Tage nach Thermopylä standen das persische Heer wie die persische Flotte in Attika. Die Evakuierung war abgeschlossen und im allgemeinen wohl ohne Panik verlaufen. Nur ein paar hundert Menschen waren in ganz Attika zurückgeblieben, die meisten wohl aus eigenem Willen. Athen war geräumt, nur die Akropolis wurde von den Tempelwächtern und denen verteidigt, die das Orakel von der hölzernen Mauer auf die Burg bezogen. Sie verteidigten sich nicht nur tapfer, sondern auch erfolgreich, obwohl sie vielleicht nur wenige waren. Es nutzte den Persern nichts, daß sie den Areopag besetzten und von dort aus versuchten, die Verhaue der Verteidiger mit Brandpfeilen anzuzünden. Als die Peisitratiden ein Vermittlungsangebot machten, antworteten die Verteidiger damit, daß sie große Steine auf die den Aufgang bestürmenden Feinde herabrollten, die viele erschlugen. Tagelang blieben die Perser unverrichteter Sache. Bis sie schließlich dieselbe Lösung fanden, mit der sie einst auch Sardes zu Fall gebracht hatten. Sie erkletterten die Akropolis im Osten an einer Stelle, die für unersteigbar galt und daher nicht bewacht war. So wurde die Besatzung überrumpelt. Um den

Feinden nicht in die Hände zu fallen, stürzte sich ein Teil von den Mauern in die Tiefe. Die anderen flüchteten sich in die Tempel. Aber wie hätten die Feinde das Asylrecht respektiert! Sie wurden alle erschlagen und die Heiligtümer angezündet. Alle Pracht der archaischen Tempel ging im Feuer unter.

Xerxes hatte indes sein Ziel nur räumlich erreicht. Er hatte Athen eingenommen und zerstört. Die Athener aber faßte er nicht.

Die Schlacht bei Salamis

Die persische Flotte lag in der Bucht von Phaleron, die griechische im Sund von Salamis. Beide waren zunächst damit beschäftigt, ihre Schäden auszubessern, beide hatten auch Zuzug erhalten. Die Griechen wurden durch den größten Teil der Flotte verstärkt, die nicht an der Schlacht beim Artemision teilgenommen, sondern sich in der Pogonbucht bei Troizén in Bereitschaft gehalten hatte. So waren nun endlich auch die Spartaner mit sechzehn Schiffen vertreten. Sikyon, Epidaurus und Troizen stellten fünfzehn, zehn und fünf, Hermione drei, wobei man sich fragt, ob diese Staffelung nicht auch wieder schematisch, die Zählung also nicht authentisch ist. Auch aus dem abgelegenen Westen nahmen nun Schiffe teil, aus Amprakia sieben, aus Leukas drei. Ägina hatte sein Kontingent von achtzehn auf dreißig erhöht. Es verfügte noch über mindestens zwölf weitere Trieren, doch hielt es sie zum unmittelbaren Schutz der Insel zurück. Von den Kykladen war Naxos mit vier Trieren bei Salamis vertreten. Sie waren mit dem Befehl ausgelaufen, sich bei den Persern zu stellen, aber auf Betreiben des Demokritos, eines angesehenen Naxiers, des einen der vier Kapitäne, schlossen sie sich der griechischen Flotte an, zur Ehrenrettung für ihre Insel. Von den übrigen Kykladen hatte Keos mit je zwei Trieren und Fünfzigruderern schon am Artemision mitgekämpft. Jetzt kamen auch die anderen Westkykladen hinzu, Kythnos, Seriphos, Siphnos, Melos, die einzigen Inseln, die dem König nicht Erde und Wasser gegeben hatten. Ihre Kontingente waren freilich verschwindend klein. Außer einer einzigen Triere aus Kythnos konnten sie sonst nur Fünfzigruderer stellen, und auch von denen nicht mehr als fünf im ganzen. Um so erstaunlicher war die Entschlossenheit dieser kleinen Inseln.

Das weitaus größte Kontingent stellten die Athener mit hundertachtzig Schiffen. Ihnen folgten in großem Abstand die Korinther mit vierzig. Wenn dann in der Überlieferung Ägina mit dreißig, Megara und Chalkis mit je zwanzig Schiffen folgen, so scheint auch hier wieder eine schematische Staffelung vorzuliegen. Offenbar besaß Herodot selbst über die griechischen Kontingente nur Annäherungswerte, aber keine authentischen Angaben. Im ganzen gibt er die griechische Flotte mit dreihundertachtzig Schiffen an, die sieben Fünfzigruderer nicht gerechnet. Äschylus dagegen nennt eine Zahl von dreihundertzehn.

Die östlichen Kykladen Andros und Tenos schlossen sich den Persern an, das diplomatische Paros aber hinkte auf beide Seiten und ließ sein Kontingent nur bis Kythnos fahren und dort abwarten, wie der Kampf ausgehen würde.

Wer auch wartete, waren die beiden feindlichen Flotten selbst. Jede wartete darauf, daß die andere sich zum Kampf stellte. Den Persern war daran gelegen, eine Seeschlacht auf offenem Meer zu liefern. Nur dort konnten ihre überlegene Stärke, aber auch ihre taktische und nautische Überlegenheit, der Vorzug ihrer schnelleren und wendigeren Schiffe und ihrer erfahreneren Mannschaften voll zur Geltung kommen. Die Griechen dagegen wußten nicht nur aus den Darlegungen des Themistokles, sondern inzwischen schon aus harter Erfahrung am Artemision, daß sie in offener Seeschlacht den Gegnern nicht gewachsen waren, deren Rammtechnik ihnen leicht zum Verderben wurde. Nur in engem Gewässer, wo der Gegner nicht frei manövrieren und sie ihre Enter- und Hoplitentechnik anwenden konnten, hatten sie Aussicht zu siegen. Keine Flotte sah aber die Möglichkeit, der anderen den Kampfplatz vorzuschreiben.

Für die Perser war das Warten jedoch sehr viel unproblematischer als für die Griechen. Denn so günstig deren Stellung im Sund von Salamis taktisch gesehen auch war, die Peloponnesier zog es mächtig nach Hause. Attika war bereits von den Persern besetzt. Auf dem Isthmus aber stand unter König Kleombrotos, dem Bruder des Leonidas, dem jüngsten und letzten der vier Brüder, das Bundesheer bereit, dem Feind jedes weitere Vordringen zu verwehren. Die Nachricht, daß Thermopylä gefallen sei, hatte die peloponnesischen Bundesgenossen endlich mobil gemacht, denn nun drohte ihnen selbst Gefahr. Sie hatten sofort ihre vollständigen Aufgebote auf den Isthmus entsandt, ja, man hatte dort in aller Eile eine Sperrmauer errichtet. Dabei wurde wahllos alles verwendet, was erreichbar war, Steine, Ziegel, Balken, Sand, und die Arbeit Tag und Nacht fortgesetzt. Unter Einsatz so vieler tausend Soldaten war das Werk bald vollendet. Man hatte auch die Küstenstraße östlich von Megara, an ihrer steilsten und schmalsten Stelle, bei den sogenannten Skironischen Felsen, unterbrochen und unbrauchbar gemacht. Deshalb argumentierten die Peloponnesier, man solle sich zum Isthmus zurückziehen. Wenn man im Sund angegriffen und besiegt werde, so sei man auf Salamis eingeschlossen und verloren. Am Isthmus aber könne man sich zu den Seinen retten.

Dagegen war einzuwenden, daß man sich am Isthmus einer offenen Seeschlacht aussetzte und wenig Aussicht habe, sie zu gewinnen. Sei aber die Flotte besiegt, so helfe auch das Heer nicht mehr viel, denn dann könne der Feind mit seinen Schiffen ungehindert landen und das Land verwüsten. Und so war es in der Tat. In Salamis liegend schützte die griechische Flotte gleichzeitig den Peloponnes, einfach dadurch, daß sie da war. Solange sie dort lag, konnte das persische Heer nicht gegen Megara vorrücken und die persische Flotte nicht gegen den Peloponnes auslaufen, wenn sie das Heer nicht gefährden und einem griechischen Flottenangriff aussetzen wollte. Aber es gab noch ein gravierenderes zweites Argument. Der Rückzug der Flotte an den Isthmus hätte die Preisgabe von Salamis, Ägina und Megara mit ihrer eigenen Bevölkerung und mit den Zehntausenden attischer Flüchtlinge bedeutet. Ein solcher Gedanke war für die Betroffenen ausgeschlossen. Und da sie zusammen zweihundertdreißig Schiffe stellten, fast zwei Drittel der ganzen Flotte, so konnten sie ihrem Argument starken Nachdruck verleihen.

Der Leser Herodots gewinnt leicht den Eindruck, als habe sich die Schlacht von Salamis innerhalb weniger Tage nach dem Einlaufen der persischen Flotte in Phaleron entwickelt, wenn er die vier Beratungen der griechischen Flottenführer teilweise in Nachtsitzungen zusammengedrängt findet. In Wirklichkeit hat die Liegefrist volle drei Wochen betragen. Die persische Flotte ist gegen Ende der ersten Septemberdekade in Phaleron eingelaufen, die Schlacht fand aber erst Ende des Monats statt. Die Einigkeit der Griechen und die Geduld der Peloponnesier wurde also auf eine außerordentlich harte Probe gestellt. Und wenn die Darstellung des Herodot sich bemüht, die ungewöhnlichen Schwierigkeiten anschaulich zu machen, die es den Themistokles kostete, die Flotte auch nur für wenige Tage beieinander zu halten, so war in Wirklichkeit seine Leistung unvergleichlich größer, und er vollbrachte ein wahres Wunder, über drei Wochen hinweg den angeborenen Partikularismus seiner Landsleute zu besiegen. Dabei wäre seine eigene Entschlossenheit und Ausdauer im Bewußtsein dessen, was auf dem Spiele stand, vielleicht auch nicht ausreichend gewesen, wenn es ihm nicht gelungen wäre, Eurybiades, den spartanischen Oberkommandierenden, zu seiner Ansicht zu bekehren und bei dieser Ansicht zu erhalten. Zwischen den beiden Männern muß eine ähnliche Übereinstimmung in den strategischen Ansichten bestanden haben wie seinerzeit zwischen Kallimachos und Miltiades, nur daß es sich bei Marathon um zwei Athener, jetzt aber um einen Athener und einen Spartaner handelte, für den nach Tradition und Abstammung soviel Unabhängigkeit und Weitsicht alles andere als selbstverständlich waren. Mit Recht hat man bezweifelt, ob im umgekehrten Fall die Athener sich zu der gleichen Selbstlosigkeit bereit gefunden hätten. Es waren freilich nicht nur Vernunftgründe, die den Eurybiades bestimmten, sondern auch die alles übertreffende Stärke der Athener Flotte. Aber jedenfalls wäre ohne seine Entschlossenheit und Konsequenz das Verbleiben der griechischen Flotte in Salamis und damit der Sieg fraglich gewesen.

Ein kritischer Moment trat ein, als die Perser die Akropolis besetzten. Obwohl deren Fall unabwendbar, nur eine Frage der Zeit und sicher vorauszusehen war, so mußte bei der Bedeutung und Heiligkeit des Orts das Ereignis die Gemüter doch stark bewegen und die Vorteile der Salamis-Stationierung aufs neue in Frage stellen. Die anschließende Besprechung der griechischen Flottenführer soll in völliger Uneinigkeit geendet haben. Da sei, berichtet Herodot 8, 57, Mnesiphilos, der alte Lehrer des Themistokles im rechten Augenblick zur Stelle gewesen, um ihm zu sagen, wenn die Flotte nicht bei Salamis kämpfen werde, dann werde sie überhaupt nicht kämpfen:

»Wenn die Flotte Salamis verläßt, wird es überhaupt nicht zur Schlacht um unser Vaterland kommen. Jeder wird in seine Stadt zurückfahren. Weder Eurybiades noch sonst ein Mensch kann dann verhindern, daß die Flotte sich auflöst. Hellas wird durch seine Torheit zugrunde gehen.«

Doch das ist nur ein weiterer Ausfluß jener Tradition, die versucht, den Ruhm des Themistokles zu schmälern, indem sie ihm seine Ideen von anderen leiht. Daß man ausharren müsse oder verlieren, brauchte ihm wahrlich kein anderer zu sagen. Das wußte niemand besser als er. Themistokles suchte dann, berichtet die Anekdote weiter, Eurybiades auf und veranlaßte ihn, die schon zu ihren Schiffen zurückgekehrten Flottenführer noch einmal auf dem Flaggschiff zusammenzurufen. Und der Übereifer riß ihn hin, vor den Wiederversammelten das Wort zu ergreifen, bevor Eurybiades es ihm erteilt hatte. Da unterbrach ihn Adeimantos, der Flottenführer von Korinth, und erinnerte ihn an die Geschäftsordnung mit der Bemerkung: »Themistokles, wer bei den Wettkämpfen zu früh startet, wird mit Strafe belegt.« Worauf Themistokles, sich entschuldigend, erwiderte: »Aber wer beim Wettlauf zurückbleibt, bekommt keinen Kranz.«

Dann setzte er noch einmal mit der ganzen Überzeugungskraft, die ihm zu Gebote stand, die unwiderrufbaren Argumente auseinander: daß sie am Isthmus einer offenen Seeschlacht ausgesetzt seien, mit großer Gefahr, da sie schwerfälligere Schiffe hätten und an Zahl unterlegen seien; daß sie Salamis, Ägina und Megara nicht preisgeben dürften; zögen sie sich an den Isthmus zurück, so zögen sie nicht nur die feindliche Flotte, sondern auch das feindliche Landheer dorthin und brächten damit ganz Griechenland in Gefahr. Und dann folgt ein Satz, der authentisch sein muß: »Hier in Salamis aber vollbringen wir auch, woran euch soviel gelegen ist. Hier in Salamis kämpfen wir ebensogut für den Peloponnes wie am Isthmus.«

Hier wird zum erstenmal der Gedanke gefaßt und ausgesprochen, daß Seestrategie Fernstrategie ist, revolutionär in der bisherigen Geschichte und grundlegend für den Aufbau der attischen Seeherrschaft.

Als Themistokles geendet hatte, griff ihn Adeimantos ein zweites Mal an und sagte, wer kein Vaterland habe, habe überhaupt kein Recht in ihrer Versammlung zu sprechen. Eurybiades dürfe nicht zulassen, daß ein Heimatloser mit abstimme. Im Namen welcher Stadt Themistokles denn eigentlich spreche. Er wollte darauf anspielen, daß Athen und Attika in Feindeshand und die Athener heimatlos seien.

Das gab eine harte Erwiderung, und der Korinther mußte vieles hören, was er sich vor den anderen lieber erspart hätte. Dann aber setzte Themistokles auseinander, daß ein Staat nicht in der Fläche seines Landes, sondern in der Gemeinschaft der Bürger bestehe und vom Territorium unabhängig sei. Und nun griff er zum Äußersten: Werde man den Beschluß, in Salamis zu bleiben, aufheben, so würden die Athener ihre Frauen und Kinder nehmen, die Schiffe besteigen und nach Siris in Italien auswandern, mit dem man seit alters verbunden sei. Es ist nicht auszuschließen, daß der Plan, nach Siris auszuwandern, eine Zeitlang von den Athenern ernsthaft erörtert wurde. Das unter anderem Themistokles selbst alte und enge Bindungen an Italien hatte, beweist der Umstand, daß er die eine seiner Töchter Sybaris und die andere Italia nannte.

Da war keiner, dem die Entschlossenheit des Themistokles zweifelhaft gewesen wäre, keiner, der nicht begriffen hätte, daß man nach dem Abzug der Athener Flotte gegen den Feind nicht die geringste Aussicht mehr hatte, nicht zu Wasser und nicht zu Lande. Man blieb.

Während Herodot die zahlreichen Konferenzen und Lagebesprechungen der griechischen Flottenführer in den drei Wochen vor Salamis zu vier Gesprächen zusammenfaßt, komprimiert er die persischen Beratungen zu einer einzigen. Sie wird einen Teil authentischer Nachrichten enthalten, da Artemisia, die Fürstin von Halikarnaß, seiner Heimatstadt, die wichtigste Rolle spielte.

Xerxes berief die Stammesfürsten seines Gefolges, soweit sie gleichzeitig Flottenführer waren, zu einer Beratung zusammen, um ihnen die Frage vorzulegen, ob man die Griechen angreifen solle oder nicht. Sie nahmen in der Reihenfolge Platz, die sie in der Wertschätzung des Königs innehatten. Zuoberst die Stadtkönige Phönikiens, Tetramnestos von Sidon, Mattan von Tyrus, Maharbal von Arvad, dann Syennesis von Kilikien, Gorgos aus dem zyprischen Salamis usw. bis zu den Dynasten Kariens, unter denen Artemisia die erste Stelle einnahm, eine höchst ausgefallene Erscheinung in diesem Kollegium orientalischer Männer. Mardonius leitete die Sitzung, der König hörte zu. Da sie wußten, daß Xerxes eine schnelle Entscheidung wünschte, plädierten alle für einen Angriff. Und sie waren wohl auch selbst des untätigen Wartens überdrüssig. Artemisia war die einzige, die der Erwartung des Königs zu widersprechen wagte. Sie riet von einem Kampf ab:

»Herr, meine Pflicht ist es, dir wahr und aufrichtig zu sagen, was meiner Meinung nach für dich das Beste ist. Darum sage ich: Schone deine Schiffe und meide eine Schlacht! Wenn du dich nicht auf eine Seeschlacht einläßt, sondern die Schiffe hier liegen bleiben und du in Attika bleibst oder nach dem Peloponnes vorrückst, Herr, so wird dir ohne Mühe alles zufallen, weswegen du nach Hellas gekommen bist. Die Hellenen können dir unmöglich lange gegenüber lagern! Sie werden auseinandergehen und jeder sich in seine Stadt flüchten. Sie haben, wie ich höre, keine Lebensmittel auf der Insel, und wenn du mit dem Landheer nach dem Peloponnes ziehst, ist nicht zu erwarten, daß die Leute vom Peloponnes bei der Flotte ausharren. Sie werden um Athens willen keine Seeschlacht liefern wollen. Wenn du aber gleich jetzt auf einer Seeschlacht bestehst, so wird es, fürchte ich, deiner Flotte übel ergehen und wird auch dein Landheer mit ins Verderben gezogen werden« (Hdt. 8, 68).

So sprach die Fürstin. Alle waren über ihren Freimut erschrokken und fürchteten den Unwillen des Königs. Aber Xerxes, der unter den vielen Vasallen ihre Person und Klugheit besonders schätzte, nahm ihren Rat freundlich auf, folgte aber dann doch der Mehrheit.

Was immer Artemisia in jener Beratung wirklich gesagt hat, die ihr zugeschriebene Rede ist nicht nur gut erfunden, sondern sie beurteilt völlig zutreffend die Lage, wie sie war und wie sie sich bei noch längerem Abwarten entwickeln würde. Aber das wollte die Ungeduld des Königs nicht hören, und so war denn der Angriff beschlossen, oder genauer, es war nicht beschlossen, den Feind anzugreifen, sondern ihm den Angriff anzubieten. Man hatte nicht vor, den Gegner in seiner Höhle aufzusuchen, sondern wollte versuchen, ihn daraus hervorzulocken und dann auf offenem Meer zu schlagen. So liefen denn die persischen Schiffe zu einer Flottendemonstration aus und kreuzten vor dem

Sund von Salamis in der Absicht, die Griechen herauszufordern, wahrscheinlich in verminderter Zahl, um die Verführung größer zu machen. Und manchen griechischen Seebären und Sieger vom Artemision wird es schwer gereizt haben, den Barbaren in die Parade zu fahren. Aber Themistokles und Eurybiades hielten eiserne Disziplin. Die Griechen nahmen die Herausforderung nicht an.

Wir wissen nicht, wieviel Zeit bis zur Schlacht verging. Nach Herodots Darstellung fand sie am nächsten Tage statt, aber das ist eine Komprimierung, wie er sie zur Dramatisierung öfter anwendet. Im höchsten Grade erstaunlich und befremdlich ist aber, daß die Perser es bei diesem einen, untauglichen Versuch beließen. Denn in Wirklichkeit verfügten sie durchaus über sehr viel wirksamere Mittel, die Griechen aus ihrer Reserve zu locken, und verwundert fragt man sich, warum sich die persische Flottenleitung drei Wochen lang so passiv und einfallslos verhielt. Zwar hatte sich die ursprüngliche Zahlenüberlegenheit inzwischen sehr verringert, aber Aktionsmöglichkeiten auch großen Stils blieben genug. Warum haben die Perser keine Invasion auf Salamis, warum haben sie keine auf Ägina versucht? Es besteht kein Zweifel, daß beides die griechische Flotte sofort in Bewegung gesetzt hätte. Warum unternahm man diese wirkungslose Flottendemonstration vor Salamis, warum unternahm man sie nicht vor dem Isthmus? Wie hätten die Griechen weiter in ihrem Versteck verharren können, wenn die persische Flotte Anstalten machte, den Peloponnes zu verheeren. Was hätte da ein Gegenangriff gegen das persische Heer genutzt? Was konnte die Flotte groß dagegen ausrichten? Und was hätte das den Peloponnesiern geholfen? Nein, wenn die Perser energisch den Peloponnes angegriffen hätten, wäre es mit der griechischen Reserve vorüber gewesen. Doch die Flotte zu teilen, die Griechen in Salamis zu binden und gleichzeitig den Peloponnes anzugreifen, dazu waren die Perser inzwischen offenbar zu schwach. Für einen Einsatz der ganzen Flotte auf dem Peloponnes mochten sie auch Versorgungsschwierigkeiten fürchten. Aber hatten sie dort nicht Argos, das ihnen mit Stadt und Hafen eine glänzende Basis bieten konnte? Und auch der Vorschlag der Artemisia war praktikabel. Wenn das persische Heer entschlossen zum Isthmus aufgebrochen wäre, hätte die griechische Flotte es kaum ernsthaft hindern und aufhalten können. Und würden nicht in der Tat, wenn die Perser erst am Isthmus standen, die peloponnesischen Flottenkontingente mit allem Nachdruck darauf dringen, daß man nun nicht länger stillsitze, sondern eingreife? Für die Perser gab es demnach viele Möglichkeiten, die griechische Flotte in Bewegung zu setzen, von denen eine Invasion auf Salamis oder Ägina oder ein Brückenkopf in Argos die naheliegendsten und erfolgversprechendsten waren. Aber nichts wurde unternommen. Zu ihrem Glück hatten es die Griechen mit einem Gegner zu tun, dem jede Initiative fehlte. Eine solch völlige Passivität der persischen Flottenleitung ist fast grotesk und unerklärlich. Ein Teil der Erklärung wird darin zu finden sein, daß die Flotte gar nicht als selbständiges Mittel der Strategie, sondern nur als Hilfsinstrument des Heeres angesehen wurde, und bezeichnend ist, daß sie anders als das Heer in Mardonius keinen eigenen Oberkommandierenden besaß, sondern von einem Kollegium von Admiralen geführt wurde, die zum Teil seeunerfahrene persische Landoffiziere waren. Hätten die Perser der Flotte unter see-erfahrener Leitung selbständiges Handeln erlaubt und ihr die Aufgabe gestellt, die griechischen Schiffe aus dem Sund von Salamis hervorzulocken, sie hätte sich sicher etwas einfallen lassen.

Inzwischen war es Ende September geworden, und die Jahreszeit wurde für die Fortsetzung des Feldzugs immer ungünstiger. Ungeduld und Notwendigkeit drängten beide gleich stark zur Entscheidung. Und so entschloß man sich schließlich doch zu dem, wovor man so lange zurückgescheut war: den Gegner an dem von ihm gewählten Kampfplatz anzugreifen.

Der Plan sah vor, daß die Flotte bei Nacht in den Sund von Salamis einlief. Ob dabei die Absicht bestand, die Griechen am nächsten Morgen in ihrer Ruhestellung zu überfallen und zu vernichten, ehe sie zur Schlacht überhaupt auslaufen konnten, oder ob man sie zum Kampf stellen oder gar aus dem Sund hinaustreiben und auf offener See angreifen wollte, ist ungewiß. Wie die anderen großen Schlachten der Perserkriege, so ist auch diese mit vielen Unklarheiten belastet und kann nicht mit Sicherheit rekonstruiert werden. Ein überraschender Überfall auf die noch ruhenden Schiffe konnte nur gelingen, wenn die nächtliche Einfahrt unentdeckt blieb. Daß die Perser mit einer solchen Möglichkeit rechneten, ist kaum anzunehmen. Jedenfalls wäre es unbegreiflich leichtfertig gewesen, den ganzen Schlachtenplan auf eine solch unsichere Voraussetzung zu gründen. Daß eine so große Flottenbewegung unbemerkt bleiben würde, gleichgültig, in welcher Phase der Mond stand, war so gut wie ausgeschlossen. Das würde aber das nächtliche Einlaufen nicht hindern, ja, gerade darum wurde die Nacht gewählt, weil es bis in die neueste Zeit ein allgemeines Gesetz ist, daß nachts nicht zur See gekämpft wird, weil keine ausreichende Orientierung möglich und die Selbstgefährdung zu groß ist. Worauf es dann entscheidend ankam, war, am nächsten Morgen den ersten Schlag zu führen und die Initiative des Geschehens an sich zu bringen.

Nach der bekannten Überlieferung war es angeblich eine Geheimbotschaft des Themistokles, die die Initiative der Perser auslöste. Die griechische Flotte drohte wieder einmal ernsthaft zu zerfallen, da habe Themistokles durch seinen Trick nicht nur die griechischen Flottenführer zum Bleiben gezwungen, sondern auch den Gegner zu der Kampfstellung veranlaßt, die man so lange vergeblich erhofft hatte.

Herodot hätte dieser Geschichte den Nachsatz anfügen sollen, mit dem er an anderer Stelle einmal seinen Vorbehalt ausspricht, indem er schließt: ». . . was ich zwar nicht glaube, aber vielleicht mancher andere« (5, 86). Oder er hätte hier sein Prinzip von 7, 152 wiederholen können: »Es ist meine Pflicht, alles, was ich höre, zu berichten, aber freilich nicht, alles Berichtete auch zu glauben.« Denn diese berühmte Erzählung ist in vielen Einzelheiten unwahrscheinlich, psychologisch ebenso wie in ihrer organisatorischen Durchführung. Die durch nichts vorbereitete Kontaktaufnahme des Themistokles mußte der persischen Heeresleitung ebenso überraschend wie verdächtig sein, direkt unglaubhaft aber der Inhalt der Botschaft, die in der Ankündigung gipfelte, daß ein Teil der Griechen für die Perser Partei ergreifen und ihren Landsleuten einen Bruderkampf liefern würde.

Das persische Oberkommando hätte sich einer grotesken Leichtgläubigkeit schuldig gemacht, wenn es auf eine solch dubiose Botschaft hin die Flotte in Bewegung gesetzt hätte. Auf welche Weise konnte sich Sikinnos, der Bote des Themistokles, bei seinem mündlichen Auftrag überhaupt legitimieren? Ein sinnreiches Verfahren wäre ein schöner Gag zur Ausschmückung der Anekdote gewesen. Wie konnten die Perser sicher sein, woher er überhaupt käme? In welchem Boot hat eigentlich Sikinnos seinen Auftrag ausgeführt, und mit welcher Auskunft gelangte er durch die griechische und persische Sperre – und wieder zurück? Denn merkwürdigerweise hielten ihn die Perser nicht fest, sondern er kehrte nach der Durchführung seines Auftrags wieder nach Salamis zurück. Zumindest die Tatsache seiner Sondermission war damit auch nicht mehr geheim.

Auffälligerweise sagt Herodot nicht, daß Themistokles seine Botschaft an Xerxes gerichtet habe, wie man gewöhnlich unbewußt annimmt, dadurch persönlichen Kontakt und Einverständnis zwischen den beiden wichtigsten Männern voraussetzend. Nur bei Äschylus (*Perser* 356) und Plutarch wird der Bote zu Xerxes gesandt, bei Herodot dagegen nur ins persische Lager. Und ebenso unbestimmt heißt es nachher: »Die Feinde glaubten der Botschaft.« Daß ein einzelner, Xerxes, in Einfalt und Leichtgläubigkeit der Botschaft auf den Leim ging und aufgrund despotischer Machtfülle eine verhängnisvolle Fehlleistung in Gang setzte, ist schon nicht sehr überzeugend, aber daß das persische Lager und Oberkommando auf sie hereinfiel, kann man nicht gut im Ernst annehmen.

Es ist ganz einfach eine Geschichte, die versucht, die Verdienste des Themistokles um den Sieg von Salamis jedermann eindringlich vor Augen zu führen, und außerdem noch von der Absicht bestimmt ist, ein Beispiel mehr von des Themistokles Verschlagenheit zu geben, um ihn zu einer Art zweiten Odysseus zu machen.

Zur Legende gehört auch, daß es Aristides gewesen sei, durch den die Griechen die Nachricht von ihrer Umzingelung erhielten. Es ist die dramatische, rührende Geschichte, wie Aristides am Abend vor der Schlacht von Ägina aus der Verbannung zurückkehrte und sich zur griechischen Flotte gesellte. Nur mit Mühe war er den persischen Wachtschiffen entkommen. Er begab sich zum gerade tagenden Kriegsrat, ließ Themistokles herausrufen und umarmte dann seinen ärgsten Feind mit den patriotischen Worten: »Wenn wir je Rivalen sein müssen, so laß uns jetzt miteinander wetteifern, wer von uns beiden dem Vaterland den größeren Dienst erweist.«

Dann trug er den Flottenführern seine Beobachtungen über die Umzingelung vor. Die wollten ihm aber nicht glauben.

Aristides vor allen anderen war es gewesen, den die Athener bei ihrem Beschluß, die Verbannten zurückzurufen, im Sinne hatten. Daß er erst in letzter Stunde dem Volksbeschluß Folge leistete, ist wenig wahrscheinlich und wohl ein Kunstgriff der Legende, die auf diese Weise der Versöhnung zwischen Aristides und Themistokles eine hochdramatische Szenerie geben konnte.

In Wirklichkeit erhielten die Griechen die Nachricht von ihrer Umzingelung durch Überläufer, denen sie dann auch ohne weiteres glaubten. Panaitios von Tenos hatte sich im allerletzten Augenblick entschlossen, die persische Flotte zu verlassen und mit seiner Triere zu den Griechen überzugehen, um ihnen die Nachricht von ihrer Bedrohung zu bringen. Und um dieser Tat willen ist auch die Insel Tenos auf der delphischen Siegessäule verzeichnet.

So traf also der persische Angriff die Griechen nicht unvorbereitet. Auf einen Überraschungseffekt hatte man es ja aber auch vermutlich nicht abgesehen. Die Wahl der Nacht diente vor allem dem Zweck, die beabsichtigte Flottenaufstellung ungehindert einnehmen zu können.

Die Perser besetzten die vor dem Eingang des Sundes gelegene Insel Psyttaleia. Sie stationierten dort einen Trupp Soldaten, der während und nach der Schlacht die eigenen Schiffbrüchigen retten, die gegnerischen aber töten sollte.

Um Mitternacht begann die persische Flotte, in den Sund einzulaufen, an der Spitze die phönikischen und zyprischen Schiffe. Wie weit sie vordrangen, wissen wir nicht sicher. Im allgemeinen wird angenommen, daß die ganze Küstenlinie von der engsten Stelle gegenüber der Insel Hagios Georgios bis zum Piräus besetzt wurde. Die persischen Rudermannschaften und Soldaten hatten dabei den Nachteil, die Nacht ohne richtige Nachtruhe auf den Schiffen verbringen zu müssen.

Die Griechen waren in aller Frühe startklar, vielleicht noch vor der Morgendämmerung, um allen Überraschungsmanövern des Feindes zuvorzukommen. Nachdem das Opfer gebracht und glückverheißend ausgefallen war, hielt Themistokles eine kurze Ansprache. Aber es brauchte niemandem besonders gesagt zu werden, worum es an diesem Tage ging. Auch dem letzten war klar, daß eine Niederlage die Katastrophe bedeutete für den

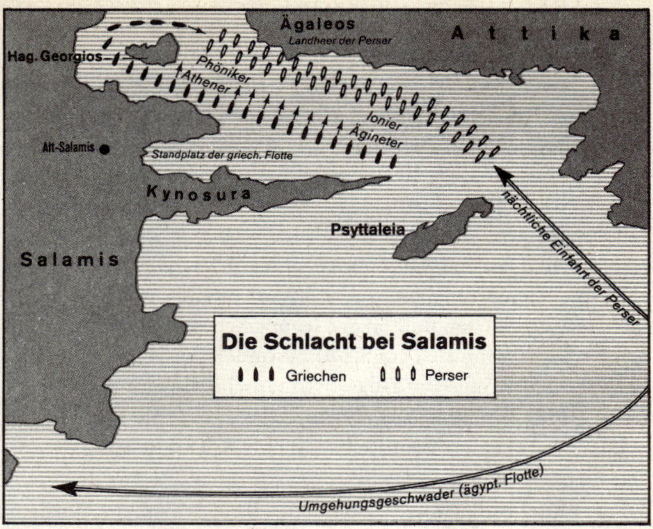

Fortbestand des Staates, für die Zukunft der Familien und für die Freiheit jedes einzelnen, denn auch den Peloponnes würde das Heer ohne Flotte nicht halten können. Sie stimmten den Päan an, den Schlachtgesang, in dem sie den Ares um Sieg anriefen, und dann stießen die Schiffe unter dem Schall der Trompeten ab, dem Feind entgegen, der nun seinerseits den Kriegsruf erschallen ließ.

Die Athener, die auf dem westlichen Flügel standen, zögerten zunächst, anzugreifen, bis das Schiff des Ameinias aus dem Demos Pallene eine phönikische Triere rammte und sich dabei verhakte. Die Schiffe saßen aneinander fest und konnten sich nicht lösen. Da kamen die anderen dem Ameinias zu Hilfe, und so begann die Schlacht.

Phöniker und Zyprier bildeten den westlichen persischen Flügel. Ihnen standen die Athener und Korinther gegenüber. Den östlichen persischen Flügel bildeten die ionischen Schiffe, die die Spartaner und Ägineten zu Gegnern hatten. Der Aufruf des Themistokles hatte wenig geholfen. Die kleinasiatischen Städte und Inseln kämpften entschlossen für den Großkönig. Und sie taten es unter seinen Augen. Er hatte sich auf halber Höhe des Ägaleos einen Thron errichten lassen, um der Schlacht und dem

Sieg seiner Flotte beizuwohnen. Es muß ein grandioser Anblick gewesen sein an diesem Septembermorgen des Jahres 480 v. Chr. In dem klaren Morgenlicht lag die verschlungene Meerenge mit ihren Buchten, Vorgebirgen und Inseln wunderbar plastisch da, bedeckt mit dem Gewimmel von mindestens siebenhundert Schiffen. Ein Anblick, der Darstellung eines Altdorfer würdig. Auf griechischer Seite haben mindestens fünfzig-, auf persischer Seite mindestens siebzigtausend Mann an dieser Seeschlacht teilgenommen. Das sind die Minimalzahlen. Unvorstellbar, was die Seele des Königs bei diesem Anblick erfüllte. Er war von seiner Leibwache umgeben und einer Gruppe Schreiber, die aufzeichnen mußten, wenn sich ein Schiff besonders hervortat. Die Gegenwart des Königs und das orientalische Belohnungssystem sollten ihren Teil zum Sieg beitragen.

Die Szene erinnert unmittelbar an eine Anekdote aus ganz anderer Zeit.

Papst Pius II. hat Kaiser Friedrich III., den Faulen, mit dem Satz charakterisiert, er versuche, die Welt im Sitzen zu erobern. Xerxes wollte sie als Zuschauer erobern. Die Schlacht, die über das Schicksal von Völkern entschied, als Schaustück, als Gladiatorenspiel.

Indes begann der persische Angriff schon bald zu stocken. In dem engen Sund fehlte ihm die Entfaltungsmöglichkeit. Besonders kritisch war die Lage an der Spitze aller Kontingente, bei den Phönikern. Die Athener hatten einen ausgebuchteten Riegel gebildet und die Phöniker wie in einer Schlinge aufgefangen. Der Vormarsch stockte, die anderen Schiffe drängten aber nach, da ein Kommando Halt! oder Zurück! nicht durchzusetzen war. Die Phöniker waren gezwungen, einige Schiffe aus ihren Reihen herauszunehmen, ein Manöver, das aber nur weitere Störungen und Verwicklungen nach sich zog. Als die Athener nun gar begannen, die Phöniker zurückzudrängen, engte sich deren Manövrierfähigkeit vollends ein, denn wollte ein Schiff wenden oder gar fliehen, so stieß es mit den nachfolgenden zusammen. Aber auch die anderen behinderten sich immer stärker gegenseitig. Nun war es aus mit der phönikischen Rammtechnik, und es begann der erbarmungslose griechische Enterkampf. Die Fronten verzahnten sich und lösten sich weitgehend in Einzelkämpfe auf. Herodot hat mehrere von ihnen überliefert, die uns eine konkrete Anschauung davon geben, in welch heilloses Gewirr an vielen Stellen diese Schlacht auslief.

Ein samothrakisches Schiff hatte ein athenisches angegriffen und versenkt. Dann rammte ein äginetisches das samothrakische und brachte es zum Sinken. Die Samothraker schossen aber als gute Bogenschützen die äginetischen Hopliten nieder und machten so die Rudermannschaft wehrlos. Sie enterten das feindliche Schiff und setzten auf ihm die Schlacht fort.

Und auch hier war es wieder Artemisia, die sich unkonventionell verhielt. Sie wurde von einem athenischen Schiff verfolgt, und zwar dem des Ameinias von Pallene, der die Schlacht eröffnet hatte. Da sie keine Möglichkeit sah zu entkommen, wandte sie einen brutalen Trick an. Sie versuchte sich zu tarnen, indem sie ein Schiff der eigenen Flotte rammte. Es war das des Dynasten von Kalynda (Kalymnos). Da sie mit ihm am Hellespont einmal eine Auseinandersetzung gehabt hatte, mochte es ihr selbst vielleicht nicht so verbrecherisch vorkommen. Das Schiff ging mit Mann und Maus unter, so daß niemand übrigblieb, sie anzuklagen. Ameinias aber ließ sich täuschen. Er glaubte, es sei ein eigenes Schiff oder es sei auf die griechische Seite übergegangen.

»Hätte er gewußt, daß sich Artemisia auf jenem Schiff befand, so hätte er nicht geruht, bis er ihr Schiff erobert oder das seine verloren hätte. Denn dieser Befehl war den Kapitänen der athenischen Schiffe erteilt worden, und dazu war noch ein Preis von zehntausend Drachmen auf ihre Gefangennahme gesetzt, denn die Athener waren empört, daß eine Frau gegen sie zu Felde zog«, berichtet Herodot 8, 93.

So gingen viele persische Schiffe noch auf der Flucht verloren, indem sie entweder mit eigenen zusammenstießen oder von griechischen verfolgt wurden, von denen ihnen besonders die Ägineten große Verluste zufügten, die sich mit den Spartanern auf dem rechten griechischen Flügel befanden und den Ausgang des Sundes überwachten.

Große Mannschaftsverluste entstanden den Persern auch dadurch, daß ihre Ruderer gewöhnlich nicht schwimmen konnten, während sich von den griechischen Schiffbrüchigen viele nach Salamis retten konnten.

Gegen Abend, als der Ausgang der Schlacht erkennbar war, besetzte Aristides mit einer Hoplitenschar die Insel Psyttaleia und machte die ganze persische Besatzung nieder. So hatte sich auch hier der ursprüngliche Plan umgekehrt, die Insel brachte nun den persischen Schiffbrüchigen den Tod, den griechischen aber Rettung.

Mit der Eroberung Psyttaleias durch Aristides ist eine befremdliche Geschichte verbunden. Im 13. Kapitel seiner Themistokles-Biographie berichtet Plutarch, wie Themistokles am Morgen vor der Schlacht vor dem Admiralsschiff das übliche Opfer darbrachte, aus dem man zu erfahren suchte, ob die Schlacht glücklich oder unglücklich ausgehen werde, man sie also annehmen solle oder nicht. Während dieser Opferhandlung wurden drei vornehme junge Perser gebracht, Kriegsgefangene, Söhne der Sandauke, der Schwester des Königs. Als der Seher Euphrantides sie erblickte, schlug eine große leuchtende Flamme aus dem Opfer auf, gleichzeitig war von der rechten, der glückverheißenden Seite ein Niesen zu hören. Da ergriff er Themistokles bei der Hand und forderte ihn auf, die drei Gefangenen Dionysos, dem Rohverschlinger (omestés), zu weihen und zum Opfer zu bringen, denn das werde für die Griechen Rettung und Sieg bedeuten. Themistokles schrak vor einer solchen Zumutung entsetzt zurück. Aber die umstehende Menge der Matrosen gab dem Seher recht. Einstimmig rief sie den Gott an, schleppte die Gefangenen zum Altar und bestand auf dem Vollzug ihrer Opferung.

Die Geschichte versetzt uns wohl in eine sehr viel ältere Zeit als die des Jahres 480. Ist es denkbar, daß Themistokles und die Schlacht von Salamis mit einem solchen barbarischen Menschenopfer belastet sind? Die Erzählung, die Plutarch noch an zwei anderen Stellen wiederaufnimmt, wird von Althistorikern gewöhnlich übergangen, von Religionshistorikern aber vielfach geglaubt. Daß Themistokles sich hier einer Situation gegenübersah, der er nicht gewachsen war, nach den Umständen gar nicht gewachsen sein konnte, ist natürlich denkbar. Und daß die abergläubische Menge der Matrosen in einem solchen Augenblick vor der entscheidenden Schlacht in Atavismen zurückfällt, ist auch nicht auszuschließen. Warum erwähnt aber Herodot den Vorfall nicht, bei dem sich doch mehrfach Erzählungen von Menschenopfern finden? Gewiß nicht, um das Andenken des Themistokles zu schonen, für den er keine besondere Vorliebe zeigt, sondern wohl eher deshalb, weil diese Überlieferung zu seiner Zeit noch nicht bestand.

Wenn wir nun im 9. Kapitel von Plutarchs Aristides-Biographie lesen, daß die drei Gefangenen von Aristides auf Psyttaleia gemacht und von dort zu Themistokles geschickt wurden, aus Herodot 8, 95 aber wissen, daß die Besetzung von Psyttaleia erst im Laufe des Tages erfolgte, so wird die morgendliche Opferung hinfällig und befreit uns von einem Alpdruck. Sie wurde, wie Plutarch berichtet, von Phanias von Eresos überliefert, einem Schüler des Aristoteles und Freund des Theophrast, aber dessen Quelle ist unbekannt.

Die Schlacht dauerte volle zwölf Stunden bis zum Einbruch der Dunkelheit, obwohl die persischen Schiffe schon lange begonnen hatten, sich nach Phaleron zurückzuziehen. Die Griechen brachten im Schlepptau einen Teil der schwimmfähigen Wracks, eigene und fremde, noch nach Salamis, dann bedeckte die Nacht Meer und Küsten, die von Trümmern und Toten übersät waren, und vielen Schiffbrüchigen raubte sie die letzte Hoffnung.

Der Botenbericht in den *Persern* des Äschylus schließt mit den Zeilen:

»Denn wisse wohl, noch niemals kam zuvor
an einem Tage solch eine Unzahl Menschen um.«

Herodot nennt überhaupt keine Verlustzahlen, Diodor (nach Ephoros) gibt vierzig griechische und zweihundert persische Schiffe an. Dabei ist die Zahl der griechischen sicher zu klein, die der persischen gewiß zu groß. Außer den Totalverlusten gab es auf beiden Seiten natürlich eine Menge zwar noch schwimmfähiger, aber nicht mehr kampffähiger Schiffe.

Wahrscheinlich konnte am Abend dieses Tages nicht einmal Themistokles sicher sagen, wie es stand. Daß man einen großen Sieg errungen hatte, war klar. Aber war er entscheidend? Die Griechen selbst konnten es jedenfalls nicht glauben. Es war zu unwahrscheinlich, ganz über jede Erwartung und Möglichkeit. Die Generation der Salamiskämpfer hat denn auch den Sieg nicht sich selbst, sondern den Göttern zugeschrieben. »Nicht wir waren die Sieger, sondern die Götter und Heroen, die es dem einen

Mann nicht gönnten, König von Asien und Europa zugleich zu sein«, schreibt Herodot 8, 109.

Am Abend der Schlacht hielten die Griechen den Sieg jedenfalls keineswegs für endgültig, sondern erwarteten, daß die Perser den Kampf wiederaufnehmen würden, und mit schwerer Sorge werden die griechischen Flottenführer diesem zweiten Gang entgegengesehen haben, wo das Schlachtenglück leicht umschlagen konnte.

In Wirklichkeit stellte dieser eine Tag die Wende des Krieges dar. Dazu machte ihn vielleicht weniger das reale Ergebnis, das die Perser vielleicht immer noch im Besitz bedeutender Flottenverbände beließ, als vielmehr ihr Entschluß, den Kampf zur See aufzugeben. Herodot schreibt diesen Entschluß der Feigheit des Xerxes zu, und es ist in der Tat erstaunlich, ja unbegreiflich, wie zaghaft und unentschlossen die persischen Eroberer, die den ganzen Vorderen Orient unterworfen und eines der mächtigsten Reiche der Geschichte gegründet hatten und zur Zeit der griechischen Kriege in der Blüte ihrer inneren und äußeren Kraft standen, sich den Griechen gegenüber verhielten. Und man kann nicht übersehen, daß die Griechen in den Perserkriegen nicht nur überaus tapfer gekämpft und geniale Führer besessen, sondern daß sie auch außerordentliches Glück gehabt haben, Schlachtenglück, aber vor allem auch das vielleicht ausschlaggebende Glück, es mit einem zwar übermächtigen, aber unentschlossenen Gegner zu tun zu haben, einem Gegner ohne Energie und Initiative, der vor dem letzten Einsatz zurückschreckte.

Bei Salamis mag aber hinzugekommen sein, daß das größte und kriegstüchtigste Kontingent der persischen Flotte, das phönikische, durch den Angriff der Athener schwer angeschlagen, vielleicht nur noch zu einem Teil einsatzbereit war. Herodot berichtet davon, daß Xerxes einige phönikische Kapitäne wegen Feigheit hinrichten ließ. Wenn diese Nachricht auch vielleicht übertrieben ist, so mag sie doch auf einen Verfall des Vertrauens hinweisen, der ein weiteres Risiko nicht zuließ. Auch konnte es den Persern zweifelhaft erscheinen, ob auf die ionischen Geschwader nach dem griechischen Sieg noch Verlaß sei.

Der Entschluß war, scheint es, schnell gefaßt. In der zweiten Nacht nach der Schlacht verließ die persische Flotte Phaleron und kehrte nach Kleinasien zurück. Ein Teil der Besatzungen war so verängstigt, daß er die niedrigen Felsen von Kap Zoster in der Dunkelheit für feindliche Schiffe hielt und fluchtartig das Weite suchte.

Die Griechen vergaben den Siegespreis für Salamis an die Ägineten, den zweiten Preis erhielten die Athener.

Die Belagerung von Andros

Die griechische Flotte lief aus, um die Verfolgung der persischen aufzunehmen und gelangte, ohne sie zu sichten, bis Andros, wo in einer Lagebesprechung die Meinungen weit auseinandergingen. Themistokles schlug vor, die Perser energisch zu verfolgen, bevor sie Zeit fänden, ihre Flotte zu reorganisieren. Vor allem müsse man zum Hellespont fahren, dort die Schiffsbrücken zerstören und so dem persischen Heer den Rückzug abschneiden. Dagegen brachte Eurybiades vor, es sei besser, den Gegner ungehindert ziehen zu lassen, denn wenn man ihm den Rückweg verlege, reize man ihn dadurch vielleicht zum Mut der Verzweiflung und beschwöre ein Unglück herauf, das sonst vermieden werde.

Die Mehrheit wird auch deshalb Eurybiades zugestimmt haben, weil die Jahreszeit schon weit fortgeschritten war, im Winter aber die Seefahrt ruhte und nur wenige Lust hatten, sich und ihre Schiffe einem ungewohnten Risiko auszusetzen. So wurde der Verfolgungsplan des Themistokles aufgegeben, und man beschränkte sich darauf, von Andros und einigen umliegenden Inselstädten, die sich den Persern angeschlossen hatten, Strafgelder zu erheben.

Andros wurde aufgefordert und, da es sich zu zahlen weigerte, belagert. Themistokles sandte den Bewohnern eine Botschaft: Die Athener hätten zwei mächtige Götter bei sich, die Überredung und den Zwang. Einem von diesen beiden Göttern würden die Andrier opfern müssen. Die Andrier erwiderten, die Athener müßten in der Tat groß und reich sein, wenn sie mit so bedeutenden Göttern kämen. Andros dagegen sei klein und arm, und zwei gar nicht großartige Götter hätten auf der Insel Wohnung genommen, wollten auch nicht von ihr weichen, nämlich die Armut und das Unvermögen, und unter der Herrschaft dieser Götter könnten sie nicht zahlen. Die Athener würden sehen, so groß auch ihre Macht sei, so könne sie doch niemals größer sein als der Andrier Unvermögen.

Die Andrier widerstanden tatsächlich der Belagerung. Die Flotte konnte nichts gegen sie ausrichten.

Als aber die anderen Inselstädte, die den Persern gefolgt waren, von der Belagerung von Andros hörten, ergriff sie die Furcht, es könnte ihnen ebenso ergehen. Da soll Themistokles von einer Reihe von ihnen Bestechungsgelder erpreßt haben, die sie ihm gaben, weil sie wußten, daß er unter den einflußreichsten Strategen war, und sie hofften, auf diese Weise der Belagerung und überhöhten Kontributionen zu entgehen. Besonders Paros und Karystos sollen ihm große Summen gegeben haben. Aber nur Paros entging einem Angriff. Karystos auf Euböa, das 490 den Persern unter schweren Verlusten Widerstand geleistet hatte, war ihnen seit seiner Eroberung untertan gewesen und geriet nun zum zweitenmal zwischen die Fronten. Es wurde belagert und sein Land verwüstet. Aber es konnte nicht eingenommen werden.

Der Vorwurf, daß Themistokles zu den Männern gehörte, die zwar dem Eisen widerstehen, aber nicht dem Gold, wird in der antiken Überlieferung so häufig erhoben und die Anklage wegen Habgier und Bestechlichkeit bildete bei seiner Verbannung einen so gravierenden Punkt, daß unvermeidlich etwas an ihm hängen bleibt. Es kann sich nur um Übertreibung, nicht um reine Verleumdung handeln. Da er aus keinem begüterten Geschlecht stammte, mag er sich sein Leben lang den reichen Geschlechtern gegenüber zurückgesetzt gefühlt und seine Machtstellung in der Tat dazu benutzt haben, was er als Schande empfand, auszugleichen. Aber für welche menschliche Schwäche fänden sich nicht bei einigem Suchen verständliche und dann auch bereits halbwegs entschuldigende Gründe.

Besuch in Sparta

Von Karystos kehrte die Flotte nach Salamis zurück und kam nun als erstes ihren Opferpflichten nach. Als Erstlingsgabe wurden den Göttern drei erbeutete phönikische Schiffe geweiht, das erste nach dem Isthmus, das zweite nach Sunion, das dritte blieb in Salamis.

Dann wurde die Beute verteilt und der Zehnte davon dem Apollon in Delphi geweiht und dort ein zwölf Ellen (etwa 5,50 m) hohes Standbild errichtet, das einen Mann mit einem Schiffsschnabel in der Hand darstellte. Je nach Auslegung des Kouros war er entweder ein Vertreter der Weihenden, der dem Apollon das Schiff darbringt, oder Apollon selbst, der es entgegennimmt.

Bei der Übergabe des Weihgeschenks fragten die Stifter bei dem Gott an, ob ihm diese Gabe wohlgefällig und ausreichend sei. Apollon gab zur Antwort, von den übrigen Griechen habe er genug erhalten, aber die Ägineten schuldeten ihm noch seinen Anteil an ihrem Tapferkeitspreis. Daraufhin stifteten die Ägineten einen ehernen Schiffsmast nach Delphi, an dem drei goldene Sterne befestigt waren. Die beiden Sterne an den Rahenenden symbolisierten wahrscheinlich die beiden Dioskuren, die viel angerufenen Helfer zur See, und der dritte auf der Mastspitze den Apollon Delphinios.

Nach der Verteilung der Beute versammelten sich die Flottenführer im Poseidonheiligtum auf dem Isthmus, um dort demjenigen den Preis zu überreichen, der am meisten zum Siege beigetragen hatte. Nach dem heroischen Kampf war das Ergebnis dieser Abstimmung enttäuschend menschlich, allzu menschlich. Denn als die Flottenführer am Altar des Poseidon ihre Stimmsteine abgaben, wem der erste und wem der zweite Preis gebühre, da hatte jeder den ersten Preis sich selber zuerkannt, weil jeder sich selbst das Hauptverdienst am Sieg zuschrieb, für den zweiten aber fielen die meisten Stimmen auf Themistokles. Da man sich aus Neid über den ersten Preis nicht einigen konnte, ließ man ihn auf sich beruhen, und die Versammlung ging mit dem Ergebnis auseinander, daß Themistokles der zweite Preis gebühre.

Dieses groteske und schmähliche Ergebnis brachte aber natürlich den Namen und Ruhm des Themistokles erst recht in aller Mund, der nun überall als der Klügste unter allen Griechen gepriesen wurde.

Auf dem Isthmus erhielt Themistokles eine Einladung nach Sparta, vielleicht auf Anregung des Eurybiades, der, wie wir sahen, eng mit Themistokles zusammengearbeitet hatte, seinetwegen viel Anfeindung hatte auf sich nehmen müssen und der nun die Genugtuung hatte, sich in allem bestätigt zu sehen. Die Spartaner ehrten Themistokles bei seinem Besuch außerordentlich und entschädigten ihn vollauf für das, was ihm auf dem Isthmus vorenthalten worden war. Zwar wollten und mußten sie vor allem Eurybiades gebührend ehren, ihm wurde auch der Preis für Tapferkeit zuerkannt und der Olivenkranz dafür überreicht, aber auch dem Themistokles überreichten sie einen Olivenkranz als Preis für Klugheit und Gewandtheit (*sophía* und *dexiótes*). Und sie schenkten ihm den schönsten Wagen, der in ganz Sparta zu finden war. Nach vielen weiteren Ehrungen geleiteten den Scheidenden die dreihundert vornehmsten Spartiaten an die Landesgrenze. »Themistokles ist, soviel wir wissen, der einzige Mensch, dem die Spartaner je das Geleit gegeben haben« (Hdt. 8, 124).

Rückkehr nach Sardes

Xerxes vertraute seine Söhne, die ihn nach Griechenland begleitet hatten, der Artemisia an, die sie zu Schiff direkt nach Ephesus bringen sollte. Auch er selbst beschloß, Griechenland zu verlassen, wählte aber für die Heimkehr nicht den Seeweg, sondern aus uns unbekannten Gründen wieder den umständlichen, beschwerlichen und langwierigen Landweg. Nur Mardonius sollte mit einem Teil des Heeres in Griechenland bleiben und den Krieg fortsetzen. Die Absicht, den Peloponnes zu erobern, war nicht aufgegeben.

In der Nacht vor der Schlacht, unter der Voraussetzung eines gewissen Sieges, hatten sich gleichzeitig mit der Flotte auch die persischen Truppen in Richtung auf Megara und den Isthmus in Bewegung gesetzt. Sie hatten aber schon bald wieder umkehren müssen, und wenig später kam der Befehl zum allgemeinen Rückzug. Wenige Tage, nachdem die Flotte Phaleron verlassen hatte, räumten auch die persischen Truppen Attika. Ohne Versorgung über See, die nun abgeschnitten war, konnten sie sich in dem verheerten und entvölkerten Land nicht ernähren. Sie zogen sich in verbündete Gebiete zurück, nach Thessalien und Makedonien, um von dort aus den Krieg im nächsten Sommer fortzusetzen.

Sie kehrten auf dem Wege zurück, auf dem sie gekommen waren, ließen wahrscheinlich an den Thermopylen wie vorher in den Städten Böotiens eine Besatzung zurück, und in Thessalien angekommen, teilte sich das Heer. Mardonius behielt die persischen und medischen Kerntruppen bei sich, Fußtruppen und Reiter, dazu die sakischen, baktrischen und indischen Kontingente, insgesamt vielleicht 60000 Mann. Herodot beziffert sie auf 300000.

Der König aber zog unter dem Schutz der Unsterblichen und unter Begleitung der beiden Feldherrn Hydarnes und Artabazos weiter nach Norden. Diese Rückkehr des Xerxes hat die griechische Überlieferung mit greulichen Umständen ausgeschmückt. Streckenweise sei dem Heer ganz die Verpflegung ausgegangen. In der Not habe man Gras und Baumrinde, ja, das Laub von den Bäumen gegessen, so daß man sich wohl eine von Menschen kahlgefressene Landschaft vorstellen sollte. Pest und Durchfall seien ausgebrochen und hätten Tausende dahingerafft. Ja, Äschylus weiß sogar von einem Übergang über den vereisten Strymon zu berichten, bei dem die Truppen einbrachen und massenhaft ertranken.

Wir dürfen aber nicht vergessen, daß die Perser in Makedonien durch verbündetes und in Thrakien durch unterworfenes Gebiet marschierten, wo ihnen alle Hilfsmittel zur Verfügung standen. Von Aufständen und Kämpfen hören wir nichts. Nur das abgelegene Potidäa und die anderen Städte auf der chalkidischen Halbinsel Pallene (Kassandra) fielen ab. Aber das geschah erst nach dem Durchzug und hätte ihn selbst dann nicht betroffen, wenn es sich vorher ereignet hätte. Es war ein Randgeschehen.

Eine Anekdote berichtet, Xerxes habe in Eïon an der Strymonmündung ein phönikisches Schiff bestiegen, um von hier aus direkt nach Asien zu segeln (Hdt. 8, 118). Unterwegs brach ein Sturm aus und setzte dem Schiff hart zu. Xerxes ergriff die Angst, und er fragte den Kapitän, ob sie in Gefahr seien. »Wir sind überladen«, war die Antwort, »es sind zu viele Menschen auf dem Schiff. Es gibt nur Rettung, wenn wir das Schiff erleichtern.« Da sagte der König zu seiner Begleitung: »Perser, jetzt habt ihr Gelegenheit, eure Liebe zum König zu beweisen. Ihr seid es, von denen meine Rettung abhängt.« Da vollzogen die persischen Edlen noch einmal die Proskynese und knieten zum letztenmal vor ihrem König nieder, dann sprangen sie über Bord. So wurde das Schiff erleichtert und gerettet und gelangte glücklich nach Asien. Als es aber dort angekommen war, verfuhr Xerxes mit dem Kapitän folgendermaßen: Er schenkte ihm, weil er dem König das Leben gerettet hatte, einen goldenen Kranz, weil er aber so viele persische Edle in den Tod geschickt, ließ er ihm den Kopf abschlagen.

Herodot findet diese Geschichte unglaubwürdig, weil sicher überliefert sei, daß Xerxes auch auf dem Rückweg in Abdera geweilt habe, Abdera aber liege östlich vom Strymon. Aus Abdera berichteten die Abderiten selbst, daß Xerxes seit seiner Flucht aus Athen bei ihnen zum erstenmal die Kleider gewechselt habe, weil er sich erst jetzt sicher gefühlt habe.

Der Rückmarsch soll genau nur halb so lang gedauert haben wie der Anmarsch, nicht drei Monate, sondern nur 45 Tage. Dann stand Xerxes mit seinen Truppen wieder am Hellespont. In der Tat nun völlig anders, als er sich jemals hätte vorstellen können.

Sie fanden die Brücken unbenutzbar, ein Sturm hatte sie unterbrochen. Aber die Flotte lag bereit, sie nach Abydos überzusetzen. Xerxes zog dann mit dem Heer nach Sardes weiter, wo er überwinterte. Die Flotte überwinterte in Kyme.

Friedensangebot an Athen

Artabazos hatte den König mit seinen Truppen nur bis zum Hellespont begleitet, dann kehrte er wieder um, um nach Thessalien zum Heer des Mardonius zurückzukehren. Er machte jedoch einen Umweg über die Chalkidike, um dort die abgefallenen Städte zu strafen und zurückzugewinnen. Olynth, das noch gar nicht abgefallen war, sondern nur im Verdacht stand, es zu wollen, konnte er erobern. Er vertrieb die eingeborene Bevölkerung und überließ den Chalkidiern die Stadt, die also damals chalkidisch wurde. Potidäa aber belagerte er vergeblich. Es lag wohlbefestigt auf der schmalen Landenge, die den Eingang zur Halbinsel Pallene (Kassandra) bildet, auf zwei Seiten vom Meer geschützt. Auch Versuche, die Stadt durch Verrat und ein weiterer, sie bei niedrigem Meeresstand überraschend von der Seeseite her zu nehmen, schlugen fehl. Die Halbinsel Pallene hatte sich der persischen Herrschaft endgültig entzogen.

Im Frühjahr 479 erschien der Makedonenkönig Alexander I., der Philhellene, im Auftrag des Mardonius in diplomatischer Mission in Athen. Schon die Wahl des Botschafters unterstrich das Außerordentliche der Verhandlungen. Mardonius hatte Alexander gebeten, weil er sowohl mit den Persern verschwägert als auch Gastfreund der Athener war, also das Vertrauen beider Seiten und daher als Vermittler besondere Kompetenz besaß. Alexander war erschienen, um den Athenern im Namen und Auftrag des Mardonius ein Friedensangebot zu unterbreiten. Die Perser wollten alle Unbill, die sie von den Athenern erfahren hatten, vergessen. Die Athener sollten frei bleiben, frei von Abgaben und frei in ihren inneren Angelegenheiten. Sie sollten ihr Gebiet nicht nur ungeschmälert zurückerhalten, sondern es wurde ihnen sogar Gebietserweiterung zugesagt. Die zerstörten Heiligtümer erboten sich die Perser wiederaufzubauen. Dafür sollten sich die Athener den Persern anschließen, das heißt, die Feinde der Perser sollten in Zukunft auch die Feinde der Athener sein.

Die Botschaft unterließ nicht, darauf hinzuweisen, daß die Hilfsmittel des Großkönigs unerschöpflich seien und daß *ein* Sieg gegen ihn gar nichts bedeute.

Alexander fügte nach dem Bericht des Herodot (8, 140) aus eigenem hinzu, daß er es für klug halte, das Angebot anzunehmen, um Sicherheit und Frieden zu gewinnen, denn sie könnten diesen Krieg mit den Persern nicht ewig fortsetzen. Außerdem sei Attika durch seine Lage besonders gefährdet und werde unter einem Krieg immer am meisten zu leiden haben.

Das Friedensangebot kam für die Athener so überraschend und unmotiviert, daß viele es anfangs für ein bloßes Gerücht hielten. Aber es bewahrheitete sich. Um so weniger wußte man, was man davon halten sollte. Das Angebot hatte etwas irritierend Unpolitisches an sich, etwas geradezu verdächtig Treuherziges. Ein deutliches Zeichen der Schwäche war darin nicht zu verkennen. Ohne Flottenunterstützung und Überseeverbindung war die persische Armee für ihre Versorgung, ihre Operationen, vor allem für ihr Hauptziel, die Eroberung des Peloponnes, in einer mißlichen Lage. Ohne gleichzeitige Flottenoperationen war der Durchbruch über den Isthmus kaum zu erzwingen, vielmehr würde man seinerseits unter der ständigen Bedrohung durch feindliche Flottenangriffe stehen. Konnte man sich aber mit den Athenern arrangieren, so hatte man nicht nur die wichtigste und bei weitem größte griechische Flotte auf seine Seite gezogen, sondern gleichzeitig die Gegenseite um eben diese Flotte geschwächt. Der Besitz der athenischen Flotte würde aber sofort auch die Reorganisation und den Neueinsatz der persischen nach sich ziehen können, so daß man den peloponnesischen Kontingenten dann um ein Vielfaches überlegen war. Das war eine klare Rechnung. Das Angebot des Mardonius hatte aber auch etwas Ehrenrühriges an sich, wenn er glaubte, daß die Athener von heute auf morgen ihre Verbündeten im Stich lassen und zur Gegenseite übergehen würden. Das Angebot hatte schließlich auch etwas Tragisches an sich. Es ist kein Zweifel, daß es das Angebot eines Mannes war, der es ehrlich meinte. Es war sozusagen der letzte Versuch des Mardonius, zu einem guten Ende zu kommen. Mardonius ist die eigentlich tragische Figur in dem großen Geschehen. Als junger Mann war er 492 ohne sein Verschulden in die Katastrophe am Athos verwickelt und abgesetzt worden. Nachher war er einer der entschiedensten Befürworter des Xerxes-Feldzuges gewesen, von der Hoffnung bewegt, doch noch Satrap von Griechenland zu werden. Nun hatte der König ihn mit der alleinigen Verantwortung zurückgelassen und Risiko und Chance ganz in seine eigene Hand gelegt. Herodot deutet einmal an (8, 100), daß Mardonius nach der Rückkehr des Xerxes vor der Wahl stand, »entweder Griechenland zu unterwerfen, oder für dieses hohe Ziel zu fallen«. Das ist sicher richtig nachempfunden, nicht aus seinem Kriegstod nur erschlossen. Mardonius mochte das dunkle Vorgefühl haben, daß es dem persischen Heer trotz aller Vorsicht ebenso ergehen könnte wie der Flotte bei Salamis. Er hatte an alle möglichen griechischen Orakel, außer Delphi und Dodona, eine Anfrage gerichtet, und der ptoische Apollon hatte ihm sogar auf Karisch geantwortet. Die Orakel mögen ihn in seiner Vorahnung bestärkt haben. So machte er das Angebot an die Athener, nicht zuletzt als Versuch, sich selbst zu sichern. Mit welcher Erwartung? Hätte ein Realist ein solches

Angebot nicht von vornherein verworfen, und sei es nur aus dem Grunde, sich dadurch nicht in ein schiefes Licht zu bringen? Die Athener lehnten das Angebot jedenfalls ab, a limine, es brauchte darüber keine Verhandlungen. Aber sie trafen für ihre Ablehnung ein besonderes Arrangement.

Die Spartaner hatten von der Ankunft Alexanders in Athen und von seinem Auftrag erfahren, die Athener zu den Persern hinüberzuziehen. In der Befürchtung, ein solcher Vertrag könne wirklich zustande kommen, beschlossen sie, sofort Gesandte nach Athen zu senden, um dem zuvorzukommen. Die Athener wiederum hatten erfahren, daß aus Sparta Gesandte zu ihnen unterwegs waren. Deshalb zogen sie die Formalitäten mit Alexander hin und richteten es so ein, daß er seine offizielle Erklärung in Gegenwart der Spartaner abgab. Danach ergriffen diese das Wort. Sie erklärten, daß Athen mit seiner Beteiligung am Ionischen Aufstand der Urheber des persischen Angriffs und dieser ursprünglich nur gegen Athen gerichtet gewesen sei. Es wäre unredlich und unehrenhaft, wenn es nun, wo der Angriff allen Griechen gelte, die anderen im Stich lassen wollte. Athens bedrängte Lage und die großen Opfer, die seine Bürger hätten auf sich nehmen müssen, bekümmerten die Spartaner tief. Da soviel Athener Hab und Gut verloren hätten, wären die Lakedämonier und die Bundesgenossen gerne bereit, den Unterhalt der Athener Frauen und Familien zu übernehmen, bis der Krieg beendet sei. Sie dürften sich aber nicht mit den Barbaren verbinden, bei denen es nicht Treu und Glauben gebe.

Darauf antworteten die Athener Alexander. Sie sagten, sie wüßten selbst, daß die Macht der Perser sovielmal größer sei als ihre eigene, das brauche man ihnen nicht in Erinnerung zu rufen. Trotzdem würden sie nicht aufhören, für ihre Freiheit zu kämpfen. So lange die Sonne ihre alte Bahn wandle, gebe es keine Versöhnung zwischen Athenern und Persern. Im Vertrauen auf den Beistand der Heroen und Götter, deren Heiligtümer und Kultbilder die Perser gottlos verbrannt hätten, würden sie ihnen mutig entgegentreten. Alexander besitze das Gastrecht, und sie möchten ihm nicht unfreundlich begegnen, darum solle er niemals wieder mit solchen Anträgen vor die Athener treten.

Und dann antworteten sie auch den Spartanern und hielten ihnen vor, ihr Mißtrauen sei menschlich, aber kleinmütig und für sie selbst nicht weniger schimpflich als für die Athener. Solange noch in einem Athener Leben sei, gebe es keine Versöhnung zwischen ihnen und den Persern. Was die Teilnahme an ihrer Verarmung angehe und das Angebot zum Unterhalt, so freuten sie sich darüber und würden ihnen allezeit Dank wissen. Aber sie wollten doch lieber in ihrer traurigen Lage verbleiben und ihnen nicht beschwerlich fallen. Eines aber wäre not, daß die Spartaner rechtzeitig ihr Heer ausschickten. Denn sobald Mardonius die Ablehnung erfahre, werde er von neuem in Attika einfallen und es noch ärger verwüsten als zuvor. Darum sei es notwendig, ihm so schnell wie möglich nach Böotien entgegenzuziehen.

Den Athenern kam es also bei der ganzen Veranstaltung gar nicht sosehr darauf an, die Spartaner zu Zeugen ihrer ablehnenden Antwort zu machen, eine Zeugenschaft, die allem Verdacht und Mißtrauen ein für allemal ein Ende setzen sollte, sondern den Spartanern eine Verpflichtung aufzuerlegen und sie auch ihrerseits an ihre Bundestreue zu erinnern, die Verpflichtung, Athen nicht schutzlos dem neuen persischen Angriff preiszugeben. Diese Absicht schlug indessen völlig fehl.

Die zweite Evakuierung Athens

Die Ansicht der Athener, daß Mardonius auf ihre Absage hin erneut in Attika einfallen würde, teilten die Spartaner entweder nicht, oder sie beeindruckte sie nicht, jedenfalls machten sie keine Anstalten, ihren Heerbann aufzubieten. Die Athener hatten zunächst ernstlich auf spartanische Hilfe gehofft, als aber Mardonius Thessalien verlassen hatte und bereits in Böotien stand, warteten sie nicht länger, sondern brachten zum zweiten Mal sich und ihre bewegliche Habe nach Salamis in Sicherheit, und zum zweitenmal zogen die Perser in ein entvölkertes Attika ein. Mardonius enthielt sich anfangs aller Gewalt. Er wiederholte vielmehr sein Friedensangebot an die Athener in der Hoffnung, daß sein Erscheinen und die zweite Besetzung Attikas sie seinen Vorschlägen zugänglicher machen würden. Er sandte einen Unterhändler nach Salamis, der dem Rat der Athener die Vorzüge des persischen Angebots noch einmal darlegte. Und wirklich fand sich einer unter den Fünfhundert, Lykides mit Namen, der

der Ansicht war, man müsse das Angebot annehmen, und so unvorsichtig, das auch auszusprechen. Er beantragte, daß das persische Friedensangebot der Volksversammlung zur Abstimmung vorgelegt werde. Im Rat kam es zum Tumult. Als aber die draußen harrende Menge erfuhr, daß Lykides zum Frieden riet, steigerte sich der Volkszorn zum Lynchgericht. Lykides wurde ergriffen und von seinen rasenden Mitbürgern gesteinigt. Ja, der Tod traf nicht nur ihn allein. Als die Frauen von der Geschichte erfuhren, gerieten auch sie in besinnungslose Wut. Sie stürmten in das Haus des Lykides und brachten auch seine Frau und seine Kinder um. Der Unterhändler des Mardonius aber, ein Grieche vom Hellespont, konnte sich glücklich preisen, daß man ihn ungeschoren und heil wieder zurückkehren ließ.

Mardonius war nun von seinen Illusionen befreit und beantwortete die erfahrene Zurückweisung mit schonungsloser Gewalt. Zehn Monate, nachdem es durch Xerxes zerstört worden war, wurde Athen im Juni 479 durch Mardonius zum zweitenmal verwüstet, und dies erst war die eigentliche Zerstörung der Stadt. Es wurde ein Strafgericht gehalten, das nichts mehr verschonte. Alles, was die erste Zerstörung überdauert hatte, besonders an Wohnbauten, wurde nun ausnahmslos vernichtet. Erst jetzt war Athen eine gewesene Stadt.

Inzwischen hatten die Athener Gesandte nach Sparta geschickt, die die Spartaner an ihre Verpflichtungen erinnern und sie zur Tat bewegen sollten. Zur Zurückhaltung war weder Zeit noch Grund. Es sei vereinbart gewesen, erklärten die Gesandten, den Persern nach Böotien entgegenzuziehen. Statt dessen sähen die Spartaner tatenlos zu und ließen es geschehen, daß die Barbaren zum zweitenmal in Attika einfielen. Zuerst seien sie sehr besorgt gewesen, als die Athener das persische Angebot erhielten. Aber nun, da sie sich von Athens Bündnistreue überzeugt, inzwischen auch die Isthmusmauer fertiggestellt hätten, seien ihnen die Athener gleichgültig geworden. Aber wenn die Peloponnesier den Athenern ihre Hilfe versagten, müßten sie sich am Ende doch nach fremder Hilfe umsehen. Die Ephoren zogen die Antwort von Tag zu Tag hinaus, auch begann das dreitägige Fest der Hyakinthien, an dem aller Geschäftsverkehr ruhte. Schließlich stellten die Athener Gesandten ein Ultimatum und erklärten, daß sie noch den zehnten Tag abwarten, aber am elften mit oder ohne Antwort der Ephoren abreisen würden. Wie es heißt, soll ein einflußreicher Bundesgenosse der Spartaner, Chileos von Tegea, den Ephoren klargemacht haben, wenn man die Athener noch weiter hinhalte, bleibe ihnen gar keine andere Wahl, als sich den Persern anzuschließen. Dann werde aber die ganze Isthmussperre hinfällig, denn der Peloponnes stehe der feindlichen Flotte offen. Da hätten die Ephoren endlich ernst gemacht und sofort, ohne ihre Bundesgenossen davon in Kenntnis zu setzen, fünftausend Spartiaten unter Führung des Pausanias an den Isthmus entsandt. Als am Morgen des elften Tages die Athener Gesandten vor den Ephoren erschienen, wurde ihnen erklärt, das spartanische Aufgebot sei bereits ausgerückt. Die Gesandten verstanden sie nicht, bis man ihnen alles erklärte. Nun konnten sie ihre Mission als erfüllt ansehen und kehrten nach Hause zurück. Mit ihnen zogen fünftausend weitere Hopliten an den Isthmus, das Aufgebot der Periöken. So soll 479 das spartanische Heer ausgerückt sein. Die Aufgebote der peloponnesischen Bundesgenossen folgten nach.

Nach der Zerstörung Athens kehrte Mardonius nach Norden zurück. Es war ihm nicht daran gelegen, die Entscheidungsschlacht in Attika zu suchen, wo er seine Hauptwaffe, die Reiterei, nicht voll entfalten konnte und im Fall einer Niederlage keinen freien Abzug hatte, sondern durch Gebirgspässe zurück mußte, die leicht zu sperren waren. Auch bestanden in Attika ernste Versorgungsschwierigkeiten. Im befreundeten Böotien gab es diese Schwierigkeiten nicht. Auch ist anzunehmen, daß Mardonius nur mit einem Teil seiner Truppen in Attika eingefallen, ein Teil aber von vornherein in Böotien zurückgeblieben war.

Die Schlacht von Platää

Die Perser verließen Attika über den Paß von Dekeleia, hielten das Nachtlager bei Tanagra und überschritten am nächsten Tag den Asopos, um auf thebanischem Gebiet, in der Nähe von Skolos, das nicht sicher zu identifizieren ist, ein festes Lager von 10 mal 10 Stadien zu errichten, das im Fall eines unglücklichen Schlachtenverlaufs eine sichere Rückzugsbasis bilden sollte. Die

Olivenwälder der ganzen Umgebung fielen der Axt zum Opfer, teils weil man sie für den Bau des Lagers brauchte, teils weil man auch die Reiterei zum Schutz des Lagers einsetzen wollte.

Die zehntausend Spartaner warteten am Isthmus, bis noch weitere Aufgebote der peloponnesischen Bundesgenossen eingetroffen waren. Dann, als die Opfer günstig ausfielen, zog man weiter nach Eleusis, um sich hier mit den achttausend Athener Hopliten zu vereinigen, die von Salamis herübergekommen waren. Wieder wurde geopfert, und unter günstigen Vorzeichen brach man nach Norden auf, auf der Hauptverbindungsstraße, die in alter wie in neuer Zeit, bis zum Bau der modernen Autobahn, Attika mit Böotien verband und den Kithäron im Paß von Eleutherä überschreitet. Als die Griechen aber in die Nähe von Erythrä kamen, erblickten sie gegenüber, auf der anderen Seite des Asopos, das Lager der Perser. Da machten sie halt und gingen auf den Nordhängen des Kithäron in Stellung.

Im Gegensatz zum eigentlichen Schlachtenverlauf fehlen bei Herodot für diese erste Phase alle Zeitangaben. Wir wissen nicht, wie lange die Feinde abwartend einander gegenüberlagen. In diesen Vortagen aber, wenn nicht gleich in Eleusis bei der Vereinigung mit den Athenern, muß das Bundesheer den Eid abgelegt haben. Der Eid von Platää, aus mehrfacher literarischer Überlieferung seit eh bekannt, ist in seiner ausführlichsten Fassung 1932 auf einer Inschrift in Archarnä zutage gekommen, die das Französische Archäologische Institut damals noch zu eigenem Besitz ankaufen konnte. Die Inschrift kann unter anderem deshalb nicht den originalen Wortlaut des Eides enthalten, weil in ihr nur Theben als persophil bezeichnet wird. Obwohl dieser Sachverhalt auf eine Überarbeitung des Textes schließen läßt, wird der Inhalt im wesentlichen dem entsprechen, was damals geschworen worden ist, und stellt also eine wichtige historische Konkretisierung dar. Der Text lautet:

»Eid, den die Griechen schwuren, als sie im Begriff standen, gegen die Barbaren zu kämpfen:

›Ich werde kämpfen, solange mir das Leben dauert, und werde zu leben nicht für höher ansehen, als frei zu sein.

Und ich werde den Taxiarchen und den Enomotarchen, seien sie am Leben oder gefallen, nicht verlassen.

Und ich werde meinen Posten nicht verlassen, es sei denn, daß die Führer (selbst mich) fortführen, und ich werde tun, was immer die Strategen befehlen.

Und die gefallenen Mitkämpfer werde ich an Ort und Stelle begraben, und unbegraben werde ich keinen zurücklassen.

Und wenn ich im Kampf die Barbaren besiegt habe, werde ich die Stadt der Thebaner zehnten.[1]

Und ich werde weder aus Athen, noch Sparta, noch Platää, noch aus irgendeiner anderen Stadt derer, die mitgekämpft haben, (die Bevölkerung) vertreiben.

Und ich werde sie nicht der Aushungerung aussetzen und nicht vom fließenden Wasser abschneiden, gleichviel, ob sie (später) Freunde oder Feinde sind.

Und wenn ich das im Eid Geschriebene halte, soll meine Stadt von Krankheit verschont bleiben; wenn aber nicht, soll Krankheit sie befallen. Und meine Stadt soll unzerstört bleiben; wenn aber nicht, soll sie zerstört werden. Und mein (Land) soll (Frucht) tragen; wenn aber nicht, soll es unfruchtbar sein. Und die Frauen sollen gebären, was den Eltern gleichsieht; wenn aber nicht, Mißgeburten. Und das Vieh soll gebären, was dem Vieh gleichsieht; wenn aber nicht, Mißgeburten.‹

Nachdem sie das geschworen hatten, bedeckten sie mit den Schilden die geschlachteten (Opfertiere) und sprachen unter Trompetenschall die Verfluchung: Wenn sie etwas von dem Beschworenen überträten und nicht hielten das in dem Eid Geschriebene, solle sie selbst, die dieses schwuren, der Fluch treffen.«

Ein Angriff der persischen Reiterei auf die unteren Stellungen der Griechen eröffnete den Kampf. Es waren die berüchtigten berittenen Bogenschützen der Baktrier und Saken. In Schwadronen preschten sie immer wieder heran, wandten in sicherer Entfernung ihre Pferde und entsandten dann beim Zurückgaloppieren ihren gefährlichen Pfeilhagel, wobei sie selbst unbehelligt entkamen. Die griechischen Verluste stiegen.

Besonders stark waren die Megarer gefährdet, die sich offenbar in sehr exponiertem Gelände befanden. Ihre Ausfälle waren

[1] erobern und den Zehnten dem Apollon von Delphi weihen.

groß, und sie mußten um Entsatz bitten, wenn sie nicht aufgerieben werden wollten. Die Athener schickten ihnen ihr dreihundert Mann starkes Reiterkorps und einen Teil ihrer Bogenschützen zu Hilfe, die einzigen, über die die Griechen verfügten. Sie lösten die Megarer ab.

Nach längerem Kampf erfolgte die Wende durch den Fall eines einzelnen. Der Befehlshaber der persischen Reiterei, Makistios, ein Perser von großem Ruhm und Ansehen, der auf reich geschmücktem, goldgezäumtem Pferd am Kampf teilnahm, hatte das Unglück, daß sein Pferd von einem Pfeil getroffen wurde, sich jäh aufbäumte und ihn abwarf. Sofort fielen die Athener über den Verunglückten her, erbeuteten sein Pferd und töteten Makistios nach tapferer Gegenwehr.

Die Perser hatten den Sturz ihres Führers nicht bemerkt. Sie vermißten ihn erst, als sie sich wieder sammelten und darauf warteten, von ihm ein neues Kommando zu erhalten. Nun rückte die Reiterei geschlossen aus, die Leiche des Makistios zurückzuerobern. Einem solch massiven Angriff gegenüber konnten die Athener Reiter und Bogenschützen weder standhalten noch ihre Beute behaupten. Da soll der Einsatz der Hopliten die Schlacht entschieden haben. Sie griffen von beiden Seiten an, bedrohten die Reiterei in der Flanke und zwangen sie zum Rückzug, wobei den Persern die Leiche des Makistios wieder verlorenging. Sie sammelten sich in einer Entfernung von zwei Stadien, aber durch den Verlust ihres Kommandeurs entmutigt, brachen sie den Kampf ab.

Die Griechen führten den Toten, »der von erstaunlicher Größe und Schönheit war«, auf einem Wagen an ihren Stellungen entlang, bei den Persern aber trauerte das ganze Heer und vor allem Mardonius selbst um den Mann, der nach ihm der geehrteste von allen Großen war, beim König, wie im ganzen Reich. Die Perser schoren sich und den Pferden das Haar, und tagelang erscholl die Totenklage.

Nach dem Sieg gegen die persische Reiterei wechselten die Griechen die Stellung. Ein sekundärer Grund war, daß in ihrer bisherigen die Wasserversorgung schwierig war. Sie zogen von den Hängen des Kithäron nach Nordwesten ins Hügelland hinab, wo sie die Quelle Gargaphia im Rücken und den Asopos vor sich hatten. Immerhin waren etwa 70000 Mann auf einer

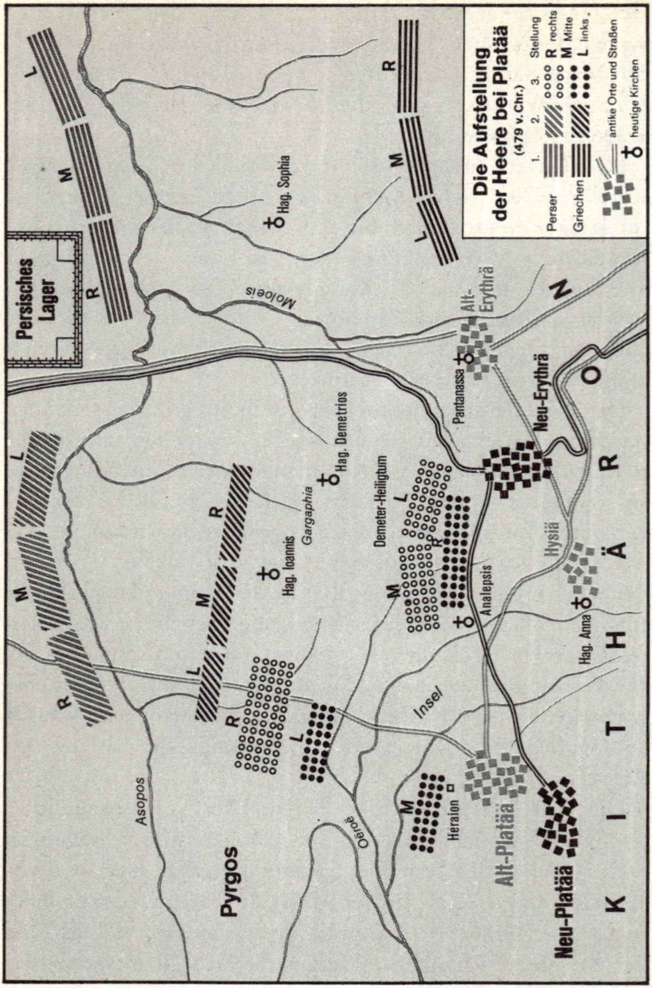

Breite von mindestens 6 km mit Wasser zu versorgen, und es war die heißeste Zeit des Jahres, Ende Juli/Anfang August, ein genaues Datum ist nicht überliefert.

Der Hauptgrund des Stellungswechsels aber war ein strategischer. Den Oberbefehl über das Bundesheer führte Pausanias, der Sohn des Kleombrotos. Rechtmäßig stand er Pleistarch, dem

Sohn des Leonidas zu, aber der war noch unmündig, und Pausanias, sein Vetter, führte für ihn die Vormundschaft.

Die Schlacht am Kithäron hatte gezeigt, daß man auch gegen die gefürchtete persische Reiterei nicht wehrlos war. Mit dem Stellungswechsel aber wollte Pausanias nun ein Gelände beziehen, das hügelig genug war, um sie vor ungedeckten Reiterangriffen zu schützen, gleichzeitig aber auch eben genug, um Mardonius zu veranlassen, auch seine Fußtruppen einzusetzen. Denn wie Mardonius versuchte, den Sieg durch die Reiterei herbeizuführen, so konnte Pausanias auf eine Entscheidung nur hoffen, wenn seine Hopliten voll zum Einsatz kamen. So trat also auch hier die Situation von Salamis ein, daß jeder darauf wartete, der andere werde ihn angreifen, um ihm die Schlacht auf dem von ihm gewünschten Gelände zu liefern.

Für diese zweite Stellung nördlich von Platää gibt Herodot eine genaue Aufstellung der Reihenfolge und Größe der einzelnen Kontingente. Auf dem rechten Flügel standen die Spartaner und Tegeaten, mit 10000 und 1500 Hopliten, auf dem linken die Athener und Platäer mit 8000 und 600 Mann. Als Gesamtzahl nennt Herodot 38700 Hopliten. Darin sind 5000 Korinther und je 3000 Sikyonier und Megarer eingeschlossen. Vor allem die Zahlen der drei letztgenannten Städte erscheinen zu hoch und nennen wahrscheinlich ihre Gesamtkontingente, die sie hätten stellen können, wenn sie sich ganz entblößt hätten, was sie aber nicht taten, so daß man insgesamt mit 35000 Hopliten rechnen kann. Da jedem Hopliten ein Waffenträger zur Seite stand, verdoppelt sich die Zahl um noch einmal so viele Leichtbewaffnete. Da aber Herodot 800 Leichtbewaffnete mehr angibt als Hopliten, hat man hierin die Zahl der Athener Bogenschützen vermutet, die einzigen, über die das griechische Heer verfügte. Schwieriger ist Herodots Angabe zu bewältigen, daß von den Spartiaten jeder nicht einen, sondern sieben Waffenträger im Gefolge hatte, so daß auf die 5000 Spartiaten 35000 Heloten kommen, eine Zahl, der bisher noch niemand eine einleuchtende Erklärung hat abgewinnen können. Als Waffenträger wurden sie in dieser Stärke nicht gebraucht, denn die Spartiaten hätten sich sonst vor lauter Waffenhilfe gar nicht mehr rühren können. Man hat diese Angabe deshalb politisch zu erklären versucht: Durch die Abwesenheit des größten Teils der Spartiaten – um 480 sollen es nach

Herodot 8000 gewesen sein, von denen 5000 bei Platää kämpften –, sei die Gefahr von Helotenunruhen stark gestiegen. Um sie zu entschärfen, habe man einen großen Teil von ihnen dem Aufgebot zugeteilt und sie so außer Landes gebracht. Aber waren sie draußen weniger unsichere Kantonisten als daheim? Ist es denkbar, daß die 5000 Spartiaten sich für einen Kampf um Sein und Nichtsein ein Gefolge von 30000 überflüssigen Waffenträgern aufluden, die fast ein Drittel des griechischen Bundesheeres ausmachten und für die man keine Verwendung hatte? Wir hören nicht, daß sie am Kampf teilgenommen hätten. Womit wurden sie beschäftigt? Sie seien beim Transport des Nachschubs eingesetzt gewesen, vermutet man. Aber warum sagt Herodot das nicht? Und konnte man eine so wichtige Sache wie den Nachschub so unsicheren Leuten anvertrauen? Herodot hat wieder einmal eine Zahl in die Welt gesetzt, von der man nicht sieht, wie er selbst sie sich zurechtgelegt, noch, was sie in Wirklichkeit bedeutet hat. Als historisch kann man nur ansehen, daß das Bundesheer aus etwa 70000 Mann bestand, zur Hälfte Hopliten, zur Hälfte Leichtbewaffnete, und damit dem persischen Heer von vermutlich 60000 Mann regulärer Truppen und 10000–15000 Hopliten und ebenso vielen Leichtbewaffneten griechischer Vasallen nicht wesentlich unterlegen war.

Als Mardonius den Stellungswechsel der Griechen bemerkte, verlagerte auch er seine Truppen weiter nach Westen, so daß sie wie vorher den Griechen jenseits des Asopos gegenüberlagen, angeordnet nach dem Prinzip, daß den besten Truppen des Feindes auch die besten eigenen Truppen zugeordnet waren. So lagen den Spartanern und Tegeaten die Perser gegenüber. Die Athener und Platäer aber hatten die griechischen Verbündeten des Mardonius zu Gegnern: Thessaler, Böoter, Lokrer, Malier. Der Feldherr der Athener bei Platää war Aristides.

Am nächsten Tag wurde geopfert und das Opferorakel befragt. Es lautete günstig für den Fall, daß man sich verteidigte, ungünstig für den Fall, daß man angriff.

Auch Mardonius opferte nach griechischer Art. Er bediente sich dabei nicht des Opferpriesters seiner griechischen Bundesgenossen, sondern hatte einen eigenen in Sold genommen, Hegesistratos von Elis, den die Spartaner gefangensetzt und zum Tode verurteilt hatten und der sich durch eine denkwürdige

Flucht rettete, von der Herodot 9, 37 berichtet: »In seiner verzweifelten Lage, wo es Tod oder Leben galt und ihm vor dem Tode noch viel Schreckliches bevorstand, half er sich durch eine geradezu unglaubliche Tat. Er lag im eisenbeschlagenen Block, und als er einmal eines zufällig hereingebrachten Messers habhaft wurde, tat er ohne Besinnen das Unerschrockenste, was je ein Mensch, soweit wir Kunde haben, getan hat. Um seinen Fuß aus dem Block zu befreien, schnitt er einen Teil des Fußes ab. Da er bewacht wurde, durchgrub er nun die Wand und entlief nach Tegea. Nachts ging er, bei Tage verbarg er sich im Wald und ruhte, so daß er in der dritten Nacht in Tegea anlangte, obwohl ganz Lakedämon ihn suchte. Die Lakedämonier waren voller Verwunderung über seinen Streich, als sie das Stück des Fußes daliegen sahen und ihn selbst nicht fanden. So entkam Hegesistratos damals den Lakedämoniern und rettete sich nach Tegea. Er wurde geheilt, machte sich einen hölzernen Fuß und erklärte nun offen den Lakedämoniern den Krieg.«

Mardonius wäre ein Zuraten zum Angriff nicht unwillkommen gewesen, doch auch für ihn erlangte Hegesistratos nur ein Orakel, das günstig für die Verteidigung lautete, ungünstig für den Angriff. Da die Orakel auch bei ihrer Aussage verblieben, lagen sich die beiden Heere tagelang tatenlos gegenüber.

Da die Griechen während dieser Zeit durch Nachzügler laufend Verstärkung erhielten, schlugen die Thebaner dem Mardonius vor, die rückwärtigen Verbindungen der Griechen durch ein Stoßtruppunternehmen zu stören. So wurde in der Nacht zum neunten Tag die persische Reiterei eingesetzt, um die Hauptverbindung zwischen Platää und Eleusis, die über den Kithäronpaß bei Eleutherä führte, anzugreifen. Der Zufall wollte es, daß in dieser Nacht ein großer Transport unterwegs war, der dem griechischen Heer Lebensmittel vom Peloponnes brachte und fünfhundert Lasttiere umfaßt haben soll. Die Perser fingen ihn beim Eintritt in die Ebene ab und machten alles ohne Unterschied nieder, verschonten weder Menschen noch Tiere. Was dennoch überlebte, trieben sie schließlich zusammen, nahmen es in die Mitte und führten es mit sich fort ins Lager.

Dann trat wieder für zwei Tage Ruhe ein. Die Orakel rieten weiterhin beiden Seiten vom Kampf ab, und keiner wagte, die Schlacht zu eröffnen. Die Perser rückten bis zum Asopos vor, um die Griechen zu reizen, aber den Fluß zu überschreiten, wagte niemand. Nur die persische Reiterei war ständig in Aktion, umschwärmte das griechische Lager, hielt es nicht nur in dauernder Unruhe, sondern fügte ihm auch ständig Verluste zu. Auch hielt sie seit dem nächtlichen Beutezug die Paßstraße unter Kontrolle und schnitt den Nachschub ab.

Die Lage wurde für die Griechen vollends kritisch, als am zwölften Tag die persische Reiterei unmittelbar in den Rücken der spartanischen Stellung vordrang und die Quelle Gargaphia unbrauchbar machte. Nun waren die Griechen auch von der Wasserversorgung abgeschnitten, denn auch der Zugang zum Asopos wurde ihnen durch die persischen Reiter und Bogenschützen verwehrt. Pausanias mußte sich entschließen, die Stellung zurückzunehmen.

Inzwischen näherte sich aber auch im persischen Lager die Situation einem kritischen Punkt. Es heißt, daß sowohl Artabazos als auch die Thebaner dem Mardonius rieten, den unfruchtbaren Stellungskrieg aufzugeben und sich mit allen Truppen nach Theben zurückzuziehen. Von dort aus solle man diplomatische Mittel einsetzen, das persische Gold spielen lassen, den Hellenischen Bund sprengen und so den Krieg in aller Ruhe zu Ende bringen, eine Lösung, die Mardonius ablehnte. Er wollte als Feldherr über die Griechen siegen, nicht als Diplomat und mit Bestechung. Es wird aber auch die politische Lage gewesen sein, die ihn zur Entscheidung drängte. Von Sardes aus wird man ihn informiert haben, daß die griechische Flotte vor Samos lag und Ionien im Begriff stand, abzufallen. Der Abfall Ioniens bedeutete aber für das persische Reich nicht nur den Verlust zweier seiner reichsten und blühendsten Provinzen, sondern zugleich eine unmittelbare Bedrohung für Mardonius selbst und seine Stellung in Griechenland. Denn dadurch würde er auch zu Lande, das heißt vollständig, von aller Verbindung mit Persien abgeschnitten. Der Abfall Ioniens konnte aber sehr wohl verhindert werden, wenn es gelang, einen spektakulären Sieg über das griechische Bundesheer zu erringen. Mardonius war also entschlossen, den Warnungen des griechischen Orakels nicht länger Gehör zu geben, sondern nach persischer Art entschlossen anzugreifen.

Damit der notwendig gewordene griechische Stellungswechsel ungestört vor sich gehen konnte, sollte er in der Nacht erfolgen.

In der gleichen Nacht wollte man auch die Verbindung zur Paßstraße wiederherstellen und den dringend benötigten Nachschub zur neuen Stellung weiterleiten. Als neues Lager hatte Pausanias die sogenannte Insel ausersehen, ein Hügelgelände unmittelbar nördlich von Plataä, das von zwei Armen des Flusses Oënoë eingeschlossen wurde. Dort war man gegen die persische Reiterei geschützter als vorher, vor allem auch reichlich mit Wasser versorgt. Rechtes, linkes und Mittelfeld sollten den Rückzug jeweils geschlossen vollziehen. Aus Gründen, die die Überlieferung nicht mehr deutlich erkennen läßt, mißlang jedoch dieser Rückzug auf der ganzen Linie. Keines der drei Felder erreichte die Insel. Die beiden Außenfelder, das heißt Athener und Spartaner, gelangten gar nicht so weit, das Mittelfeld aber zog darüber hinaus bis unmittelbar nördlich von Plataä, wo es sich beim Heiligtum der Hera postierte. Obwohl ihm ortskundige Platäer ausreichend zur Verfügung standen und obwohl es sich nur um einen Marsch von zehn Stadien (1,8 km) handelte, hatte das Mittelfeld bei Nacht in dem fremden Gelände möglicherweise die Orientierung verloren. Vielleicht fand es die neue Stellung auch weniger günstig als erwartet und zog einfach eigenmächtig weiter. Wir dürfen dabei nicht vergessen, daß sich das Mittelfeld aus den Kontingenten von nicht weniger als zwanzig Bundesgenossen zusammensetzte, wo es unter Umständen schwierig wurde, einen einheitlichen Willen und den ursprünglichen Befehl durchzusetzen. Wir wissen nicht, wer es befehligte.

Wieso Pausanias mit seinen Spartanern und Tegeaten die von ihm selbst vorgeschriebene Stellung nicht erreichte, wird von Herodot ausführlich erzählt:

Der Stellungswechsel sollte mit der zweiten Nachtwache beginnen, als es aber so weit war, weigerte sich Amompharetos, der Führer einer der fünf spartiatischen Tausendschaften, zurückzugehen. Er berief sich auf den schon erwähnten ewig gleichen Befehl des spartanischen Gesetzes, niemals zu weichen, sondern zu siegen oder zu sterben, und lehnte es ab, dem Vaterland Schande zu bereiten und vor dem Gegner zu fliehen. Ein Legalist. In stundenlangen Verhandlungen versuchte Pausanias, ihm den Unterschied von Geist und Buchstaben klarzumachen. Vergeblich. Er blieb bei seiner Weigerung. Darüber verging die Nacht. Gegen Morgen wußte Pausanias sich keinen anderen Rat, als aufs ganze zu gehen und mit der Haupttruppe in der Hoffnung abzuziehen, daß Amompharetos, allein gelassen, sich doch anders besinnen könnte. Er tat es dann auch wirklich und folgte nach, weil er erkannte, daß er allein von vornherein auf verlorenem Posten stehen und dem Bundesheer von viel größerem Nutzen sein würde, wenn er mit ihm zöge. Aber das war ein taktischer Gesichtspunkt. Vor seiner Ehrauffassung konnte der Entschluß zum Nachgeben nicht bestehen, und wir ahnen im voraus, daß er in der anschließenden Schlacht den Tod suchen wird, um nicht unter dem eigenen, aber vielleicht irgendwann einmal auch fremden Vorwurf der Feigheit heimzukehren. Mit seiner ursprünglichen Weigerung und dem späteren Nachgeben hatte er seine Spartanerehre in eine unlösbare Dialektik verwickelt. Man darf den Bericht des Herodot über diesen Vorfall wohl für historisch halten. Wo immer in der Geschichte Gesetzesrigorismus herrscht, den teils Vernunft, teils menschliche Lauheit mit der Zeit erweichen, sind Legalisten und Zeloten eine bekannte, fast unumgängliche Erscheinung. Aber auch, wenn die Erzählung erdichtet wäre, würde sie uns deutlich machen, wie unerhört elastisch und ohne Präzedenzfall Pausanias für einen Spartaner handelte, als er nicht zögerte, die ungünstig gewordene Stellung zurückzunehmen. Und die Vermutung ist unabweisbar, daß die Schlacht von Thermopylä in der Tat anders verlaufen wäre, wenn Pausanias dort den Oberbefehl geführt hätte.

Daß aber auch die Athener das befohlene Rückzugsmanöver nicht ordnungsgemäß ausführten, mag sich wirklich so erklären, wie Herodot berichtet, sie gingen nicht zurück, solange die Spartaner es nicht taten, von deren Schwierigkeiten sie durch einen Boten unterrichtet waren. Strategisch war es ja auf jeden Fall besser, vereinigt zu sein, wo immer man sich befand.

Es war bereits Morgen, als die beiden Heeresflügel endlich den Rückzug antraten. Die Spartaner und Tegeaten gingen direkt nach Norden zurück, in Richtung Hysiä. Sobald sie bei einem Heiligtum der Demeter den Rand des Gebirges erreicht hatten, machten sie Halt und warteten zunächst auf die Tausendschaft des Amompharetos. Die Athener und Platäer verließen ihre Stellung westlich durch eine Senke, die ihre Bewegung den Persern verbarg.

Inzwischen hatte die persische Reiterei ihre Störangriffe wiederaufgenommen. Als sie die Spartaner nicht mehr in ihrer Stellung fand, war sie ihnen nachgeritten und hatte sie bald eingeholt. Es entspannen sich heftige Kämpfe. Die Spartaner hatten aber offenbar bereits eine sehr günstige Stellung gefunden, wo sie sich der Reiterei erwehren konnten, sonst wäre der weitere Verlauf der Schlacht unerklärlich. Die Athener blieben, scheint es, vorerst unbehelligt, da das Gelände sie vor den Persern verbarg.

Als Mardonius gemeldet wurde, daß der Feind seine Stellung gewechselt und sich nach Süden gewandt habe, muß er den Eindruck gewonnen haben, die Griechen wollten fliehen. Er gab sofort Befehl für das ganze Heer, auszurücken und die Verfolgung aufzunehmen. So kam es zu einem überstürzten, ungeordneten Angriff. Vorgepreschte Truppen griffen die Spartaner an, die sich zur Schlachtreihe formierten, und zerschellten an der geschlossenen Phalanx. Bis auch die Perser selbst eine geschlossene Abwehrlinie bildeten. Sie setzten ihre Schilde nebeneinander und schleuderten hinter dieser Schutzwand ihre Wurfspieße hervor, die ihnen von hinten immer wieder nachgereicht wurden. Die Spartaner erbaten die Hilfe der Athener Bogenschützen, aber inzwischen waren die Athener selbst in harte Kämpfe mit den Böotern verwickelt. Als der Speerhagel nachließ, griffen die Spartaner an. Es entspann sich ein zäher Kampf um die Schildwehr. Die Perser, die den Spartanern an Mut und Körperkraft nicht nachstanden, entrissen ihnen die Speere. Als aber die Schildwehr schließlich fiel, war es um sie geschehen. Die meisten von ihnen trugen keinen Panzer und standen den Hopliten praktisch schutzlos gegenüber (s. Abb. zu S. 64).

Ein besonderes Zentrum des Widerstandes war die Elitetruppe um Mardonius, die den Spartanern steigende Verluste beibrachte. Mardonius nahm auf einem Schimmel an der Schlacht teil und war natürlich bald das Ziel griechischer Geschosse. Nach der Überlieferung gelang es dem Spartiaten Arimnestos, den persischen Feldherrn tödlich zu treffen, nach Plutarch durch einen Steinwurf. Der Tod des Mardonius traf die Perser wie ein Schock. Ihr Widerstand erlahmte, und mit der persischen Entschlossenheit war der Mut des ganzen Heeres gebrochen. Es begann der Rückzug und bald die Flucht.

Die Darstellung Herodots vom Endkampf bei Platää ist weder ausführlich noch klar und läßt, wie auch sonst, den Gesamtverlauf kaum erkennen. Herodot ist mehr an Episoden und Einzelkämpfen interessiert als am Gesamtgeschehen oder gar dem strategischen Plan. So wirkt das ganze und auch der Sieg mehr zufällig, und von der Taktik und dem eigentlichen Verdienst des Pausanias erfahren wir nichts. Auch macht die Darstellung trotz ihrer horrenden Zahlenangaben eher den Eindruck, daß den Spartanern keine große Übermacht gegenübergestanden haben kann.

Die Athener kämpften, wie bereits erwähnt, gegen die griechischen Kontingente des Perserheeres. Phoker, Lokrer und Malier zeigten keinen besonderen Kampfeseifer, nahmen sie doch nur gezwungen an der Schlacht teil. Aber die Böoter unter Führung der Thebaner kämpften verbissen. Sie wußten, daß ein Sieg des Bundesheeres sie, als erklärte Perserfreunde, den angedrohten Repressalien aussetzen würde. Aber ihr Widerstand war vergeblich, sie mußten das Feld räumen und brachten sich nach Theben in Sicherheit.

Inzwischen war die Nachricht vom Kampf und Sieg auch an das bei Platää abseits stehende Mittelfeld gelangt. Es brach schleunigst auf, um sich auch noch an der Schlacht zu beteiligen. Die ungeordnet vorrückenden Truppen begegneten thebanischen Reiterverbänden, denen Hunderte zum Opfer fielen.

Von den zurückflutenden Truppen, die von der Reiterei einigermaßen gedeckt wurden, fing Artabazos einen großen Teil auf und führte ihn geordnet nach Norden. Die übrigen flüchteten sich in das befestigte Lager und fanden dort, wo sie Rettung zu finden meinten, ihren Untergang. Die Spartaner waren die ersten, die vor dem Lager erschienen, konnten aber der Palisaden und Türme nicht Herr werden. Sie warteten die Ankunft der Athener ab, die im Belagerungskampf erfahrener waren. Ihnen gelang es denn auch, die Palisaden an einer Stelle einzureißen und das Lager zu öffnen. Die Erstürmung war nun nur noch eine Frage der Zeit. Der Feldzug des Xerxes fand hier ein grausiges Ende. Die Griechen machten keine Gefangenen, sondern erschlugen die Feinde zu Tausenden, so viele sich in das Lager geflüchtet hatten. Wir lesen bei Herodot den im Doppelsinn unglaublichen Satz:

Rechts: Kopf des Pausanias. – Folgende Seite: Kopf des Themistokles.

ΘΕΜΙϹΤΟΚΛΗϹ

»Die Griechen konnten nach Belieben morden, und von den ganzen 300000 Mann, abgerechnet die 40000, mit denen Artabazos geflohen war, blieben nicht einmal 3000 am Leben.« (9, 70.)

Wie es den Spartanern bei Marathon ergangen war, so erging es den Mantineern und Eleern bei Platää, sie trafen erst ein, als die Schlacht schon geschlagen war. Um nicht ganz vergeblich gekommen zu sein, wollten sie Artabazos mit dem Rest des Heeres verfolgen. Aber hier hielt sich Pausanias an das spartanische Gesetz, das es verschmähte, einen geschlagenen Gegner zu verfolgen, und lehnte ihr Angebot ab. Enttäuscht kehrten sie nach Hause zurück und schickten ihre Feldherrn in die Verbannung.

Der Tod des Mardonius wurde von allen Griechen als göttliche Strafe für den Tod des Leonidas empfunden. Als aber der Äginete Lampon Pausanias dazu bewegen wollte, seinen Onkel Leonidas voll zu rächen, indem er auch dem Mardonius das Haupt abschlagen und auf einen Pfahl stecken ließ, da wies Pausanias den Gedanken, einen Leichnam zu schänden, als gottlos zurück und wollte auf den Beifall der Ägineten und aller anderen, die an einem solchen Frevel Gefallen fänden, lieber verzichten, um seine Ehre bei den Lakedämoniern nicht zu verlieren. »Leonidas hat seine volle Rache. Die Seelen der unzähligen Gefallenen von Platää sind der Ruhm des Leonidas und der Gefallenen von Thermopylä«, war seine Antwort.

Indessen war die Leiche des Mardonius am Tage nach der Schlacht verschwunden. Wer sie entwendet hatte, war niemals festzustellen, doch standen später mehrere Griechen in dem Ruf, sie beiseite geschafft und heimlich bestattet zu haben. Von Mardonius' Sohn hätten sie eine große Belohnung dafür erhalten.

Das Lager von Platää war die größte Beute, die die Griechen bis auf die Zeit Alexanders d. Gr. jemals im Kriege gemacht haben. Der ganze Luxus des orientalischen Weltreichs trat ihnen hier entgegen. Unmengen von goldenem und silbernem Tafelgeschirr, von Prunkwaffen, Schmuck – auch im Felde trugen die Perser Armbänder und Halsketten –, und kostbaren Gewändern, mit denen sie gar nichts Rechtes anzufangen wußten, fielen

Oben links: Scherbe von Ostrakismos des Megakles. – Oben rechts: Scherbe von Ostrakismos des Themistokles. – Unten: Ostraka mit Namen und Vaternamen des Themistokles. – Vorangehende Seite: Der thronende Darius I. und sein Nachfolger Xerxes I.

den Griechen in die Hände. Dazu auch große Mengen von gemünztem und ungemünztem Gold und Silber. Das Zelt des Mardonius mit seiner ganzen Pracht erschien ihnen so unvorstellbar reich, daß später die Legende aufkam, Xerxes habe beim Rückzug dem Mardonius sein eigenes Zelt hinterlassen.

Staunend betrachtete Pausanias den unerhörten Luxus. Dann gab er den persischen Köchen und Bäckern Befehl, ein Mahl anzurichten, wie sie es dem Mardonius zu bereiten pflegten. Als es fertig war, ließ er ein lakonisches Mahl bereiten, stellte es dazu und ließ dann die griechischen Feldherrn herbeirufen, um ihnen die Torheit des Mardonius vor Augen zu führen, der so üppig gelebt habe und trotzdem zu ihnen gekommen sei, um sie Arme zu berauben.

Die Heloten erhielten Befehl, die Beute auf dem Schlachtfeld und im Lager einzusammeln. Sie sollen dabei, wie wir schon berichteten, vieles unterschlagen und es den Ägineten verkauft haben, so daß später die unsinnige Sage aufkam, der Reichtum Äginas stamme von Platää her.

Von der riesigen Beute erhielt der Gott von Delphi den Zehnten. Davon wurde die eherne Schlangensäule mit dem goldenen Dreifuß errichtet (Erläuterung S. 287ff.). Dem Zeus von Olympia wurde eine zehn Ellen (4,60 m) große eherne Zeusstatue, dem Poseidon am Isthmus eine sieben Ellen (3,20 m) große eherne Poseidonstatue gestiftet.

»Die übrige Beute wurde unter die Bundesgenossen verteilt. Wieviel die Helden von Platää (das heißt die Spartiaten) vorweg erhielten, wird nirgends berichtet, doch glaube ich, daß sie besonders bedacht wurden! Pausanias erhielt alles zehnfach: Frauen, Pferde, Talente, Kamele und ebenso von den anderen Beutestücken« (Hdt. 9, 81).

Die Perser waren die einzigen im Zug des Xerxes, die das Privileg hatten, in Wagen und Zelten auch Frauen mitzuführen.

Nach der Verteilung der Beute wurde die Bestattung der Toten vorgenommen. Jede Stadt begrub ihre Gefallenen gesondert. Die Spartaner legten drei Grabhügel an, einen für die Priester, einen für die Hopliten und einen für die Heloten. Die übrigen Städte bestatteten Hopliten und Waffenträger gemeinsam.

Während Herodot (9, 7) bei den Persern nur die 40000 mit Artabazos Entkommenen verschont sein läßt, sonst aber von

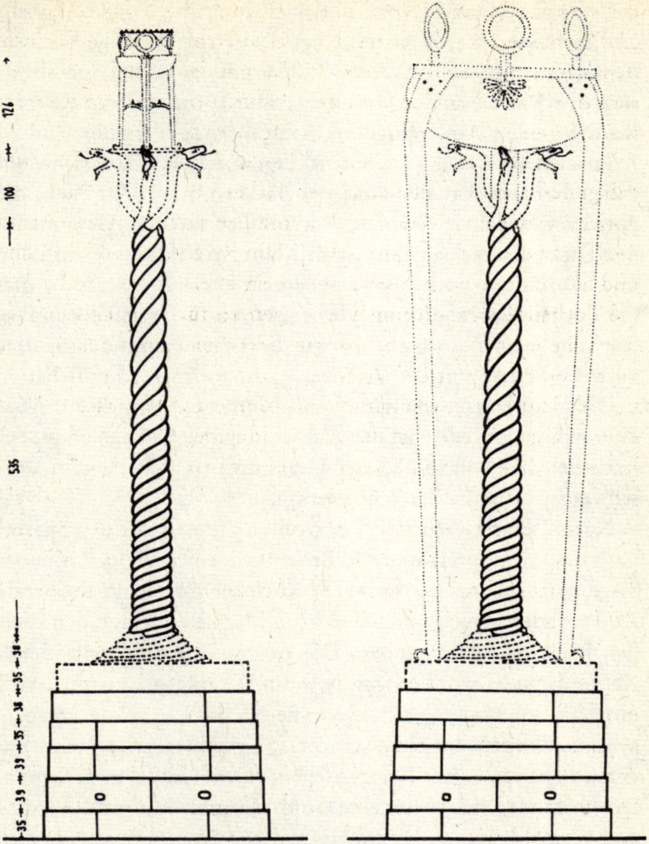

Lösung I **Lösung II**

erhalten ————————
gesicherte Ergänzungen – – – – – – – –
hypothetische Ergänzungen . . . .

Rekonstruktion der Schlangensäule mit dem goldenen Dreifuß

dem 300000-Mann-Heer nicht einmal 3000 überleben läßt, stellt er diesen weit übertriebenen Angaben extrem niedrige Verluste der Griechen gegenüber. Als Gefallene gibt er – außer 800 Megarern und Phliasiern des Mittelfeldes durch thebanische Reiter – für die beiden Außenflügel 91 Spartaner, 16 Tegeaten und 52 Athener an (9, 69 f.). Verwundert fragt man sich, was er sich wohl diesmal gedacht hat, denn daß er bei seinem Besuch in Plataä die Angaben einzelner Grabsteine irrtümlich mit der Gesamtzahl der Toten verwechselte, ist natürlich keine Erklärung. Auffällig und nun kaum noch als Versehen zu erklären, ist auch, daß Herodot hier ebensowenig wie bei Marathon der gefallenen Plataer gedenkt, wo doch ebenso wie die Tegeaten mit den Spartanern die Plataer mit den Athenern zusammen gekämpft hatten und also auch wie jene hätten angeführt werden müssen. Aber er erwähnt sie weder bei der Aufzählung der Gefallenen (9, 70) noch bei der Aufzählung der Grabhügel (9, 85). Ja, sein Verschweigen betrifft Plataä überhaupt.

Nach Plutarch *(Aristides 20)* wollten die Athener den Spartanern den Siegespreis und die Errichtung eines Tropaion, eines Siegesmals, nicht zugestehen. Die Korinther hätten die drohende Auseinandersetzung durch den Vorschlag geschlichtet, den Preis den Plataern zuzuerkennen. Die vielgeprüfte Stadt, die durch Xerxes zerstört worden war, in ihren Kämpfern zu ehren, stieß nirgends auf Widerspruch. So erhielten die Plataer den Siegespreis. Außerdem erhielten sie achtzig Talente aus der Beute, um der Athena Areia, der Kriegerischen, einen Tempel zu errichten. Dort befanden sich später eine Gold-Marmor-Statue des Phidias und Gemälde des Polygnot. Dem Zeus Eleutherios, dem Befreier, wurden ein Altar errichtet und die Eleutherien eingesetzt, Festspiele im Turnus von vier Jahren. Bevor auf dem Altar zum erstenmal geopfert werden durfte, mußten auf Weisung des Orakels von Delphi im ganzen Land die Feuer gelöscht werden, weil sie durch die Barbaren verunreinigt waren. Vom Altar des delphischen Apollon wurde reines Feuer geholt, das Opfer vollzogen und dann die Feuer neu entzündet. Die Plataer erhielten auch die Aufgabe zugewiesen, die Gräber der Gefallenen zu betreuen und jedes Jahr die Gedächtnisfeier auszurichten.

Von alledem lesen wir bei Herodot befremdlicherweise kein Wort.

Athener und Spartiaten errichteten dann bei Plataä je ein eigenes Siegesmal.

Es war am elften Tag nach der Schlacht, als das Bundesheer vor Theben erschien und die Stadt einschloß. Man war allerdings von dem im Herbst 481 bei der Gründung des Bundes gefaßten Beschluß, die perserfreundlichen Städte zu zerstören und zu zehnten, abgegangen und wollte sich mit der Auslieferung der Hauptschuldigen begnügen. Die Thebaner weigerten sich, und das Bundesheer verwüstete das Land und belagerte die Stadt. Nach zehn Tagen Belagerung schlugen die Geforderten selbst vor, Stadt und Land sollten ihretwegen nicht länger leiden, man solle sie ausliefern. Wobei sie freilich hofften, sich mit Geld freikaufen zu können, wenn der erste Zorn einmal verraucht sei.

Bei der Übergabe gelang es einem der Ausgelieferten, zu entkommen. Als Ersatz und Entschädigung wollten die Thebaner seine Söhne ausliefern. Aber Pausanias wies den Gedanken der Familienhaftung mit der Begründung zurück, die Kinder seien unschuldig und hätten kein Teil an der Perserfreundschaft. Um aber zu verhindern, daß die Ausgelieferten sich mit Geld loskauften, hielt er sie in sicherem Verwahr, bis das Bundesheer sich aufgelöst hatte. Dann nahm er sie mit zum Isthmus und ließ sie in Korinth hinrichten.

So entging Theben selbst der Zerstörung. Aber noch fünf Generationen später, als es die Rache Alexanders d. Gr. auf sich zog, war für den Zerstörungsbeschluß das Argument maßgebend, daß Theben 479 der Zerstörung zu Unrecht entgangen sei.

Mit der Schlacht von Plataä war der Feldzug des Xerxes liquidiert. Obwohl Xerxes noch vierzehn Jahre regierte, hat er keinen weiteren Angriff auf Griechenland unternommen, und die Perser haben seitdem griechischen Boden nie mehr betreten. Der siegreiche Abschluß des Xerxeskrieges hat Pausanias ungeheuren Ruhm eingetragen. Herodot bedenkt ihn mit Lobsprüchen, die diejenigen auf Miltiades oder gar Themistokles, den er nicht mochte, weit übertreffen: »Pausanias, Kleombrotos' Sohn, Anaxandridas' Enkel, hatte den schönsten Sieg errungen, von dem wir Kunde haben«, heißt es 9,64. Und 9,78: »Eine überschwenglich große und schöne Tat hast du vollbracht. Durch die

Gnade der Gottheit hast du Griechenland errettet und höheren Ruhm gewonnen als irgendein Grieche, von dem wir wissen.«

Während aber die Verdienste des Miltiades und Themistokles um die Siege von Marathon und Salamis in Tatsachen und Anekdoten konkret und greifbar werden, ist die Darstellung des Sieges von Platää blaß und unbestimmt. Wir erfahren weder von des Pausanias persönlicher Tapferkeit noch von seiner Taktik und Strategie. Während die Siege von Marathon und Salamis der Triumph weitsichtiger Schlachtenpläne sind, wirkt Platää mehr als ein Geschenk des Zufalls, und fast scheint das Hauptverdienst des Pausanias darin bestanden zu haben, entgegen dem spartanischen Nomos zum erstenmal eine elastische Kampftaktik angewandt zu haben. Viel mehr, als uns Pausanias als Kämpfer, Feldherrn und Strategen anschaulich zu machen, hat Herodot Nachdruck darauf gelegt, ihn uns als klugen, besonnenen, rechtlich empfindenden Menschen darzustellen. Planung und Verlauf der Schlacht aber bleiben uns dunkel.

Die Seeherrschaft

Die Schlacht von Mykale

Im Frühjahr 479 versammelte sich die Bundesflotte bei Ägina. Sie umfaßte nach dem Bericht des Herodot hundertzehn Schiffe (8, 131), nur ein Drittel ihrer Stärke vom Vorjahr, eine unerklärlich kleine Zahl. Auch werden keine einzelnen Kontingente genannt. So groß waren die Verluste von Salamis bei weitem nicht, auch konnte man in keiner Weise wissen, in welcher Stärke die reorganisierte persische Flotte den Griechen entgegentreten würde. Diodor gibt zweihundertfünfzig Schiffe an. Das wäre einleuchtender, ist aber wahrscheinlich nichts weiter als eine Korrektur der anstößigen hundertzehn.

Der Führer der Gesamtflotte war der spartanische König Leotychidas, der Führer des Athener Kontingents Xanthippos, der Vater des Perikles.

Wir wissen nicht, ob Themistokles im Frühjahr 479 wieder zum Strategen gewählt wurde. Es ist nicht besonders wahrscheinlich, daß die Reaktion gegen ihn so bald nach dem großen Sieg einsetzte. Wenn er also dem Xanthippos das Kommando über den Athener Flottenteil überließ, so vermutlich deshalb, weil für ihn die Führung eines so kleinen Kontingents uninteressant war und weil nach der Weigerung vom Herbst 480, den Feind energisch zu verfolgen, auch jetzt mit aktivem Handeln kaum zu rechnen war, wie es denn auch die Kleinheit der Flotte zur Genüge bewies.

Wenn die Flotte bis dahin kein bestimmtes Ziel gehabt haben sollte, so wurde es ihr nun von einer ionischen Gesandtschaft gestellt, die in Sparta eingetroffen war – offenbar hatte sich der Bundesrat auf dem Isthmus nach der Schlacht von Salamis aufgelöst – und den Antrag stellte, Ionien zu befreien. Auf dies Gesuch hin ließ man die Flotte denn auslaufen, aber nur bis Delos. Da man wußte, daß die Reste der persischen Flotte, die bei Kyme überwintert hatten, inzwischen bei Samos vor Anker lagen, sich aber offenbar nicht stark genug fühlte, sie dort anzugreifen, wagte man sich nur bis Delos vor.

Hier traf eine zweite ionische Gesandtschaft ein. Die Samier hatten sie ohne Wissen der Perser und des von ihnen eingesetzten Tyrannen Theomnestor abgeschickt, um die Bundesflotte von neuem aufzufordern, Ionien zu befreien. Ionien warte nur auf ihr Erscheinen, um sofort von den Persern abzufallen. Wenn man List und Verrat befürchte, so wollten sich die Gesandten selbst zu Geiseln stellen.

Leotychidas nahm sie halboffiziell in den Bund auf, indem er sie den Treueid als Bundesgenossen schwören ließ. Am nächsten Tag wurde geopfert, und unter günstigen Vorzeichen lief die Bundesflotte nach Samos aus, wo sie an der langen, offenen Reede beim Heraion vor Anker ging, während die persische Flotte im Hafen lag, von der Mole des Polykrates geschützt.

Aber sei es, daß sie ihrem Glück, ihrer Zahl – viele scheinen es in der Tat nicht gewesen zu sein – oder ihren Bundesgenossen nicht trauten, die Perser wollten es auf Ernst nicht ankommen lassen und eine Schlacht nicht wagen. Sie verließen unbemerkt den Hafen und segelten an die Südküste der Halbinsel Mykale, die Samos gegenüberliegt. Dort errichteten sie ein Schiffslager und stellten sich unter den Schutz des persischen Heeres, das Ionien und auch die Halbinsel Mykale besetzt hielt. Die phönikischen Schiffe aber, die noch bei ihnen waren, entließen sie nach Hause.

Als die Griechen feststellten, daß ihnen die Feinde entkommen waren, waren sie enttäuscht und eine Zeitlang unschlüssig, was sie machen sollten, bis sie erfuhren, wo sich die Feinde aufhielten. Da segelten sie ihnen nach. Als sie sie entdeckten, wunderten sie sich zunächst, daß sie ihnen nicht entgegenkamen. Dann sahen sie, daß sie ein Schiffslager errichtet und sich verschanzt hatten. Nun fuhr Leotychidas mit seinem Schiff nahe an das Lager heran und ließ die Ionier durch einen Herold auffordern, wenn die Schlacht beginne, so sollten sie an nichts anderes als an ihre Freiheit denken. Das Losungswort heiße »Hera«. Wie Themistokles auf Euböa, so wollte auch er bewirken, daß entweder die Ionier überliefen oder die Perser sie aus Mißtrauen von der Schlacht ausschlössen. In der Tat entwaffneten diese die Kontingente der Samier, die sich im Lager befanden, und kommandierten die Milesier unter dem Vorwand, sie seien die Ortskundigsten, zur Bewachung der Gebirgspässe ab. In Wirklichkeit wollten sie nur das Lager von den unzuverlässigen Milesiern befreien. Die Bundesflotte passierte das Lager in Richtung Osten und ging außer Sichtweite der Feinde an Land. Man formierte sich und begann den Vormarsch auf das persische Lager. Die Athener, mit den Korinthern, Sikyoniern und Troizenern auf dem linken Flügel, kamen auf dem ebenen Strandgelände viel schneller vorwärts als die Spartaner auf dem rechten, die Berge und Schluchten zu überwinden hatten. Die Athener warteten die Ankunft der Spartaner nicht ab, sondern begannen den Kampf ohne sie, angeblich, um den Schlachtenruhm für sich allein zu gewinnen. Die Perser verteidigten sich wieder hinter ihrer Schildwehr, wurden aber schließlich in das Schiffslager zurückgedrängt. Sie wehrten sich zäh und brachten besonders den Sikyoniern schwere Verluste bei, die auch ihren Feldherrn verloren. Dann trafen auch die Spartaner auf dem Kampfplatz ein, und die Griechen gewannen die Übermacht. Die Perser gaben ihr Lager preis und flüchteten sich in die Berge, konnten sich aber auch dadurch nicht retten. Denn die Milesier, die die Pässe bewachen und den freien Abzug sichern sollten, führten die Perser nicht ins Freie, sondern im Kreise herum, bis sie erneut ihren Feinden gegenüberstanden, wo die Milesier dann auch selbst über sie herfielen.

Es war ein schnell errungener Sieg. Die persische Flotte hatte schon gar nicht mehr gewagt, der griechischen in offener Seeschlacht entgegenzutreten, und die persischen Truppen waren nun zum erstenmal auf ihrem eigenen Boden angegriffen und geschlagen. Wie groß die persischen Verluste waren, wissen wir nicht. Es ist anzunehmen, daß die Schlacht bei Mykale nicht besonders umfangreich war, wurde sie doch von den Griechen ohne Heer, allein mit den Wehrbesatzungen ihrer Schiffe bestritten. Aber als Doppelsieg und als erste auf feindlichem Boden war ihre Wirkung bedeutend und befreite die Griechen endgültig von der Angst vor der Rückkehr der Perser.

Die persischen Schiffe bei Mykale wurden in Brand gesteckt und vernichtet. Es wäre von großem Interesse zu wissen, wie viele es waren. Diodor behauptet, und Moderne haben es ihm nachgesprochen, die Zerstörung sei auf Initiative der Athener erfolgt, die dadurch die Zahlenüberlegenheit ihrer eigenen Flotte erhalten und verhindern wollten, daß die anderen griechischen Kontingente großen Zuwachs erhielten. Es handelt sich um eine reine Vermutung und eine wenig überzeugende. Die erbeuteten Schiffe wären ja doch anteilmäßig zur Verteilung gekommen und hätten das bestehende Verhältnis kaum verschoben. Man war einfach gezwungen, die erbeuteten Schiffe zu vernichten, weil man sie nicht bemannen konnte. Hätte man sie bemannen können, so besteht wenig Zweifel, daß man sie vorläufig wenigstens schon einmal bis Samos mitgeführt hätte, wie es mit einigen vielleicht auch wirklich geschah. Auch ist ziemlich abwegig anzunehmen, Xanthippos hätte die Verbrennung der Schiffe durchsetzen können, wenn Leotychidas und die anderen Flottenführer sie hätten mitnehmen wollen.

Die antike Legende hat die Schlachten von Platää und Mykale auf denselben Tag verlegt. In Wirklichkeit muß die von Mykale einige Zeit später stattgefunden haben, weil der Sieg von Platää bereits bekannt war und die Griechen bei ihrem Angriff außerordentlich ermutigte. Also irgendwann im Hochsommer 479.

Die Konferenz von Samos und die Eroberung von Sestos

Von Mykale kehrte die Bundesflotte nach Samos zurück, und hier traten die Vertreter des Bundes und die Vertreter Ioniens und der Inseln zu einer Beratung über die weitere Befreiung Ioniens zusammen. Man sollte meinen, daß der Sieg von Mykale die Lage sehr vereinfacht hätte. Das war aber in keiner Weise der Fall. Denn obwohl er unter dem Oberbefehl des Leotychidas erfochten war, wollten sich die Spartaner in Ionien nicht weiter engagieren. So wenig sie es seinerzeit beim Ionischen Aufstand getan hatten, so wenig wollten sie es jetzt. Die Spartaner hatten eine Scheu vor weitausgreifenden Unternehmungen und betrachteten im Grunde nur den Peloponnes als ihren eigentlichen Bundesbereich, hatten sie doch seinerzeit sogar den Antrag der Platäer um Aufnahme in den Peloponnesischen Bund abgelehnt, weil sie keine Bindung jenseits des Korinthischen Golfs eingehen wollten. Es verriet schon eine besondere Offenheit gegenüber panhellenischen Vorstellungen, daß sie sich überhaupt an dem Inselunternehmen beteiligt hatten. Aber Garantien für das kleinasiatische Festland zu übernehmen, schien ihnen unvertretbar. So bedeutend die Siege von Salamis, Platää und Mykale auch waren, ob sie für die Dauer für Griechenland entscheidend sein würden, mußte sich erst zeigen. Die ionischen Städte gegen den persischen Anspruch zu verteidigen war aber eine Herausforderung, die ihrer Ansicht nach die griechischen Kräfte überstieg. Sie machten daher den Vorschlag, man solle Ionien nicht verteidigen, sondern räumen. Die Ionier sollten nach Griechenland übersiedeln. Man würde ihnen geeignete Handelsplätze in den Staaten anweisen, die sich mit den Persern verbunden hatten und die man bekriegen wollte, wie es seinerzeit die erste Bundesversammlung beschlossen hatte. Ein solcher Vorschlag war natürlich rein utopisch und konnte nur von Leuten gemacht werden, die auf dem Dorf lebten und gar nicht wußten, was eine Stadt und gar eine ionische Handelsstadt überhaupt war. Die nicht nur zahlreichen, sondern meist auch bedeutenden und volkreichen Städte Ioniens, Äoliens, des Hellespont und der Propontis geschlossen nach Griechenland zu verlegen, dessen Bevölkerung sie vermutlich damals insgesamt übertrafen, schloß so ungeheure Probleme der verschiedensten Art ein, daß kein ionischer Kaufmann oder Stadtrat einen ernsten Gedanken daran zu verschwenden brauchte. Wenn Diodor berichtet, die Ionier hätten den spartanischen Vorschlag zuerst angenommen, bis die Athener sich ihm widersetzten, so ist das eine ganz unglaubwürdige Dramatisierung. Der spartanische Vorschlag war von vornherein ein Ungedanke.

Athen, als künftige Flottenmacht, war schon in diesem Stadium auf Fernziele gerichtet und nicht nur bereit, sondern auch außerordentlich interessiert, sich in Ionien zu engagieren. Waren aber auch die Ionier selbst daran interessiert? Wir wissen nicht, welche oder auch nur wie viele Städte an der Konferenz von Samos teilnahmen, wir können aber sicher sein, daß es bei weitem nicht alle waren, daß viele die Aussichten so beurteilten wie die Spartaner und lieber die weitere Entwicklung in Ruhe abwarten, als einen übereilten Schritt tun wollten. Wenn also das Ergebnis von Samos lautete, daß nur Inseln, vor allem die großen, Lesbos, Chios und Samos, neu in den Hellenischen Bund aufgenommen wurden, so war das nicht nur ein Sieg des spartanischen Standpunkts, sondern zumindest teilweise auch ein Ergebnis der Zurückhaltung der Ionier selbst, die es wenig verlocken konnte, einem Bund beizutreten, von dem sie wußten, daß ihm mehr daran gelegen war, sie umzusiedeln statt zu verteidigen.

Von Samos aus segelte die Bundesflotte zum Hellespont, um dort die Schiffsbrücken zu zerstören. Als man aber Abydos erreichte, mußte man feststellen, daß diese gar nicht mehr bestanden. Erstaunen läßt, daß man das im Herbst 479 noch nicht wußte, obwohl sie doch schon im Spätherbst 480, bei Xerxes' Hellespontübergang, nicht mehr benutzbar waren. Der peloponnesische Teil der Flotte sah daraufhin seine Aufgabe als erfüllt an und kehrte in die Heimathäfen zurück. Nicht so die Athener. Sie beschlossen, Sestos zu belagern, die persische Herrschaft auf der Chersones zu brechen und die persische Kontrolle der Meerenge aufzuheben. Hier kam also die Differenz spartanischer und athenischer Zielsetzung erneut greifbar zum Ausdruck.

Sestos war stark befestigt, und zur Verschärfung des Widerstands trug bei, daß Artayktes, der Satrap der Dritten Satrapie, zu der Sestos gehörte und der seine Residenz in Daskyleion an der Propontis hatte, damals auf der Chersones weilte. Die Belagerung zog sich weit in den Winter hinein, und die Athener, die gewohnt waren, immer nur bis zum Herbst im Felde oder auf den Schiffen zu sein, wurden ungeduldig. Aber Xanthippos erklärte ihnen, sie würden Sestos nicht eher verlassen, als bis sie es erobert hätten, es sei denn, die Volksversammlung rufe sie früher zurück. Schließlich ging den Belagerten die Verpflegung aus, so daß sie nur noch »das Leder von ihren Sesseln« zu essen hatten. Artayktes versuchte zu fliehen, wurde aber ergriffen, und die Stadt öffnete ihre Tore. Artayktes wollte sich mit zweihundert Talenten Silber (5,2 Tonnen) freikaufen, aber da er der Stadt Eläus das Heroon entweiht und ausgeraubt hatte, bestanden die Eläer auf seiner Hinrichtung. Sie wurde auf persische Weise an ihm vollzogen, durch Kreuzigung. Der Sohn aber wurde vor den Augen des Gekreuzigten gesteinigt.

Die Athener machten in Sestos reiche Beute. Die merkwürdigste waren die Überreste der Brückentaue, die sie nach Delphi weihten, wo sie vielleicht in ihrer Stoa vor der Stützmauer des Tempels aufbewahrt wurden.

Mit Sestos hatte Athen seinen ersten Außenbesitz erobert. Denn obwohl es nicht eigens gesagt wird, ist so gut wie sicher, daß Sestos nicht dem Hellenischen Bund unterstellt, sondern Eigenbesitz der Athener wurde, seine erste »überseeische« Flottenstation.

Mit der Eroberung von Sestos schließt das Geschichtswerk des Herodot und beginnt das des Thukydides.

Der Mauerbau des Themistokles

Im Frühjahr 478 wechselte das Flottenkommando. Aber wieder ist Themistokles nicht in ihm vertreten. Es war eine ganz andere Aufgabe, der er sich mit aller Energie widmete.

Mit der Schlacht von Plataä, die die persischen Truppen aus Griechenland vertrieb, und der von Mykale, die den Angriff bereits in Feindesland trug, war die Befreiung Griechenlands abgeschlossen. Kein Athener brauchte nun noch länger zu zögern, in die Heimat zurückzukehren und den Neuanfang zu wagen. Auch alle Frauen und Kinder, die nach Salamis noch in Sicherheit geblieben und beim neuen Einfall des Mardonius einer zweiten Evakuierung entgangen waren, kehrten nun zurück. In dem verwüsteten und verödeten Land machte sich die Bevölkerung, der auf wunderbare Weise Heimat und Freiheit zurückgegeben waren, dankbar und mit allem Eifer an den Neuaufbau. Noch bevor die Athener aber ihre Stadt wiederaufbauten, gingen sie daran, sie zu befestigen. Es war die Idee des Themistokles, Athen und den Piräus von vornherein mit einem festen Mauerring zu sichern. Zweimal waren die Athener heimatlos geworden. Sie sollten es nicht ein drittes Mal werden. Wie aber diese Idee zugleich auch *das Werk* des Themistokles wurde, darüber lesen wir bei Thukydides (I 89–93) eine dramatische Geschichte.

Als die Spartaner von dem Athener Mauerbau erfuhren, gerieten sie in Angst. Athen, das eine so gewaltige Flotte besaß und in den großen Schlachten so unerwartet viel Mut gezeigt hatte, könnte nun, fürchteten sie, übermächtig werden. Sie schickten eine Gesandtschaft nach Athen mit der Forderung, den Mauerbau einzustellen. Mit welcher Begründung? Die Mauer werde nur den Persern zugute kommen, wenn sie noch einmal zurückkehrten. Die Athener erklärten den spartanischen Gesandten, sie sollten beruhigt wieder nach Hause ziehen. Man werde ihnen bald durch eine Gegengesandtschaft alles gehörig erklären. Nach der Ansicht des Thukydides hat man sich vielleicht sogar vorzustellen, die Athener hätten in scheinbarer Nachgiebigkeit den Mauerbau gar unterbrochen, bis die spartanischen Gesandten die Stadt wieder verlassen hatten.

Auf Vorschlag des Themistokles entsandte man dann zunächst nur ihn selbst, hielt dagegen seine Mitgesandten vorläufig zurück und ließ inzwischen mit Hochdruck an der Mauer arbeiten: Männer, Frauen, Kinder, Sklaven, alles, was Hände hatte, Tag und Nacht, Material, wo und wie es sich fand, Feldsteine, Bausteine, Rinnsteine, Grabsteine. Man wollte die Mauer in aller Eile wenigstens bis in Brusthöhe fertigstellen, so daß man sie zur Not verteidigen konnte. Themistokles begab sich also als athenischer Gesandter nach Sparta, zögerte aber seine Mission von Tag zu Tag hinaus. Zur Rede gestellt, was er in Sparta eigentlich zu bestellen habe, sagte er, er warte noch auf seine Mitgesandten, er verstehe selbst nicht, wo sie blieben. Schließlich trafen dann Aristides und Habronichos wirklich ein und informierten ihn darüber, daß die Mauer ausreichend fertig sei. Inzwischen waren aber auch eine Menge Nachrichten und Zeugen in Sparta eingetroffen, die keinen Zweifel daran ließen, daß in Athen mit Hochdruck an der beanstandeten Mauer gebaut werde. Ins Verhör genommen, antwortete Themistokles, die Spartaner sollten nichts auf Gerüchte geben, sondern eine eigene Gesandtschaft entsenden und sich amtlich vom Stand der Dinge überzeugen. Nach Athen aber gab er sofort Weisung, die neue spartanische Gesandtschaft als Unterpfand für sich und seine Kollegen festzuhalten, da die Spartaner sie sonst nicht wieder ziehen lassen würden. Sobald er aber Nachricht hatte, daß die Spartaner Gesandten festgesetzt seien, ließ er die Maske fallen und erklärte offen, jawohl, die Athener hätten eine Mauer gebaut. Als es ihnen gut geschienen habe, ihre Stadt zu verlassen und preiszugeben, da hätten sie das *auch* ohne Sparta getan. Und nun habe es ihnen gut geschienen, daß ihre Stadt eine Mauer bekomme. Und das werde nicht nur für die Athener, sondern für den ganzen Bund das beste sein.

Die Spartaner akzeptierten das schließlich, ohne ihren Ärger zu zeigen, doch blieb über den mißlungenen Einspruch eine gewisse Verstimmung zurück. Indessen kehrten die beiden Gesandtschaften nach Hause zurück.

Diese berühmte Geschichte, mit ihrem versöhnlichen, geradezu rührenden Schluß, läßt wenig Zweifel, daß sie anachronistisch ist. Es wäre ja eine ganz unerträgliche und gar nicht zu begründende Einmischung gewesen, wenn Sparta, das seinem Bundesgenossen Athen weder etwas zu gebieten noch zu verbieten hatte, den Athenern ihre Mauer hätte untersagen wollen. Thukydides läßt sie dann mit ihrer Forderung auch nur in Form eines Ratschlags auftreten, und ihre Argumentation ist künstlich und weit hergeholt. Es sind ganz einfach die Verhältnisse des Peloponnesischen Krieges, die Thukydides hier auf das Jahr 479/78 überträgt.

Mit dem spartanischen Einspruch wird aber auch die Nachricht vom überhasteten Mauerbau zweifelhaft. Die Mauer bestand aus einem Steinfundament (Abb. zu S. 145) mit einem Ziegelaufbau. Sie ist zweifellos schnell erbaut worden, aber nicht überhastet, um einer spartanischen Intervention zuvorzukommen. Gegen eine Überhastung spricht allein schon die überlegte Planung. Die Weitsicht des Themistokles bewährte sich auch hier. Einen ganz neuen Stadtplan zu verwirklichen, erlaubten wahrscheinlich weder Mittel noch Umstände. Aber wenigstens die Mauer sollte voll der Zukunft Rechnung tragen. Sie wurde nach Norden weit in die Ebene vorgeschoben, bezog im Osten das Heiligtum des Olympischen Zeus neu in die Stadt ein und erhielt nach Südwesten, gegen das Meer zu, ein besonderes Vorwerk. Das ummauerte Gebiet wurde fast auf das Doppelte erweitert, weniger vielleicht in Voraussicht eines so ungeheuren Wachstums der Stadt selbst, als in der Absicht, in einem künftigen Ernstfall auch die Landbevölkerung in der Stadt aufnehmen und schützen zu können.

Die berühmte Geschichte des Thukydides, als Zeugnis für des Themistokles Verdienst und Klugheit gedacht, führt nur dazu, daß wir die wirkliche Leistung des Themistokles beim Stadtmauerbau unterschätzen.

Die Eroberung von Byzanz und die Gründung des Delisch-attischen Seebunds

Pausanias und Aristides, die beiden Helden von Platää, übernahmen im Frühjahr 478 das Kommando über die Bundesflotte. Die Absage Spartas an die Ionier und sein Verzicht auf die Teilnahme an der Belagerung von Sestos bedeuteten in keiner Weise, daß Sparta sich in Zukunft von allen Flottenunternehmungen überhaupt zurückziehen wollte. Es mußte ihm sowohl daran gelegen sein, das Oberkommando zu behalten und wahrzunehmen, als auch daran, Athener Sonderexpeditionen und Sondererwerbungen in Zukunft zu verhindern. Dagegen blieb es sein Prinzip, nicht auf das kleinasiatische Festland überzugreifen, sondern sich auf Europa und die Inseln zu beschränken.

Die erste Flottenunternehmung des Pausanias und Aristides, mit zwanzig peloponnesischen Schiffen, dreißig athenischen und einer unbestimmten Zahl von Bundesgenossen, richtete sich gegen Zypern. Es ging dabei nicht nur darum, die griechischen Städte dort zu befreien, Zypern war seit eh auch ein wichtiges Rohstoffland, und vor allem war es die wichtigste Verbindungsstation zwischen Persien und Ägypten. Die Insel wurde zum größten Teil »unterworfen«, schreibt Thukydides, nicht befreit. Die Eroberung wurde jedoch abgebrochen, um den ungünstigen Nordwinden zuvorzukommen. Denn das nächste Ziel der Bundesflotte, der nun auch die Kontingente der Inseln angehörten, lag ganz im Norden. Die Besetzung von Sestos sicherte der Flotte die Durchfahrt durch den Hellespont. Ihr Ziel war Byzanz, um auch die Durchfahrt durch den Bosporus zu öffnen und dadurch die zahlreichen griechischen Kolonien am Schwarzen Meer wieder mit der griechischen Welt zu verbinden.

Infolge der Mitwirkung der Byzantier erübrigte sich eine aufwendige und langwierige Belagerung. Die persische Besatzung war bald vertrieben, und nun residierte Pausanias als Bevollmächtigter des Hellenischen Bundes in der Stadt am Bosporus. Hier aber ging eine merkwürdige Veränderung mit ihm vor oder wurde jetzt offenkundig. Pausanias, den wir in der Darstellung des Herodot bis in die Zeit nach Platää als einen Mann von großer Besonnenheit und Menschlichkeit überliefert finden, beginnt auf einmal, das Maß zu verlieren. Die großen Erfolge: Platää, Zypern und nun Byzanz und die Lobeshymnen vom Retter Griechenlands müssen ihm zu Kopf gestiegen sein. Er war wahrscheinlich noch ziemlich jung an Jahren, und aus der spartanischen Enge und Dürftigkeit mit großen Machtbefugnissen direkt in eine der bedeutendsten Handelsstädte des Ostens versetzt, erlag er der Verführung des Orients. Ihn, den wir in Platää den persischen Luxus noch verspotten sehen, finden wir diesem nun verfallen. »Er konnte nicht mehr in der herkömmlichen Weise leben.« In Kleidung und Nahrung begann er, persische Lebensart anzunehmen, wurde anmaßend und hochfahrend und legte nach orientalischem Brauch zwischen sich und die Untergebenen eine trennende Kluft. Er war »in seinem Gebaren einem Tyrannen ähnlicher als einem Feldherrn«. Diese ganze Veränderung war aber deshalb so enthüllend und undiplomatisch zum Ausdruck gekommen, weil Pausanias sich in seinen geheimen Ambitionen für erfolgreich hielt: Er konspirierte mit den Persern. Bei der Besetzung von Byzanz soll er hohe persische Gefangene, Freunde und Verwandte des Königs, geschont, befreit und auf geheimen Wegen dem König zugeführt haben, um ihn sich zu verpflichten. Er nahm Verbindung zu ihm auf, und Xerxes ernannte Artabazos, der die griechischen Verhältnisse vom Feldzug her kannte, als Nachfolger des in Sestos umgekommenen Artayktes zum Satrapen in Daskyleion. Mit Artabazos liefen nun über geheime Kuriere die Verbindungen. Pausanias strebte wahrscheinlich nicht nur nach der spartanischen Königswürde, sondern nach der Herrschaft über ganz Griechenland. Daß der Großkönig überhaupt auf seine Vorschläge einging und mit ihm verhandelte, verführte ihn zu verstiegenen Hoffnungen und der Unvorsichtigkeit, die äußere Maske nicht zu wahren. Das persische Gehabe des Pausanias wurde natürlich bald in Sparta bekannt und konnte Gerüchten von persischen Verbindungen, die über ihn in Umlauf waren, nur zur Bestätigung dienen. Die Ephoren zogen ihn zur Rechenschaft und beriefen ihn ab. Mit Pausanias verließen – nicht ohne weiteres begreiflich – auch die peloponnesischen Kontingente Byzanz, und Aristides blieb mit den Athenern und den ionischen Verbündeten allein am Bosporus zurück.

Anmaßung und hochfahrendes Wesen hatten den Pausanias schon auf Zypern, dann vollends in Byzanz unbeliebt gemacht und besonders die Ionier abgestoßen. Sie waren schon bald mit ihrer Beschwerde über seine Eigenmächtigkeiten an Aristides herangetreten und sprachen unverhohlen aus, wie sehr sie es begrüßen würden, wenn *er* das Oberkommando übernähme. Aristides, dem persönlicher Ehrgeiz fremd war, wird die Umstände, Möglichkeiten und möglichen Verwicklungen nüchtern und objektiv gegeneinander abgewogen haben. Mit der Abberufung des Pausanias war jedoch eine ganz neue Lage eingetreten. Automatisch, ohne jede Forcierung und Fehldeutbarkeit übernahm er dessen Nachfolge. Die Konsequenzen waren bedeutend. Es war nun nicht mehr die Bundesflotte, die Byzanz, die Inseln und Ionien verteidigte, sondern Athen und die Ionier selbst. Was Themistokles bei seinen Flottenbauplänen von Anfang an als Ziel vor Augen gestanden hatte, war überraschend schnell aktuell geworden: die Möglichkeit einer attischen Seepolitik und Seestrategie als Fernstrategie. Die antike Überlieferung hat die Entwicklung des Jahres 478/77 ganz in die Kompetenz des Aristides gestellt. In Wirklichkeit werden ausführliche Sitzungen des Athener Rates sie begleitet haben. Für Themistokles waren die Konsequenzen unbedenklich, sie waren eine selbstverständliche Folge seines Konzepts. Aber Aristides und die Antiradikalen scheuten nicht nur vor den schwer übersehbaren äußeren Folgen zurück, sie hatten gewiß auch innere Bedenken, den Hellenischen Bund aufzulösen. Andererseits scheint Aristides sich in bezug auf den Ausbau der athenischen Seemacht inzwischen weitgehend mit den Zielen des Themistokles identifiziert zu haben.

Die Anklage gegen Pausanias wegen seiner Beziehungen zu Persien ließ sich in Sparta nicht erhärten. Aber er hatte sich gegen mehrere Spartaner persönlich vergangen und wurde wegen Eigenmächtigkeit schuldig gesprochen und nicht wieder mit dem Oberkommando betraut. Statt dessen entsandte Sparta im Frühjahr 477 Dorkis als neuen Oberkommandierenden nach Byzanz. Er wurde aber von den Athenern und Ioniern nicht anerkannt und mußte unverrichteter Dinge wieder umkehren. Dies war nun die entscheidende Probe. Würden die Spartaner und Peloponnesier sich auf so einfache Weise ausmanövrieren lassen? Ein klassischer Prestigefall mit unmittelbaren realen Konsequenzen. Die Spartaner waren sich – wie anders? – des Dilemmas klar bewußt und berieten es in dramatischen Sitzungen. Aber es zeigte sich, daß ihnen Flottenoperationen und Fernstrategie am Ende doch fremde Dinge waren, von denen bei dieser Gelegenheit loszukommen ihnen gar nicht unwillkommen war. Sie betrachteten mit dem Sieg von Platää und dem Abzug der Perser aus dem Lande den Krieg als beendet. Sollte er in Feindesland fortgeführt werden, so mochten die anderen die Verantwortung für dieses Abenteuer auf eigene Gefahr übernehmen. Indem Sparta die Ablehnung des Dorkis hinnahm, gab es seinen Anspruch auf das Oberkommando auf und ermöglichte den Athenern nicht nur faktisch die Gründung eines eigenen Bundes, sondern ersparte ihnen auch das schlechte Gewissen.

Der sogenannte Delisch-attische Seebund, wie er sich nun konstituierte, »Die Athener und die Bundesgenossen«, wie er offiziell hieß, hatte zwar die Fortführung des Perserkrieges zur Befreiung Ioniens zum erklärten Ziel, war aber weder ein Teil noch eine Fortsetzung des Hellenischen Bundes, der vielmehr formell in seiner bisherigen Form unverändert fortbestand, sondern ein eigener, unabhängiger Bund, der sich von Anfang an durch eine straffe Organisation auszeichnete. Sollte der Bund als Militärbündnis wirksam sein, so mußten ihm sichere Mittel zur Verfügung stehen. Die Bündner verpflichteten sich zu festen Beiträgen. Aristides selbst war es, der sie dazu veranlagte, und er löste diese undankbare und schwierige Aufgabe so vollkommen zur allseitigen Zufriedenheit, daß mehr als vieles andere diese Leistung seinen Beinamen »der Gerechte« festigte. Es ist ziemlich sicher, daß Aristides als Veranlagungsmittel unter anderem das persische Katastersystem zum Vorbild nahm, wie es Artaphernes 493 eingeführt hatte. Der schwierigere Teil bestand darin, Hafenzölle, Bergwerksgelder und andere Staatseinnahmen gerecht anzusetzen. Es muß ihm überzeugend gelungen sein und gewann die allgemeine Billigung nicht zuletzt dadurch, daß die Beiträge an den Bund geringer waren als die Abgaben an die Perser. Die Schatzung des ersten Jahres soll 460 Talente betragen haben, eine gewaltige Summe, deren Historizität freilich umstritten ist. Wir wissen nicht im einzelnen, welche Städte alle zu ihr beigetragen haben, mit Sicherheit aber ein großer Teil der ionischen und äolischen Küstenstädte und die Städte der Chalkidike, dann Euböa, die Kykladen und die großen Inseln der Ägäis. Der Beitrag konnte in der Stellung von Schiffen zur Bundesflotte erfolgen oder in der Zahlung von Geld. Wie die Schiffsgestellung angesetzt und berechnet wurde, wissen wir nicht. Ursprünglich werden alle Bündner mit größeren Flotten, also vor allem die bedeutenden Inseln, Schiffe gestellt haben. Im Lauf der Zeit gingen immer mehr Bündner zur Geldzahlung über, mit der dann Athen Bau, Ausrüstung und Bemannung der Schiffe finanzierte, wodurch sich die Organisation der Flotte vereinheitlichte, gleichzeitig aber auch das Übergewicht und der Ermessensbereich Athens immer mehr wuchsen. Als dann der Bund fortbestand, nachdem die Befreiung Ioniens abgeschlossen war, ging Athen immer stärker und immer offener dazu über, die Bundesgelder für seine eigenen Zwecke zu verwenden. Die ehemaligen Bundesgenossen sanken mit der Zeit praktisch auf den Status von Vasallen herab, und der sogenannte Bund wurde für sie ein ausbeuterisches Zwangssystem.

Als Zentrum des Bundes wurde die heilige Insel Delos gewählt, so daß der Bund sich in gewisser Weise als der Nachfolger der alten ionischen Amphiktionie verstehen konnte. Hier tagte der Bundesrat, und hier wurden die Bundesgelder deponiert, von zehn Hellenotamien (= Schatzmeistern) verwaltet, die, ihres panhellenischen Titels ungeachtet, von Anfang an nur aus Athenern bestanden. Außer der Verwaltung der Bundeskasse stand Athen auch das Oberkommando im Kriege zu mit dem Recht, das Aufgebot für Schiffe und Truppen zu erlassen und an bedrohten Punkten des Bundesgebiets Garnisonen zu installieren.

Der Name des Themistokles wird im Zusammenhang mit der Gründung des Delisch-attischen Seebunds gar nicht erwähnt. Es konnte den ehrgeizigen Mann nicht befriedigen, zwar seine Pläne verwirklicht, sich selbst aber aller Mitwirkung beraubt zu sehen. Nach Vollendung des Mauerbaus im Piräus 477/76 scheint er keine aktive Rolle in der Athener Politik mehr gespielt zu haben. Es müssen unerträglich harte Jahre für den energischen, tatendurstigen Mann gewesen sein. Und sie sollten nie mehr enden.

Nach seiner Freisprechung hatte Pausanias Sparta wieder verlassen. Von Hermione aus war er zu Schiff inoffiziell nach Byzanz zurückgekehrt. Wie das Inoffizielle seiner Unternehmung zu verstehen ist, ist schwer zu sagen. Er war zwar nicht mehr Oberkommandierender, aber weiterhin amtierender Regent, und wie er als solcher inoffiziell und für längere Zeit ins Ausland gehen konnte, ist schwer begreiflich, noch weniger aber, wie er sich in dieser Qualität erneut in Byzanz festsetzen konnte. Seine Herrschaft dauerte indes nicht lange. Er wurde von den Athenern vertrieben und ließ sich nun in Kleonä in der Troas nieder. Sein Mißerfolg in Byzanz hat vermutlich seine großen Hoffnungen zerstört und ihn wahrscheinlich auch beim Großkönig um das Unterpfand weiterer Beachtung gebracht. Seine Pläne kamen nicht von der Stelle, und als die Ephoren ihn 476 heimzitierten, leistete er ihnen tatsächlich Folge, offenbar das Schicksal seines Onkels Kleomenes nicht näher bedenkend.

Der Fall von Eïon

Im Sommer 476 hatte eine neue Figur ihren ersten großen Auftritt auf der attischen Bühne: Kimon, der Sohn des Miltiades, des Siegers von Marathon. Im Frühjahr 476 hatte er die Strategie erlangt, vielleicht zum erstenmal, zum erstenmal jedenfalls den Oberbefehl über die Flotte.

Nach dem Abzug der Perser und der Eroberung von Sestos und Byzanz waren noch zwei wichtige persische Stützpunkte in Europa übriggeblieben: Eïon, an der Mündung des Strymon, und Doriskos, westlich vom Hebros. Kimon brach auf, um Eïon zu erobern. Dort residierte als persischer Statthalter Boges, ein entschlossener Mann, wie sich zeigen sollte. Kimon bot ihm, um beiden Seiten alle Opfer zu ersparen, freien Abzug nach Asien an. Boges lehnte das Angebot ab, »damit der König nicht glauben sollte, er habe aus Feigheit sein Leben retten wollen«. So begann die Belagerung. Auf Entsatz konnte Boges von vornherein nicht hoffen, weder zu Lande noch zur See. Nur die umwohnenden Thraker hätten ihn retten können. Aber die sahen keinen Grund, oder Kimon hielt sie energisch zurück. Als der Festung die Lebensmittel ausgingen, bereitete Boges sich und den Seinen selbst das Ende. Er ließ einen großen Scheiterhaufen errichten, tötete seine Frau, seine Kinder, seinen Harem, seine Diener und überantwortete sie dem Feuer. Dann ließ er alle Schätze, die sich in der Stadt befanden, alles Gold und Silber über die Mauer in den Strymon schütten. Zuletzt sprang auch er in die Flammen und verbrannte sich selbst. »Darum preist man ihn in Persien mit Recht bis zum heutigen Tage« (Hdt. 7, 107), denn durch den Feuertod brachte er sich dem Himmelsgott selbst zum Opfer dar.

Das war das Ende des Boges und die Eroberung von Eïon. Seine Bevölkerung wurde versklavt, und die Stadt nicht von den Athenern neu besiedelt, sondern nur mit einer Garnison belegt. Sie wurde ebensowenig wie Sestos dem Bund unterstellt, sondern war ein neuer Außenbesitz Athens.

Doriskos aber ließ sich nicht erobern, so viele Versuche die Griechen auch dazu machten, sondern behauptete sich bis in die Zeit des Artaxerxes (464–24) in persischem Besitz.

Im gleichen oder im folgenden Jahr gelang es Kimon, auch die Insel Skyros dem Athener Besitz einzufügen, die schon deswegen nicht dem Bund unterstellt wurde, weil hier die Gebeine des Theseus, des attischen Landesheros, gefunden und nach Athen übergeführt wurden. Während Miltiades die kaum begonnenen Flottenpläne des Themistokles zum Abbruch brachte, sehen wir nun seinen Sohn als einen der erfolgreichsten Baumeister der attischen Seeherrschaft.

Das Ende des Pausanias

Wie bei Kleomenes, so hatten die Ephoren es auch bei Pausanias zuwege gebracht, den Abtrünnigen in die Heimat zurückzurufen. In beiden Fällen erscheint die Naivität der Rückkehr so groß, daß der Verdacht aufkommt, die Ephoren hätten über ein besonderes, religiöses oder familiäres Druckmittel verfügt, das die Widerstrebenden zum Nachgeben zwang. Thukydides versuchte sich die Rückkehr des Pausanias damit zu erklären, daß die Ephoren ihn mit Krieg bedrohten. Real bekämpfen wollten sie ihn in der Troas wohl kaum. Die Kriegserklärung hätte eher wie bei den Heloten den Zweck gehabt, Pausanias außerhalb des Gesetzes zu stellen und rechtlos zu machen.

Pausanias wurde zunächst in Haft gesetzt. Es ließ sich aber kein Vorwurf gegen ihn erhärten, und man gab ihn schließlich frei, um ihn zu beobachten. Später hieß es, er habe den Heloten die Freiheit und das Bürgerrecht versprochen, wenn sie ihm folgen würden.

Die Geschichte Spartas wäre in der Tat anders verlaufen, wenn diese Pläne sich verwirklicht hätten. Aber auch dieser Verdacht auf Hochverrat, so gravierend er war, ließ sich nicht beweisen. Auf die bloße Aussage von Heloten hin durfte kein Spartaner vor Gericht gezogen werden. Und ohne eindeutige Beweise konnte man gegen den Regenten nicht vorgehen. Zum Verhängnis wurde ihm der Versuch, wieder Verbindungen mit Persien anzuknüpfen. Daß Pausanias nicht nur reale, sondern große Aussichten hatte, einen Helotenaufstand zu entfesseln, zeigte sich wenige Jahre später (464). Wenn es ihm trotzdem nicht gelang, ja nicht einmal der Versuch dazu zu erkennen ist, obwohl zwischen seiner Rückkehr und seinem Tod möglicherweise mehrere Jahre liegen, so offenbar deshalb nicht, weil er zwar hochfliegende Wünsche und Pläne, nicht aber auch Zielstrebigkeit und Entschlossenheit besaß. Wenn er jetzt die Verbindung mit Persien wiederaufnahm, so sollten ihm Rat und Hilfe von außen kommen, von Fremden. Es war eine Zuflucht der Unentschlossenheit und mußte sich schwer rächen.

Als Kurier sollte ihm ein Mann dienen, der früher einmal sein Geliebter gewesen und ihm ganz ergeben war. Ihm war ein versiegelter Brief ausgehändigt und als Adressat Artabazos angegeben worden. Zu seinem Glück aber fiel es diesem Boten, bevor er aufbrach, wie Schuppen von den Augen. Es ging ihm plötzlich auf, daß keiner von den Boten, die Pausanias zu den Persern geschickt hatte, jemals zurückgekehrt war. Ein furchtbarer Verdacht und Schrecken überwältigte ihn. Er traf Vorkehrungen, das Siegel notfalls ersetzen zu können, erbrach den Brief und fand wirklich die Anweisung darin, den Überbringer der Botschaft umzubringen. Nun zögerte er nicht, das Schreiben den Ephoren vorzulegen. Aber auch diesem schriftlichen Zeugnis wollten sie immer noch nicht die entscheidende Kompetenz zugestehen. Sie wollten Pausanias erst dann verurteilen, wenn sie das Bekenntnis aus seinem eigenen Munde gehört hätten, und um dahin zu gelangen, dachten sie sich eine besondere Falle aus. Der Bote solle sich als Schutzflehender nach Kap Tänaron begeben, sich dort im Heiligtum des Poseidon niederlassen und eine Hütte mit einem geheimen Nebenraum bauen. Dort wollten die Ephoren seine Unterredung mit Pausanias belauschen. So wurde es auch durchgeführt. Nach einiger Zeit erfuhr also Pausanias, daß sich sein Bote, den er längst auf dem Weg nach Kleinasien glaubte, in Wirklichkeit als Schutzflehender auf Kap Tänaron befand. Irritiert machte er sich nun selbst auf die Reise, zu seinem Kurier, den er im Heiligtum des Poseidon in seiner Hütte fand. In seiner heftigen Art stellte er ihn zur Rede, warum er seinen überaus dringenden Auftrag vernachlässige und statt auf Reisen zu sein hier geistliche Übungen abhalte. Darauf bekam er zu hören, was sein Bote befürchtet und in dem Brief bestätigt gefunden hatte. Schwer, sich vorzustellen, welche Ausflüchte dem Pausanias auf diese Eröffnung zur Hand waren: ein Mißverständnis – Versicherungen – Versprechungen. Er versuchte mit allen Mitteln, seinen Boten doch noch zum Aufbruch zu bewegen. Der gab zum Schein nach, und die Ephoren hatten nun den Beweis aus des Verdächtigen eigenem Munde. Man verhaftete indes den Pausanias nicht auf der Stelle, sondern ließ ihn ahnungslos nach Sparta zurückkehren.

Als man ihn dort verhaften wollte, flüchtete er sich in das nahegelegene Heiligtum der Athena Chalkioikos, der Erzbehausten. Und damit er sein Asyl nicht im Freien zu verbringen brauchte und den Unbilden der Witterung entginge, nahm er Zuflucht in einem Gebäude des Heiligtums. Die Ephoren schlossen die Tür hinter ihm, ließen sie zumauern und hungerten ihn aus. Da aber weder Geburt noch Tod ein Heiligtum entweihen durften, gaben sie Befehl, das Dach abzudecken, und ließen den Eingeschlossenen unausgesetzt beobachten. Als er am Ende seiner Kräfte war und sich nicht mehr wehren konnte, trugen sie ihn hinaus und ließen ihn vor dem Heiligtum sein Leben aushauchen. Ursprünglich hatten sie vor, seinen Leichnam in die Schlucht des Kedeas zu werfen, in die man die Verbrecher hinabzustürzen pflegte. Aber dann beschloß man, ihn dort in der Nähe zu begraben.

Das war das Ende des Pausanias, des Siegers von Platää, des Mannes, der »höheren Ruhm gewonnen als irgendein Grieche, von dem wir wissen«.

Das Orakel von Delphi aber, das darüber wachte, daß nirgends die Rechte der Götter verletzt wurden, griff den Fall später auf.

Zur Buße dafür, daß die Spartaner das Asylrecht der Athene verletzt und ihr den Schutzflehenden, der ihr Eigentum war, entzogen hatten, wurde ihnen auferlegt, der Göttin zur Entschädigung zwei Männer zu weihen. Die Spartaner stifteten zwei Erzstatuen des Pausanias und brachten sie der Athene zur Sühne für dessen Ermordung dar. Auch seiner Bestattung nahm das Orakel sich an. Es gab Anweisung, daß sein Grab bei der Hinrichtungsstätte aufzuheben und dort anzulegen sei, wo er gestorben war. So befand sich von da an das Grab des Pausanias vor dem Heiligtum der Athene Chalkioikos.

Die Verbannung des Themistokles

Nachdem in Athen die Stadt gesichert war, begann man mit der Ummauerung des Piräus, dessen Befestigung Themistokles besonders am Herzen lag. Am liebsten hätte er, wir sagten es schon einmal, Athen nach dem Piräus und die Akropolis auf die Munichia verlegt. Aber wenigstens würde der Piräus nun den wichtigsten Besitz der Athener umschließen, auf dem das Fundament ihrer Macht beruhte: die Häfen, Schiffe, Arsenale und Werften. Die Hafenmauer war zum Teil wahrscheinlich schon vor dem Krieg erbaut worden und wurde jetzt vollendet. Sie bestand aus einem Steinsockel mit einem Ziegelaufbau, folgte dem unregelmäßigen Verlauf der Küste und umschloß die drei Häfen, deren enge Einfahrten von Türmen flankiert waren und durch Ketten geschlossen werden konnten.

Die Landmauer, die ganz neu zu errichten war, bestand wenigstens zum Teil nicht aus zwei Schalenmauern mit Erdfüllung, sondern aus durchgehend massivem Steinbau, und war ursprünglich wohl in einer Höhe von 10 bis 12 m geplant, die jedem anrückenden Feind von vornherein die Lust an einer Belagerung nehmen sollte und zu ihrer Verteidigung fast gar keiner Besatzung bedurfte, sondern alle Mannschaft für die Schiffe freigab. Zur Ausführung kam sie aber nur in halber Höhe, vermutlich, weil die ganze die Mittel überstieg. War doch die Piräusmauer mit etwa 13 km Umfang mehr als doppelt so lang wie die Stadtmauer mit 6 km. Es war ein gewaltiges Werk, das Themistokles durchgesetzt hatte, und es muß Staunen erregen, wie die Athener es neben dem Aufbau ihrer Stadt und der Stadtmauer zustande brachten, wo sie die Mittel hernahmen, denn das alles zusammen muß die Gelder aus der Perserbeute weit überstiegen haben.

Vermutlich im Jahr 476 war der Bau der Piräusmauer abgeschlossen. Im Frühling des gleichen Jahres erlebte Themistokles noch einen weiteren, ganz anderen Triumph. An den Großen Dionysien hatte er einen der drei Chöre für den Tragödienwettbewerb auszurichten, was zugleich beweist, daß er inzwischen zu den reichsten Männern Athens gehörte. Und er errang mit der Trilogie des Phrynichos den Sieg. Das eine der drei Werke waren *Die Phönikerinnen*, mit denen der Dichter die Schlacht von Salamis und ihren Helden feierte. Vielleicht war diese Aufführung der Höhepunkt im Leben und öffentlichen Ansehen des Themistokles.

Was aber seine politische Wirksamkeit angeht, so betrachtete, könnte man sagen, die Geschichte mit der Befestigung des Piräus sein Lebenswerk als abgeschlossen. Er hatte den Athenern die Flotte und nun der Flotte den Hafen geschaffen, die Nutzung und Anwendung beider vertrauten sie jetzt anderen Männern an. Wie es scheint, sah sich der ehrgeizige und tatkräftige Mann in den nächsten Jahren zu quälender Untätigkeit verurteilt, und damit sank zwangsläufig auch sein Ansehen. *Die Perser* des Äschylus feiern 472 zwar noch den Sieg von Salamis, aber nicht mehr den Sieger. Im Sommer des gleichen Jahres, wenn es wirklich die Olympiade von 472 war, wurde seiner Ehrbegier noch einmal volle Genugtuung zuteil, als er sich nach Olympia begab, wo die allgemeine Beachtung und Bewunderung, die er fand, das Interesse an den Athleten noch überstieg. Aber er schadete sich selbst, als er die angeborene Liberalität des Kimon auf eine Art zu imitieren suchte, die die anderen nur als protzig empfanden, und verursachte geradezu einen Skandal, indem er beantragte, daß Hieron von Syrakus mit seinem Gespann von den Wettkämpfen ausgeschlossen würde, weil Syrakus dem Mutterland im Perserkrieg keine Hilfe geleistet hatte.

Auch sonst bewirkten seine Versuche, der sinkenden Beachtung aufzuhelfen, nur das Gegenteil oder gar Entrüstung. So hatte er in der Nähe seines Hauses der Artemis Aristobule – der vortrefflich Ratenden – ein Privatheiligtum gestiftet, um auf solche Weise dauernd daran zu erinnern, welche Dienste er der Stadt geleistet hatte. Man verstand den Hinweis wohl, aber die Absicht verstimmte.[1]

Er hatte keine glückliche Hand in der Selbstinszenierung. Entscheidend war aber, daß inzwischen ein Mann aufgetreten war, der das Ansehen des Themistokles außerordentlich verdunkelte. Kimon war nicht der Gegenspieler des Themistokles, sondern in gewisser Weise seine Gegenfigur. Themistokles war vielen seiner Zeitgenossen die ewige Antithese, Kimon konnte als die große Systhese erscheinen, persönlich und politisch. Er war ein Mann von hoher Abkunft und außerordentlichem Vermögen und doch auf natürliche, selbstverständliche Art großzügig und freigebig, volkstümlich ohne Herablassung, gewinnend ohne Absicht. Er stiftete nicht zum eigenen Ruhm, sondern um zu helfen und Nutzen zu bringen. Er bot allen Bedürftigen seines Demos kostenlose Speisung, stellte seine Gärten der öffentlichen Benutzung zur Verfügung und schuf die ersten Grünanlagen in Athen, indem er die Agora mit Platanen bepflanzte und das triste Gebiet der Akademie in einen einladenden Park verwandelte, in dem später Platon seine Schule eröffnete. Die Südseite der Akropolis gewann durch die von ihm geschaffene Mauer das Aussehen, wie wir es noch heute vor uns haben. Es war nichts Ehrgeiziges und Ruhmbegieriges an Kimon wie bei Themistokles, nichts programmatisch Selbstloses und Rechtliches wie bei Aristides, sondern eine natürliche Ausgeglichenheit. Auch in der Politik war und wirkte er verbindend. Seiner Herkunft nach in adelig-agrarischer Ritter- und Hoplitentradition stehend, hatte er sich doch aus persönlicher Einsicht der Flottenpolitik des Themistokles angeschlossen. Die Überlieferung berichtet, als das Orakel von der hölzernen Mauer ergangen war, habe Kimon das kostbare Zaumzeug seines Pferdes auf die Akropolis getragen und der Athene dargebracht, habe dafür von ihren Weihgeschenken, die dort hingen, einen Schild genommen und sei mit seinen Freunden zum Piräus gezogen, um so zu demonstrieren, daß sie alle auf die Schiffe gehörten.

Er erwies sich, als er später zum Strategen gewählt wurde, als geborener Feldherr, gleich erfolgreich zu Lande und zu Wasser,

[1] Der Tempel der Artemis Aristobule ist im Juni 1958 westlich der Agora wieder entdeckt worden. Vgl. J. Travlos, *Bildlexikon zur Topographie des antiken Athen*, Tübingen 1971. S. 121–123.

eine der glänzendsten und gewinnendsten Gestalten, die das griechische Volk besessen hat. Ein Mann, den – anders als Pausanias – Glück und Erfolg nicht verdarben. Ein Mann, der – anders als Themistokles – begeistern und mitreißen konnte, wo dieser nur dirigieren und kommandieren konnte. Der Gegensatz war in seiner Art vollkommen.

Persönliche Feindschaften und der alte Gegensatz gegen die großen Adelsgeschlechter, die entschieden antispartanische Tendenz des Themistokles, die Kimon nicht teilte, und forcierte demokratische Bestrebungen, denen Kimon entgegentrat, führten schließlich zur Entscheidung. Im Frühjahr 471 oder 470 kam es zum Scherbengericht, in dem, wie zu erwarten war, Themistokles unterlag. Das Ostrakon auf der Abbildung zu Seite 225 (oben rechts) ist ein einzigartiges, denkwürdiges Zeugnis jenes Tages, das beide Lose auf einer Scherbe vereint trug.

Die Flucht des Themistokles

Themistokles ging nach Argos ins Exil. Argos hatte am Krieg nicht teilgenommen, gehörte dem Hellenischen Bund nicht an und besaß eine demokratische Verfassung. Themistokles wählte es vermutlich nicht, weil er sich dort zwischen Athen und Sparta auf neutralem, sondern eher, weil er sich dort auf entschieden antispartanischem Boden befand. Auch als Exulant war es ihm unmöglich, untätig zu sein. Es heißt, daß er viel im Peloponnes herumreiste. Die Stärkung der demokratischen Entwicklung in Arkadien und Elis und die Konzentrierung aller antispartanischen Tendenzen und Verbindungen werden sein Hauptanliegen und -betreiben gewesen sein. Die Spartaner fühlten sich im Lauf der Zeit wahrscheinlich nicht nur belästigt, sondern bedroht. Sie begannen nach Wegen zu suchen, den unerwünschten Nachbarn loszuwerden. Eine Möglichkeit dazu ergab sich, als die Untersuchungen gegen Pausanias ans Licht brachten, daß auch Themistokles persischer Verbindungen verdächtig war. Die Verwicklung des Themistokles war in Wirklichkeit vielleicht ganz unschuldig und inaktiv. Es ist heute nicht mehr auszumachen, ob er wirklich Mittäter oder nur Mitwisser des Pausanias war. Die Ephoren jedenfalls leiteten aus den Indizien Einverständnis und

Mitschuld her, teils, um Themistokles persönlich zu treffen, teils, um auf diese Weise den Pausanias-Skandal mit auf die Athener abzuwälzen und sich selbst zu entlasten. Die Spartaner beantragten, daß Themistokles wegen Hochverrats vor Gericht zu stellen sei. In Athen war es der Alkmeonide Leobotes, der die Anklage erhob und zur Annahme brachte.

Unmöglich kann aber die spartanische Verdächtigung der Grund gewesen sein, daß die Athener, die den Themistokles ausgeschaltet und für zehn Jahre des Landes verwiesen hatten, nun auch mit dem äußersten Mittel gegen ihn vorgingen. Die Initiative der Spartaner kann nur Anlaß und Auslösung gewesen sein. Tödliche persönliche Feindschaften und sehr wahrscheinlich der Verdacht oder Beweis weiterer indirekter Einflußnahme und Agitation in Athen müssen diesen sonst ganz unerklärlichen und überflüssigen Haßausbruch provoziert haben.

Themistokles wurde aufgefordert, sich vor einem panhellenischen Gericht in Sparta zu verantworten. Als er ausblieb, wurde er in Abwesenheit verurteilt und geächtet. Er wurde für ehrlos und seines Vermögens für verlustig erklärt. Seine Bestattung in heimischer Erde wurde verboten und sein Haus dem Abriß preisgegeben. Jeder Beliebige konnte ihn ergreifen und dem Gericht übergeben.

Gemeinsame athenisch-spartanische Häscher wurden ausgesandt, ihn zu ergreifen und nach Athen auszuliefern. Sarkastisch hat man bemerkt, zu keinem großen und edlen Zweck hätten Athen und Sparta sich jemals so einmütig und so energisch vereinigt wie zu diesem unwürdigen, den Sieger von Salamis und Retter Griechenlands, den bedeutendsten Mann seiner Zeit und größten griechischen Staatsmann seit Solon, wie einen gemeinen Verbrecher von Ort zu Ort zu verfolgen.

Themistokles erfuhr rechtzeitig von dem Ächtungsbeschluß und floh nach Kerkyra, das ihm für früher einmal geleistete Dienste verpflichtet war. Aber die Kerkyräer, die weder bei den alten Griechen noch bei den heutigen als besonders mutig gelten, glaubten nicht, ihn schützen zu können. Themistokles floh aufs Festland, nach dem Epirus, zu Admet, dem König der Molosser. Die Häscher hatten seine Spur nicht verloren. Sie erschienen am Hof des Königs und verlangten die Auslieferung des Themistokles. Der König verweigerte sie ihnen und ließ statt dessen seinen

Gast heimlich auf abenteuerlichen Gebirgsritten nach Makedonien bringen, an das andere Meer, wo er in Pydna ein Handelsschiff nach Kleinasien bestieg.

Themistokles hatte allen Grund, sich nicht zu erkennen zu geben. Niemand auf dem Schiff vermutete, wer er war. Das Unglück fügte es, daß ein Sturm aufkam und sie in die Nähe von Naxos verschlug, das gerade von der athenischen Flotte belagert wurde.

Naxos war die erste Stadt, die sich dem Delischen Bund zu entziehen suchte, vielleicht nicht durch offiziellen Austritt, sondern indirekt durch Einstellung ihrer Verpflichtungen. Die Insel besaß eine alte und stolze Freiheitstradition. Zweimal hatte sie mit den Persern um ihre Existenz gekämpft. Bei Salamis war sie als einzige der großen Kykladen zu den Griechen übergegangen. Sie war nicht bereit, ihre Unabhängigkeit nun an die Athener zu verlieren, die begonnen hatten, den Bund aus einem gemeinsamen Bündnis gegen die Perser immer deutlicher in ein Instrument ihrer eigenen Ansprüche zu verwandeln. Durch ihren Widerstand beschleunigten die Naxier indessen nur diese Entwicklung. Denn Athen war seinerseits nicht bereit, sich etwas entziehen zu lassen, und griff zum Krieg, um Naxos bei seinen einmal eingegangenen Verpflichtungen zu erhalten. Die Stadt wurde eingeschlossen und nach längerer Belagerung erobert (469). Sie verlor ihre Eigenschaft als selbständiges Bundesmitglied und sank auf den Vasallenstatus herab. Sie durfte in Zukunft keine Schiffe mehr stellen, sondern mußte ihren Beitrag in Geld ablösen, und dies war hinfort kein Bundesbeitrag mehr, sondern Tribut. »Es war die erste Stadt, die gegen die Bundessatzungen geknechtet wurde« (Thuk. I 98, 3).

Für Themistokles war die Situation kritisch, denn er war nun in unmittelbarer Gefahr, entdeckt zu werden, wenn sie mit den attischen Schiffen in Kontakt kämen. Er gab sich dem Kapitän zu erkennen und bewegte ihn, alles daran zu setzen, den Athenern aus dem Wege zu gehen. Er versprach ihm eine große Belohnung, wenn er ihn retten würde. Sollte er ihn aber verraten und ausliefern, würde es sein eigenes Verderben sein, denn er, Themistokles, werde nicht bezeugen, daß er ihn als Unbekannten mitgenommen, sondern aussagen, daß er sich habe bestechen lassen, ihn mitzunehmen und außer Landes zu schaffen.

Der Kapitän hielt das Schiff in sicherer Entfernung. Es scheint jeder Kontrolle entgangen zu sein, und sie gelangten glücklich nach Kyme in Äolien.

Themistokles war seinen Verfolgern entronnen, aber er war in keiner Weise in Sicherheit, denn nun mußte er sich nicht nur vor den Griechen, sondern auch vor den Persern verbergen. Er begab sich in das nahegelegene Ägä und fand dort Aufnahme und Versteck im Hause seines Freundes Nikogenes.

Die antike Überlieferung war geteilt, ob Themistokles Xerxes oder Artaxerxes um Asyl gebeten hatte. Xerxes wäre natürlich noch paradoxer und dramatischer gewesen. Thukydides nennt mit Bestimmtheit Artaxerxes, der im Jahre 464 den Thron bestieg, nachdem Xerxes und der Thronfolger Darius ermordet worden waren. Das würde bedeuten, daß Themistokles ein halbes Jahrzehnt verborgen in Kleinasien gelebt hat. Es muß ihm aber gelungen sein, seine Familie nachkommen zu lassen. Epikrates von Acharnä, hieß es, habe Frau und Kinder des Themistokles außer Landes gebracht und sei deswegen in Athen zum Tode verurteilt worden. Seinen Freunden muß es auch gelungen sein, einen Teil seines Vermögens zu retten und nach Kleinasien schaffen zu lassen. Nach der einen Überlieferung seien achtzig, nach der anderen hundert Talente vom Staat beschlagnahmt worden, während Themistokles zu Beginn seiner Laufbahn nur drei Talente besessen habe.

Über die Nachsendung seines Besitzes gibt es ein merkwürdiges Zeugnis. Von Themistokles sind einundzwanzig apokryphe Briefe überliefert. Die Sammlung ist nicht nur historisch ganz unzusammenhängend, sondern auch literarisch so disparat, daß irgendein Prinzip, unter dem die Briefe erfunden wären, nicht zu erkennen ist, und man nicht einmal sieht, welcher Fiktion die Sammlung überhaupt gedient haben soll.

Im 21. und letzten Brief dieser Sammlung bittet nun Themistokles seinen Freund Temenidas, ihm von seinen silbernen Krateren die vier größten zu schicken, außerdem die goldenen Weihrauchgefäße, aber nur die, die mit »assyrischer«, das heißt aramäischer Schrift beschrieben seien, nicht jedoch die mit der Schrift, die Darius, der Vater des Xerxes, den Persern jüngst gegeben habe. Die Perser bedienten sich bei der Reichsverwaltung der aramäischen Buchstabenschrift auf Papyrus und Leder und der babylonischen und elamischen Keilschrift auf Ton, Metall und Stein. Darius empfand es als unrühmlich, daß die Perser als Herrschervolk keine eigene Schrift besaßen und ließ künstlich eine persische Keilschrift schaffen. Seine eigenen großen Inschriften wurden dreisprachig angelegt: akkadisch, elamisch, persisch. Diese persische Version war es, die die Entzifferung der Keilschrift einleitete. Die persische Keilschrift wurde nur für Inschriften auf Metall oder Stein verwandt, nie zum Geschäftsverkehr, und kam nach dem Tode ihres Schöpfers bald wieder außer Gebrauch. Von dieser eigenen Keilschrift der Perser wissen die griechischen Historiker nichts. Es ist also ganz überraschend, daß der Verfasser des 21. Themistokles-Briefes davon Kenntnis hat. Geradezu spannend aber wird die Angabe dadurch, daß sie einen realen, sinnvollen Zweck umschließt. Bei den Ausgrabungen in Persepolis sind Goldgefäße des Xerxes gefunden worden, die in akkadischer, elamischer und persischer Keilschrift die Inschrift tragen: »Xerxes, der Großkönig«. Nach Art dieser Gefäße können wir uns das Tafelgeschirr vorstellen, das die Griechen bei Plataä im Lager des Mardonius erbeuteten. Es ist durchaus denkbar, daß einige dieser Gefäße auch in den Besitz des Themistokles gelangten. Es wäre nun in der Tat gefährlich gewesen, wenn er sich diese Gefäße hätte nachsenden lassen, deren Herkunft aus ihrer Aufschrift sofort erkennbar war. Er bat deshalb darum, daß ihm nur Gefäße mit unverfänglicher aramäischer Aufschrift nachgesandt würden.

Es ist also durchaus möglich, daß aus dem 21. Brief doch eine authentische Nachricht zu uns herüberklingt. Jedenfalls spiegelt er eine reale, verständliche Situation wider.

Die Schlacht am Eurymedon

Während Themistokles diese Jahre als Privatmann verbrachte, errang Kimon in ihnen seinen glänzendsten Sieg.

Die Auseinandersetzung mit Naxos hatte zum erstenmal die inneren Schwierigkeiten offenbar gemacht, die die attische Seemachtpolitik für die Zukunft des Bundes heraufbeschwor. Expansion und Wiederaufnahme des Perserkrieges waren die wirksamsten Mittel, eine kritische Verschärfung zu verhindern und die Bündner wieder fest zusammenzuschließen. Sie hatten aber auch einen realen äußeren Grund. Der Bund konnte Ionien nur dann verläßlich schützen, wenn er die Ägäis im ganzen sicherte. So finden wir (wahrscheinlich) im Jahr 467 Kimon mit der Bundesflotte von dreihundert Trieren im karischen Knidos. Wie weit die karischen Städte sich durch diese Flottendemonstration zum Anschluß an den Seebund bewegen ließen, ist allerdings eine Sache der Vermutung.

Das Ziel der Flotte war indessen nicht Karien, sondern lag noch weiter südlich. Die Perser zogen in Pamphylien eine Flotte zusammen, um dem Delischen Seebund entgegenzutreten. Die Absicht Kimons war, ihrem Angriff zuvorzukommen und sie schon an ihrem Ausgangspunkt zu schlagen. Als Flottenbasis für die eigenen Operationen hatte er Phaselis ausersehen, die östlichste der lykischen Hafenstädte, die zum Teil von Griechen bewohnt war und die eine günstige und geschützte Position für die Überwachung des Golfs von Antalya bot. Die Phaseliten wollten aber nicht von den Persern abfallen und weigerten sich, die griechische Flotte aufzunehmen. Daraufhin begann Kimon, ihr Land zu verwüsten und die Stadt zu belagern. Die Chier in der Bundesflotte, die alte Beziehungen zu Phaselis hatten, wollten vermitteln, um der Stadt das Äußerste zu ersparen. Sie rieten Kimon, den Angriff nicht zu übereilen, den Phaseliten aber schossen sie, an Pfeilen befestigt, Botschaften über die Stadtmauer, die sie zum Nachgeben aufforderten. Und wirklich brachten sie einen Vergleich zustande. Phaselis trat mit einem Beitrag von zehn Talenten dem Delischen Seebund bei und leistete Kimon Heeresfolge.

Die Bundesflotte fuhr nun der persischen entgegen und traf sie an der Mündung des Eurymedon östlich von Aspendos. Die Perser, die noch auf eine Verstärkung von achtzig phönikischen Schiffen aus Zypern warteten, wollten vorerst die Schlacht vermeiden und zogen sich in die Mündung des Flusses zurück. Aber als die Athener sie dort angreifen wollten, kamen sie doch hinaus aufs offene Meer, ohne indessen eine richtige Seeschlacht zu liefern. Die Ausfahrt geschah überhastet und ungeordnet und vereitelte von Anfang an eine richtige Aufstellung. Ein Teil floh aufs offene Meer, ein anderer setzte die Schiffe auf Strand und flüchtete sich zu den heranmarschierenden Truppen. Von den Schiffen, die sich zum Kampf stellten, wurden viele von den Griechen versenkt. Die persische Flotte war damit zerstreut.

Inzwischen war das persische Heer an der Küste aufmarschiert. Kimon zögerte, ob er seine Leute nach den Anstrengungen der Seeschlacht noch zur Landschlacht einsetzen könnte. Aber sie waren in solcher Siegeszuversicht, daß sie selbst darauf drangen, den Kampf fortzusetzen. So wurden also die Hopliten ausgeschifft, und es begann die Landschlacht. Der Kampf war unerwartet hart und brachte den Griechen große Verluste. Viele angesehene Athener blieben auf dem Kampfplatz. Die Schlacht zog sich lange hin und war mehrmals kritisch. Schließlich trug doch die griechische Ausdauer den Sieg davon. Die Perser wichen, und die Griechen verfolgten sie bis in ihr Lager, das sie stürmten und erbeuteten.

Es war ein Doppelsieg, größer noch als bei Mykale. Die Überlieferung fand später für Kimon das überschwengliche Lob, er habe den Tag von Salamis durch einen Sieg zu Lande und den von Platää durch einen Seesieg überboten. Spektakulär aber war, daß es ihm gelang, auch die phönikische Verstärkungsflotte zu vernichten. Es scheint, daß er sie an Land überraschen und vollständig vernichten konnte, ohne daß es zu einer Seeschlacht überhaupt kam.

Thukydides gibt die persischen Verluste mit zweihundert Schiffen im ganzen an, Plutarch rechnet die achtzig Trieren der phönikischen Verstärkung zusätzlich.

Man findet die Schlacht am Eurymedon öfter so dargestellt, als ob die persische Flotte sich flußaufwärts zurückgezogen hätte, die griechische Flotte ihr gefolgt wäre und sie dann in die Enge getrieben und vernichtet hätte. So zum Beispiel auch in Gommes Thukydides-Kommentar. Aber auf einer Flußbreite von 130 m kann sich keine große Seeschlacht entwickeln. Auch hätte das Sinken nur weniger Schiffe genügt, den Fluß zu blockieren und jede freie Flottenbewegung unmöglich zu machen. Die Darstellung des Plutarch, die einzige halbwegs ausführliche und klare, die wir haben, besagt unmißverständlich, daß die Seeschlacht auf offenem Meer und die Landschlacht an der Küste stattfand (*Kimon* 12f.).

Aus der Beute am Eurymedon weihten die Athener in Delphi eine goldene Statue der Athene auf einer bronzenen Säule in

Form einer Palme. Auch sollen sie zur Erinnerung an diesen großen Sieg eine ihrer schönsten und kostbarsten Münzen geschlagen haben, Silbermünzen im ungewöhnlichen Wert von zehn Drachmen. Aus seinem persönlichen Beuteanteil errichtete Kimon die heute noch stehende Südmauer der Akropolis (über dem Theater des Herodes Attikus und dem Dionysos-Theater), die nicht nur der Seeseite des Stadtheiligtums eine imposante Gestaltung gab, sondern auch die Fläche seiner Terrasse bedeutend erweiterte.

Mit der Niederlage am Eurymedon war der Versuch des Xerxes, dem Delischen Seebund entgegenzutreten und ihm wenigstens die Südägäis streitig zu machen, gescheitert. Die Ägäis war nun ein griechisches Meer. Wie viele Städte aber außer Phaselis damals dem Bund neu beitraten, ist strittig.

Krieg mit Thasos

Die Schlacht am Eurymedon hatte die ganze Ägäis bis nach Karien und Lykien zum griechischen Meer gemacht. Und doch gab es in dem Gebiet noch eine persisch durchsetzte Enklave, die Thrakische Chersones. Die Eroberung von Sestos hatte den Athenern zwar die Kontrolle über die Meerenge gebracht, nicht aber die Herrschaft über die Halbinsel. Sie zu gewinnen, war das nächste Ziel des Kimon, der nicht nur im Namen des Seebunds, sondern auch in seinem eigenen Ansprüche auf den alten Besitz seiner Vorfahren erhob. Nur mit wenigen Schiffen soll ihm die Vertreibung der Perser gelungen sein. Es ist mit Sicherheit anzunehmen, daß es ihm zugleich mit der Eroberung gelang, für sich persönlich Teile des alten Familienbesitzes zurückzugewinnen.

Die Eroberung von Eïon und der Thrakischen Halbinsel hatte den Athenern eine solide Stellung in Thrakien verschafft. Wenn sie nun darangingen, sie auszubauen, so mußten sie notwendig mit der stärksten Macht jener Gegend in Konflikt geraten, der reichen Insel Thasos. Thasos hatte ausgedehnten Festlandsbesitz, vor allem aber besaß es die Goldbergwerke des Pangäongebirges, halbwegs zwischen Thasos und Eïon. Thasos war Mitglied des Seebunds wie Naxos, und wie Naxos wollte es sich der

Eigenmächtigkeit der Athener nicht fügen, ohne sich dessen Schicksal zur Lehre zu nehmen. 465 kam es zum bewaffneten Konflikt.

Kimon war es, der den Athener Angriff leitete. In der ersten Schlacht verloren die Thasier dreiunddreißig Schiffe und wurden daraufhin eingeschlossen und belagert. Für eine Belagerung waren sie aber nicht schlecht gerüstet. Sie besaßen eine überaus aufwendige Stadtmauer, ganz aus Marmor erbaut und mit reliefgeschmückten Toren versehen, die auf der Landseite noch heute zum großen Teil erhalten ist und zu den größten archäologischen Sehenswürdigkeiten in Nordgriechenland gehört. Die Mauer konnten die Athener vorläufig nicht bezwingen.

Inzwischen machten sie den Versuch, auch das Strymongebiet in Besitz zu nehmen. Auf staatliche Initiative und in der Hoffnung, im goldreichen Thrakien ihr Glück zu machen, hatten sich zehntausend Athener und bundesgenössische Kolonisten, alles wehrfähige Männer, in Eïon zusammengefunden, um von dort aus das Strymontal zu besiedeln. Es gelang ihnen auch, *Ennéa hodoí*, die *Neunwege*, einzunehmen. Als sie aber den Versuch machten, unter dem Strategen Leagros noch weiter stromaufwärts ins Gebiet der Edoner vorzudringen, traten ihnen diese geschlossen entgegen und brachten ihnen bei Drabeskos eine vernichtende Niederlage bei. Sie war so vollständig, daß man auch das schon Gewonnene und die Kolonisierungsabsicht überhaupt aufgeben mußte. Es sollte ein ganzes Menschenalter vergehen, bis Amphipolis 437 dann doch gegründet wurde.

Indessen brachte die Katastrophe von Drabeskos den Thasiern nicht die erhoffte Entlastung. Die Belagerung wurde mit aller Schärfe fortgesetzt. Zwei Jahre hielten die Thasier aus, aber im dritten (463) gingen ihnen die Mittel und Kräfte aus. Sie mußten Stadt und Hafen öffnen und sich ergeben. Damit war die Blütezeit der Insel beendet, die erst unter den Römern noch einmal wiederkehrte. Wie 492 an die Perser mußte sie nun die Flotte an die Athener ausliefern und die Stadtmauern schleifen. Ihr Beitrag zum Seebund wurde als Tribut neu festgesetzt und war sofort zu leisten. Der entscheidende Schlag gegen den Reichtum der Insel aber war, daß sie nun an die Athener auch das abtreten mußte, was sie unter den Persern behalten hatte, den Festlandsbesitz und die Goldbergwerke. Mit dem Jahr 463 stellte Thasos die eigene

Münzprägung ein. Der Athener Imperialismus war nun manifest und offenkundig.

Eine Zeitlang hatten die Thasier gehofft, Hilfe von Sparta zu erhalten, mit dem sie in Unterhandlungen getreten waren, und das trotz der großen Entfernung bereit war, Beistand zu leisten, um dem immer weiteren Vordringen Athens entgegenzutreten. Noch bevor sich die Spartaner aber schlüssig werden konnten, auf welche Weise Athen am wirksamsten zu begegnen wäre, wurden sie dieses Problems durch eine Naturkatastrophe überhoben. Ein furchtbares Erdbeben traf 464 das Eurotastal und ließ von den fünf spartanischen Siedlungen nur vereinzelte Häuser übrig. Ein großer Teil der Jugend wurde unter dem zusammenstürzenden Gymnasium begraben.

Die Katastrophe hatte eine unmittelbare Erhebung der Heloten zur Folge. Zwar gelang es der Entschlossenheit und Geistesgegenwart von König Archidamos, dem Nachfolger des Leotychidas, die Gefahr von Sparta selbst abzuwenden. Aber in Messenien schlossen sich sogar zwei Periökenstädte dem Aufstand an, und ein Kontingent von dreihundert Spartiaten wurde im Pamisostal bei Stenyklaros vollständig aufgerieben. Unter langen und verlustreichen Kämpfen gelang es schließlich, die Aufständischen auf dem Ithome, dem heiligen Berg des Landes, der mit 800 m Höhe die Ebenen Messeniens beherrscht, zu isolieren und einzuschließen. Aber in dieser Bergfestung waren sie nicht zu bezwingen.

Und statt den Thasiern gegen die Athener zu helfen, wandten sich nun die Spartaner ihrerseits an Athen um Hilfe. Nach Erziehung und Ausbildung und aus Grundsatz selbst nur im agonalen Kampf und der offenen Feldschlacht zu Hause, konnten die Spartaner einer Belagerung kein Interesse und also auch keinen Erfolg abgewinnen. Sie riefen daher die Athener zu Hilfe, die von Andros bis Thasos in den letzten fünfzehn Jahren reichlich Gelegenheit gehabt hatten, ihre Belagerungstechnik auszubauen. An diesem Hilfsgesuch der Spartaner schieden sich in Athen die Geister. Die antispartanische Partei unter Ephialtes und Perikles und die prospartanische unter Kimon traten sich bei diesem Anlaß zum erstenmal in aller Schärfe gegenüber.

Die Verfassungsänderung des Ephialtes

Nach der Verbannung des Themistokles hatte Ephialtes, der Sohn des Sophronides, die Leitung des demokratischen Flügels übernommen. Es ist nicht viel, was die Überlieferung von ihm berichtet. Einmal wenigstens muß er Stratege gewesen sein, wenn die Nachricht stimmt, daß er mit einer Flotte von dreißig Schiffen eine Expedition an die Südküste Kleinasiens unternommen habe, ohne dabei irgendwelcher persischen Abwehr zu begegnen. Das könnte nur nach 467, nach der Schlacht am Eurymedon gewesen sein. Er soll so integer und unbestechlich gewesen sein wie Aristides, aber äußerst hart in der Verfolgung seiner Gegner. Und zwar habe er besonders die Mitglieder des Areopag aufs Korn genommen, gegen viele von ihnen Prozesse wegen korrupter Amtsführung eingeleitet und ihre Absetzung erwirkt, offenbar geschah das ebensosehr in der Absicht, den Schuldigen das Handwerk zu legen und sie der verdienten Strafe zuzuführen, wie mit dem Ziel, den Areopag als ganzen zu diskreditieren. Sollten also wirklich seit der Einführung der Erlosung 487 statt Ehrenmännern eine Reihe von Dunkelmännern in den Areopag gelangt sein?

Die Prozesse des Ephialtes hätten am besten in den Jahren 465–63 Erfolg haben können, als wegen der Belagerung von Thasos Kimon von Athen abwesend war. Die Nachricht ist jedoch unwahrscheinlich und verdächtig. Der Areopag amtierte nur als geschlossene Körperschaft. Ein einzelnes Mitglied konnte also nicht gut Anlaß zu einer Klage wegen unlauterer Amtsführung geben, auch nicht als Inhaber noch eines anderen Amtes, denn es gab in Athen keine Ämterakkumulation.

Als das Hilfsgesuch der Spartaner erging, sie bei der Belagerung des Ithome zu unterstützen, war Ephialtes der Wortführer der antispartanischen Partei. Er beschwor die Volksversammlung, nicht selbst die Hand dazu zu bieten, eine feindliche Stadt wiederaufzurichten, sondern den Stolz Spartas brechen und untergehen zu lassen. Kimon, der der Überzeugung war, daß nur auf beiden Staaten gemeinsam die Stärke Griechenlands beruhe, beantragte, die erbetene Hilfe zu leisten. Er soll Griechenland mit einem Zweigespann verglichen und die Versammlung aufgerufen haben, nicht zuzulassen, daß das Land lahme und Athen fortan ohne sein Nebenroß fahre. Sein Antrag erhielt die Mehrheit. Es wurde beschlossen, viertausend Hopliten nach Messenien zu entsenden. Kimon selbst solle sie führen.

Es zeigte sich aber bald, daß der vermeintliche Erfolg in Wirklichkeit ein Sieg der Gegenpartei war. Zwar hatte sie in der Abstimmung verloren, war aber durch die Entsendung Kimons von ihrem gefährlichsten Gegner befreit und säumte nicht, diesen Vorteil wahrzunehmen. Während Kimon mit dem Athener Belagerungskorps in Messenien stand, holte Ephialtes zum Generalangriff gegen den Areopag aus und führte einen Volksbeschluß herbei, der den Rat seines politischen Einflusses beraubte und ihm seine wichtigsten Kompetenzen entzog, um sie den Volksinstanzen zu übertragen. Der Zeitpunkt war geschickt gewählt. Man darf ziemlich sicher annehmen, daß die Verteidiger des Areopag normalerweise immer noch in der Überzahl gewesen wären. Aber die konservative Partei war schwer im Nachteil, weil ihr mit Kimon nicht nur der Führer, sondern mit den entsandten Hopliten auch viertausend Stimmen fehlten und ein großer Teil der übrigen unorganisiert über das Land verstreut war. Die demokratische Partei dagegen hatte ihre Anhänger nicht nur vollzählig beisammen, sondern auch in der Stadt konzentriert. Es war das erste Mal, daß die durch die Flottenpolitik herbeigeführte Aktivierung des Vierten Standes, der Theten, wirksam wurde und eine bedeutende politische Entscheidung herbeiführte.

Allerdings ist es unmöglich anzugeben, worin diese Entscheidung inhaltlich und im einzelnen bestand. Kein antiker Autor hat mehr gewußt, und erst recht weiß es kein moderner, welche Funktionen und Kompetenzen der Areopag vor dem Angriff des Ephialtes besaß und welche er durch ihn verlor. Alle antiken Angaben sind so unpräzise, wie die modernen allgemein sind. Wir wissen nicht einmal das Alleräußerlichste, nämlich wieviel Mitglieder der Areopag überhaupt hatte. Die Zahl der spartanischen Geronten betrug dreißig, die der Areopagiten ist unbekannt. Auch über die Altersgrenze wissen wir nichts. Der Areopag[1], wie wir ihn kurz nennen, wenn wir in Wirklichkeit den Rat vom Areopag meinen, war ursprünglich der attische Adelsrat und be-

[1] *Áreios págos = Hügel des Ares*, ein Felsklotz westlich der Akropolis

stand aus den Häuptern der großen Geschlechter. Man hat vermutet, daß er damals vielleicht sechzig Mitglieder hatte. Seit der Gesetzgebung Solons 594 setzte er sich aus verdienten ehemaligen Archonten zusammen, aus denen er sich laufend ergänzte. Die Mitgliedschaft war lebenslänglich, seine Bedeutung vor allem rechtlich-religiös, kaum politisch. Jedenfalls hat der Areopag in der Zeit der Perserkriege, der Entstehung des Seebundes, der Ära Kimons politisch keine faßbare Rolle gespielt. Die Annahme, er sei seit der Schlacht von Salamis – durch großzügige Soldverteilung! – wieder zu erhöhtem politischem Einfluß gelangt, ist eine reine Zweckerfindung, um sich das Gewicht der Verfassungsänderung des Ephialtes verständlich zu machen, über die man nichts Genaues mehr wußte. Politische Macht kann es nicht gewesen sein, was die Demokraten 462 gegen ihn mobilisierte.

Seine Zuständigkeit nach der Reform beschränkte sich auf die Aburteilung von Kapitalverbrechen: Mord, Giftmischerei, Brandstiftung, Gotteslästerung. Daneben führte er noch die Aufsicht über die heiligen Ölbäume. Welche Kompetenzen besaß er vorher? Politisch, wie gesagt, etwa als Staatsrat, keine. Auch Finanzkontrolle, wie mehrfach vermutet worden ist, scheint nicht Aufgabe des Areopags gewesen zu sein. Dagegen beaufsichtigte er vielleicht die Amtsführung der Beamten, sei es, daß er bei Verstößen und Übergriffen selbst eingriff, sei es, daß er Klagen wegen Amtsverletzung, die ihm von Geschädigten eingereicht wurden, aufnahm und die Schuldigen zur Verantwortung zog. Eine solche Aufsicht stellte natürlich eine bedeutende, weit ausgreifende Kompetenz dar, die dem Areopag großen Einfluß und hohe Autorität verlieh, besonders, wenn die Nachricht stimmen sollte, daß er das von ihm verhängte Strafmaß nicht zu begründen brauchte. Eine solche Kontrollfunktion des Aristokratenrats über die demokratischen Ämter war für die Demokraten natürlich ein Skandal. Ephialtes schaffte nun diesen Anachronismus ab, indem er die demokratischen Ämter auch den demokratischen Instanzen unterstellte, dem Rat der Fünfhundert, der Volksversammlung und den Volksgerichten.

Eine noch bedeutendere Kompetenz, die aber ganz ungesichert und umstritten ist, wäre die Aufgabe gewesen, die Einhaltung der Verfassung zu überwachen. Der Areopag sozusagen als

Athener Verfassungsgericht, das gesetzwidrige Beschlüsse der Volksversammlung ohne weiteres für ungültig erklären konnte und gegen Personen Anklage erhob nicht nur in Fällen erwiesener Verfassungsverletzung, sondern auch in solchen, wo nur Verdacht auf Änderung oder Umsturz der Gesetze bestand. Eine solche Kompetenz hätte natürlich eine große Rechtsunsicherheit nach sich gezogen. Der Areopag als Verfassungsschützer ist indessen rein hypothetisch. Wir hören nichts davon, daß er 487 zum Schutz der Archonten eingegriffen hätte, und auch sich selbst scheint er 462 nicht verteidigt zu haben.

Es mögen neben der Beamtenaufsicht noch einige andere, geringere Zuständigkeiten gewesen sein, die dem Areopag nun entzogen wurden. Aber neben und über den einzelnen Kompetenzfragen schwelte natürlich die grundsätzliche Abneigung der Demokraten gegen dieses Relikt aus aristokratischer Zeit. Wo alles rotierte, alle Ämter nur einjährig waren und unwiederholbar – nur Ratsherr konnte man zweimal werden –, da war dieser Areopag mit seiner lebenslänglichen Mitgliedschaft, ein Hort der Tradition und Autorität, den Demokraten einfach ein anachronistisches Skandalon. Sie wollten auch kein Gremium dulden, das in seinem Bestand autark war und durch Ernennung von Kollegen sich selbst ergänzte, während überall sonst Los und Wahl die Ämter von außen bestimmten.

Nicht zuletzt war aber auch einfach die Zeit reif und drängte zur Entscheidung über die Zukunft. Die Machtprobe entzündete sich am Areopag und hätte sich an einem anderen Streitpunkt ebenso entzünden können. Mit rhetorischer Dramatisierung hat man von Entmachtung und Sturz des Areopags, man hat sogar von Staatsstreich gesprochen. Es war in Wirklichkeit nur eine Kompetenzbeschränkung und diskreditierende Herabsetzung des Areopags, aber sie hatte für alle Beteiligten prinzipielle Bedeutung – und eine unerwartete Wirkung.

Die Nachricht von der Verfassungsänderung in Athen war nicht nur ein völlig unerwarteter Schlag für Kimon und seine Leute, sondern beunruhigte auch die Spartaner. Sie befürchteten, daß die revolutionäre Stimmung der Athener auch auf die Truppen vor Ithome übergreifen und sie vielleicht bewegen könnte, die Belagerung abzubrechen und sich mit den Messeniern zu verbrüdern. Um dieser Gefahr zuvorzukommen, fiel den Ephoren nichts Geschickteres ein als ein unverbrämter Abbruch. Mit der verletzenden Auskunft, man brauche sie nicht mehr, entließen sie die Athener als einzige von allen Bundesgenossen aus dem Belagerungsverband. Dies grotesk undiplomatische und kurzsichtige Vorgehen kompromittierte nicht nur Kimons Hilfsaktion, ihn selbst und alle Spartanerfreunde, es kompromittierte die prospartanische Politik überhaupt und führte zu einer scharfen Reaktion. Athen trat aus dem Hellenischen Bund aus, der sich damit auflöste, und schloß ein Bündnis mit Argos, Megara und Thessalien. Statt den Einfluß Athens einzudämmen, hatte Sparta selbst ihn nun direkt auf den Peloponnes gezogen.

Als Kimon nach seiner Rückkehr den Kampf mit Ephialtes aufnahm und die Volksversammlung bestimmen wollte, die gefaßten Beschlüsse zurückzunehmen und den Areopag wieder in seine alten Rechte einzusetzen, kam es zur Entscheidungsfrage, und es zeigte sich, daß er die Mehrheit verloren hatte. Im Frühjahr 461 wurde er ostrakisiert und für zehn Jahre aus seiner Heimatstadt verbannt. Themistokles war verbannt worden, weil er zu radikal war und Entwicklungen voraussah, die die anderen noch nicht wahrhaben wollten. Kimon mußte weichen, weil er das Bestehende bewahren wollte, wo die Entwicklung konsequent weiterging. Genau fünfzehn Jahre lang waren die Geschicke Athens und sein unerhörter Aufstieg entscheidend von ihm mitbestimmt worden. Aber nun konnte ihn nichts mehr retten, nicht die großen Siege und Eroberungen, nicht die Verdienste um die Verschönerung von Stadt und Burg, keine Beliebtheit und kein Zauber der Person. Verdienst und Ansehen waren von der Zeit so unerbittlich verbraucht wie Verhältnisse und Ideen, nur daß ein Erdbeben und ein diplomatischer Mißgriff der Spartaner die Veränderung überraschend schnell an den Tag gebracht hatten. Konservativismus und Demokratie, Seepolitik und Spartanerfreundschaft, die Kimon für seine Zeit hatte vereinbaren können, traten nun in immer schrofferem Gegensatz auseinander. Die Kimonische Ära wurde vom Perikleischen Zeitalter abgelöst.

Ephialtes aber, der dies mit seiner Politik eingeleitet hatte, gehörte nicht zu den Männern, die weiter daran mitwirkten. Bald nach der Verbannung Kimons wurde er umgebracht, durch einen Mann aus Tanagra, einen gedungenen Mörder. Waren es die Anhänger des verbannten Kimon, waren es die Mitglieder des degradierten Areopags, die ihn ihre Erbitterung mit dem Leben bezahlen ließen?

Die letzten Jahre des Themistokles

Wir wissen nicht, ob es Themistokles im fernen Magnesia Genugtuung verschaffte, als er erfuhr, daß sein großer Gegner, der ihn 471 vertrieben hatte, nun, genau zehn Jahre später, dasselbe Schicksal erlitt. Ein entscheidender Unterschied blieb: Ein Verbannter konnte – wie es auch Kimon noch einmal tat –, zurückkehren, ein Geächteter nicht. Auch jede indirekte Einflußnahme war für Themistokles ausgeschlossen. Vor der Geschichte recht zu behalten und seine Ideen nun durch Ephialtes und Perikles zum Sieg geführt zu sehen, war die einzige Genugtuung, die ihm blieb.

Am Eurymedon allen militärischen Erfolgs gegen Griechenland endgültig beraubt und in blutige Familienrache verstrickt, war Xerxes 465 von Artabanos, dem Führer seiner Leibwache, ermordet worden. Bald darauf fiel auch der Nachfolger Darius einem Anschlag desselben Mannes zum Opfer, vermutlich auf Anstiftung durch Artaxerxes, der nun selbst den Thron bestieg. Einige Monate später verschwor sich Artabanos, der das Achämenidenhaus überhaupt beseitigen wollte, auch gegen ihn. Artaxerxes schlug die Verschwörung nieder und stand damit am Anfang einer Regierungszeit von vierzig Jahren (464–424).

Er übernahm von Xerxes eine Herrschaft voller innerer und äußerer Hypotheken, und er war es, der nach der verläßlicheren Überlieferung Themistokles Asyl gewährte. Man kann sich durchaus vorstellen, daß sich der junge Herrscher mit seinen großen und vielfältigen Problemen von einem Gedankenaustausch mit dem berühmten und erfahrenen Gegner seines Vaters Nutzen versprach. Politischen Einfluß besaß Themistokles nicht mehr. Machtzuwachs hatte Artaxerxes von ihm nicht zu erwarten. Er muß vor allem seinen Rat gesucht haben. Und so geschieht es denn auch anläßlich seiner Aufnahme an den Hof, daß Thukydides die berühmte Schilderung von der einmaligen Begabung des Themistokles gibt:

»Themistokles zeigte eine so offenkundige Mächtigkeit seiner Natur, daß er im höchsten Grade dafür ganz besonderer Bewunderung wert war. Durch eigene Klugheit allein, weder irgendwie vorbelehrt noch nachbelehrt, war er mit kürzester Überlegung ein unfehlbarer Erkenner des Augenblicks und auf weiteste Sicht der beste Berechner der Zukunft. Was er in die Hand nahm, vermochte er auch auszuführen. Selbst wo ihm Erfahrung fehlte, war ihm doch treffendes Urteil nicht versagt. Das Bessere und das Schlechtere konnte er im noch Ungewissen am ehesten voraussehen. Mit einem Wort: durch die Macht seiner Anlage, fast ohne Schulung, war dieser Mann fähig wie keiner, aus der Eingebung des Augenblicks das Entscheidende zu treffen.« (I 138; übers. v. G. P. Landmann.)

Nach Thukydides hat sich Themistokles zuerst brieflich, nach Plutarch gleich persönlich, in einer Audienz, an Artaxerxes gewandt, nach beiden hat er sich zuerst ein Jahr Vorbereitungszeit ausbedungen, um Persisch zu lernen und mit dem König direkt, ohne fremden Vermittler, sprechen zu können. Als er nach diesem Jahr an den Hof (zurück)kam, erwarb er beim König ein Ansehen »wie kein Grieche vor ihm«. Ob er auch des Königs Gesellschafter und Jagdgenosse geworden ist, muß man bezweifeln. Aber er scheint wirklich einige Zeit am Hof gelebt zu haben, gewiß nicht zur Freude der persischen Höflinge und Großen, und der König wird es schließlich vorgezogen und Themistokles selbst es sicherlich begrüßt haben, daß sie ihren Gedankenaustausch aus einiger Entfernung fortsetzten. Der König gab ihm drei Städte zu Lehen: Magnesia am Mäander für das Brot, Lampsakos am Hellespont für den Wein und das karische Myus für die Zukost. Die beiden Hafenstädte Lampsakos und Myus waren wahrscheinlich Mitglieder des Delischen Seebundes und stellten nur ein Nominalgeschenk, sozusagen einen Freibrief dar, sie zu erwerben. Magnesia am Mäander, das ihm jährlich fünfzig Talente einbrachte, war die Stadt, als deren Regent er seine letzten Jahre verbrachte und sein Leben beschloß.

In Magnesia ließ er eigene Münzen prägen, mit seinem Namen in griechischer Schrift und einer Statue des Apollon, nach attischem Münzfuß. Nur vereinzelte Exemplare haben sich erhalten. Es sind Silbermünzen mit einem Bronzekern. Als man sie im vorigen Jahrhundert zuerst bestimmte, hielt man sie für einen manifesten Beweis seiner im Altertum viel gerügten Habgier und Unehrlichkeit, bis die Numismatik im Lauf der Zeit feststellte, daß solche subaeraten Silbermünzen eine weit verbreitete Erscheinung und nichts Besonderes, sondern ein Ergebnis der ökonomischen Zeitverhältnisse waren.

Die genaue Lage der Stadt des Themistokles ist unbekannt. Sie liegt irgendwo unter dem Schwemmland des Lethaios. Um 400 v. Chr. verließen die Einwohner die unbefestigte und von Überschwemmungen bedrohte Stadt und verlegten sie weiter stromauf an den Fuß des Thorax, wo man heute die Reste der Agora und des Artemistempels besichtigt.

Um 460 scheint Themistokles im Alter von 65 Jahren gestorben zu sein, nach Thukykides an einer Krankheit. Anderen war das für den großen Mann zu gewöhnlich. Sie wissen von schweren Gewissensnöten und von Selbstmord. Als Artaxerxes von ihm erwartete, daß er aktiv am Kampf gegen die griechische Flotte teilnehme, habe er sich diesem Konflikt durch Trinken von Stierblut entzogen.

Nach Thukydides errichteten die Magnesier ihm einen Gedenkstein auf der Agora. Plutarch weiß von einem prächtigen Grabmal. Seine Nachkommen behielten Ehrenrechte und Einkünfte der Stadt bis in die Zeit Plutarchs, der im 1. Jh. n. Chr. mit einem dieser Nachkommen in Athen zusammen studierte.

Seine Söhne, die nach dem Tode des Verbannten in die Heimat zurückkehren durften, weihten später zu seinem Andenken ein Bild von ihm in den Parthenon. Auch sollen sie seine Gebeine von Magnesia nach Attika übergeführt und am Eingang des Piräus heimlich bestattet haben. Sein Grab soll die Form eines Altars gehabt haben, und diese Überlieferung hat sich bis heute gehalten. Stiche des vorigen Jahrhunderts zeigen das angebliche Grab des Themistokles noch als einen idyllischen, vom Meer umspülten Ort. Heute liegt es unter dem Straßenniveau, von einem Betonring gegen die drohende Verschüttung gesichert, auf dem Gelände einer großen Chemiefabrik.

Nach einem Menschenalter

Als der Tragiker Äschylus 456 auf Sizilien starb, schmückte die Stadt Gela sein Grab mit einem Epigramm, das vielleicht von ihm selbst verfaßt war. Die vierzeilige Inschrift sprach zum Ruhm des Dichters nicht von den über siebzig Dramen, die er geschaffen, auch nicht von den dreizehn Siegen, die er im Tragödienagon errungen hatte, sondern allein davon, daß er zu den Marathonkämpfern gehörte. Die Perserschlachten waren das entscheidende Ereignis seines Lebens und seiner Generation. Seit den Tagen der homerischen Helden war nichts Größeres und Ruhmvolleres geschehen als sie. Das gänzlich Unwahrscheinliche und Unerhoffbare war Wirklichkeit geworden. Ein paar vereinzelte Stadtstaaten und Bünde, ein Teil nur selbst des griechischen Volkes, geradezu winzig aber im Verhältnis zum persischen Weltreich, hatte dem asiatischen Koloß Trotz geboten und seinen Angriff in einer schicksalhaften Konstellation von Entschlossenheit, Tapferkeit, Genialität und Kriegsglück abgewehrt, über zwölf Jahre hinweg, mit immer sich erneuerndem Erfolg, ohne jeden Rückschlag, so daß die Freiheit ein für allemal errungen und der Gegner endgültig abgewiesen war. Es war das erste Mal in der Geschichte, daß freie Bürgergemeinden den Überfällen dynastischer Macht siegreich entgegentraten.

Die Perser waren so vernichtend geschlagen, daß sie nach Platää die Absicht, Griechenland zu erobern, endgültig aufgaben. Der Versuch, wenigstens Ionien zurückzugewinnen, war durch die Schlacht am Eurymedon vereitelt worden, noch ehe er begonnen hatte. Seither war die Ägäis ein griechisches Meer.

Was aber alle diese Siege nicht errungen hatten, war der Frieden. Vielmehr dauerte nach dreißig Jahren der Kriegszustand unverändert an. Zwar hatte sich de facto eine Teilung der Herrschaftsgebiete eingestellt, aber diese Abgrenzung war inoffiziell und dadurch nur um so strenger. Zwischen Ionien und Persien war eine Art Eiserner Vorhang niedergegangen. Die Verbindung zwischen Ost und West war abgebrochen. Ionien, das einst die Brücke gebildet, griechische Formen nach Lydien und Persien, späthethitische und assyrische nach Griechenland vermittelt hatte, hatte diese Funktion verloren und war zu einem Randgebiet herabgesunken. Seine bedeutendste Stadt, Milet, war erst seit 467 im Wiederaufbau, und auch die übrigen verloren gegenüber dem Mutterland immer mehr an Bedeutung.

Hier hatte das Menschenalter zwischen der Schlacht von Marathon 490 und der Verbannung Kimons 461 alle Verhältnisse auf tiefgreifende Weise und für alle Zeit umgestaltet. Den Marathonkämpfern mußte es um 460 wohl erscheinen, als gehörte ihre Jugend einem anderen Zeitalter an, und den Jungen klangen die Erzählungen über die Verhältnisse vor den Perserkriegen wie eine Kunde aus ferner, fremder Zeit.

Als eine Kantonstadt mittlerer Größe war Athen in den großen Krieg eingetreten. An politischer Bedeutung und militärischer Macht stand es weit hinter Sparta zurück. In Seefahrt und Handel wurde es von Korinth und Ägina bedeutend übertroffen. Dann war zunächst sein Prestige triumphal gestiegen. Die Schlacht von Marathon hatte es ohne die Hilfe der Spartaner, nur von den Platäern unterstützt, allein gewonnen. Der Sieg von Salamis war ebenfalls allein dem Weitblick und der Genialität des Themistokles und der Opferwilligkeit der Athener zu verdanken gewesen. Die Siege von Platää und Mykale hatten Athen und Sparta gemeinsam erfochten. Die große Doppelschlacht am Eurymedon aber war wieder das alleinige Verdienst der Athener. Für alle Zukunft war Athen der Ruhm gesichert, für die Befreiung Griechenlands weit mehr geleistet zu haben als jede andere Stadt.

Athen hatte den Perserkampf begonnen mit einer Flotte von etwa fünfzig Schiffen, die hinter denen der ionischen Seestädte oder denen von Korinth und Ägina weit zurückblieb. Es ging aus dem Krieg hervor als eine Seemacht, die nun ihrerseits den anderen bedeutend überlegen war.

Athen war in den Krieg eingetreten als eine Stadt mit ihrem Hinterland. Es ging aus ihm hervor als Vormacht eines weit ausgreifenden Bündnissystems, das die Ägäis mit allen Inseln, dazu die ganze Westküste Kleinasiens, den Hellespont und die Propontis umfaßte und vom lykischen Phaselis im Süden bis nach Byzanz im Norden reichte. Nur die großen Inseln unterhielten eigene Flottenkontingente. Die übrigen Bündner leisteten Geldbeiträge, von denen Athen die Bundesflotte unterhielt. Schon bald und immer krasser hatte sich dann gezeigt, daß es daran ging, den ursprünglichen Bund (Symmachie) in eine Herrschaft

(Arché) umzuwandeln. Die Angriffe auf Paros, Andros und Karystos unmittelbar im Anschluß an die Siege von Marathon und Salamis waren noch vergebliche, aber bereits sehr verräterische Versuche gewesen. Später hatte es die Eroberungen von Eïon, Sestos und Skyros nicht dem Bund eingefügt, sondern seiner direkten Herrschaft unterstellt.

Was die Zukunft für die Bundesgenossen erwarten ließ, wurde unverhüllt deutlich, als Naxos und Thasos den Versuch machten, sich dem Bund zu entziehen. Sie wurden mit Krieg und jahrelanger Belagerung überzogen, mußten ihre Flotten und festländischen Besitzungen abtreten und waren hinfort tributpflichtig. Schon seit den 60er Jahren, seit der Ära Kimons, konnte niemandem, der realpolitischen Sinn hatte, zweifelhaft sein, wohin die weitere Entwicklung zielte. Athen hatte die Bundesgenossen von den Persern befreit, um sie seiner eigenen Herrschaft zu unterstellen.

Auch die Beziehungen Athens zu Sparta entwickelten sich unheilvoll. Die Gefahr des Perserkrieges hatte zum erstenmal einen allgemeinen Hellenischen Bund zustandegebracht, und den Teilnehmern an den großen Schlachten mußte es wohl scheinen, daß die alten Gegensätze nun für immer begraben seien. Undenkbar, daß der Konflikt zwischen Athen und Ägina wieder aufbrechen könnte, nachdem sie gemeinsam in Salamis gesiegt hatten, oder der alte Gegensatz zwischen Spartanern und Tegeaten, nachdem sie bei Platää in gemeinsamer Schlachtreihe gestanden hatten. Aber mit der äußeren Sicherheit kehrte auch der Partikularismus zurück, und die Einheitsideale der Perserschlachten verblaßten. Auch die Verbindung zwischen Athen und Sparta war nur ein Zweckbündnis gewesen. Als die größte griechische Seemacht und die größte griechische Landmacht standen die beiden Staaten nun einander konkurrierend gegenüber. Der Realist Themistokles hatte die kommende Entzweiung genauso vorausgesehen wie den Perserangriff und seine Politik darauf eingestellt, längst ehe die anderen ihn begriffen. Durch den Helotenaufstand, die Beschränkung des Areopags und die spartanische Brüskierung war es dann 462 überraschend schnell zur Auflösung des Hellenischen Bundes und zum endgültigen Bruch gekommen. Mit Kimon schied der letzte griechische Staatsmann aus, für den die Verbindung zwischen Athen und Sparta ein politisches Programm bedeutet hatte. Mit seiner Ostrakisierung war der griechische Dualismus endgültig entschieden.

Athen war 479 völlig zerstört worden. Nach der Vollendung der Themistokleischen Mauer war man mit allen Kräften an den Wiederaufbau gegangen. Themistokles hatte mit seiner Mauer der Stadt ihren neuen Umfang gesetzt, der weit über den bisherigen hinausging und für Jahrhunderte, bis in die Zeit Hadrians, maßgebend blieb. Aber man hatte es versäumt, innerhalb dieser Umgrenzung die Stadt nach einem neuen, großzügigen Plan wiederaufzubauen, wie es später unter Perikles mit dem Piräus geschah. So weit reichte offenbar auch die Voraussicht des Themistokles nicht, der nur an Befestigung dachte. Wohl stellten viele Reiche ihre Stadthäuser aufwendiger wieder her, als sie vorher gewesen waren. Aber in den Wohnvierteln der Armen herrschten dieselben engen, winkligen, staubigen Gassen vor wie einst, in denen sich nun eine ständig wachsende Bevölkerung drängte. Denn mit dem Ende des Krieges hatte auch für Athen der Prozeß eingesetzt, der die anderen Seemächte Ioniens und des Mutterlandes längst erfaßt hatte, die Verstädterung. Die nach Krieg und Sieg eingetretene allgemeine Anhebung der Wirtschaftslage und des Geldumlaufs, die Konzentrierung von Macht und Verwaltung, die Steigerung von Industrie und Handel hatten eine schwer abzuschätzende, aber auf keinen Fall geringe Zunahme der Bevölkerung zur Folge. Es erfolgte Zuzug aus dem eigenen Hinterland ebenso wie aus der Fremde: Händler und Gewerbetreibende aller Art, Tagelöhner und Matrosen. Vor allem aber wird sich die Zahl der Sklaven bedeutend erhöht haben. Bald würde Athen die sklavenreichste Stadt in ganz Griechenland sein.

Attika war ein karges Land und nicht imstande, die eigene Bevölkerung ausreichend mit Getreide zu versorgen. Der Kornanbau war schon immer gegenüber den ergiebigeren Olivenpflanzungen und dem Weinbau zurückgetreten. Aber weder der Olivenöl- und Weinexport noch die einträgliche Ausfuhr der kostbaren attischen Vasen konnte den Importüberschuß ganz decken. Ohne die Silbergruben von Laurion und seit 463 die thasischen Goldgruben im Pangäon wären die Athener Finanzen – so etwas wie einen Staatshaushalt gab es selbst unter Perikles noch nicht – nicht auszugleichen gewesen. Bedeutende Beträge flossen Athen aber nun auch aus den Beiträgen der Bündner zu, mit denen es seine große Flotte und Tausende von Ruderern unterhielt. Die Überschüsse blieben vorläufig auf Delos.

Kimon hatte den Markt und die Akademie mit Grünanlagen geschmückt. Im Süden der Agora hatte er das Theseion gestiftet, ein ungedecktes Heiligtum für die von ihm in Skyros wiederaufgefundenen Gebeine des Stadtgründers Theseus. Im Norden ließ er die Hermenhalle errichten. Wenige Jahre nach Kimons Verbannung hatte sein Schwager ebenfalls auf der Nordseite der Agora eine weitere Säulenhalle gestiftet, die später den Namen *Stoà poikíle = Bunte Halle* erhielt, wegen der großen Gemälde, mit denen Polygnot von Thasos und andere bedeutende Maler der Zeit ihre Wände geschmückt hatten, darunter die berühmte Darstellung der Schlacht von Marathon[1]. Aber die großen Heiligtümer, der eigentliche Stolz der Stadt, lagen weiterhin zerstört und waren nur behelfsmäßig für den Kult wieder hergerichtet. Aus der Beute vom Eurymedon hatte Kimon der Akropolis einen neuen Abschluß nach Süden gegeben, die große Mauer, die die Fläche des Burgfelsens bedeutend erweiterte. Die Mauer diente als Widerhalt für die Aufschüttungen mit dem sogenannten Perserschutt, durch die man den zackigen Felsen der Akropolis planierte. Man hatte auch mit dem Bau eines neuen großen Athena-Tempels begonnen, dem sogenannten Vorparthenon an der Stelle des späteren perikleischen Baus. Er war aber über die ersten Lagen nicht hinausgediehen und wurde bei der Verbannung Kimons eingestellt[2]. So stand die große Neugestaltung der Akropolis noch erst bevor.

Der Piräus war mit seiner dreizehn Kilometer langen schweren Mauer zu einer regelrechten Festung ausgebaut. Dagegen blieb der Plan des Themistokles, Stadt und Hafen mit zwei großen Schenkelmauern zu verbinden und zu einem geschlossenen Wehrsystem zu vereinigen, vorläufig unverwirklicht.

Verfassungsrechtlich hatte die Zeit zwischen Marathon und der Verbannung Kimons 488 die Einsetzung des Scherbenge-

[1] Um 310 v. Chr. begann der Philosoph Zenon aus dem zyprischen Kition in dieser Stoa zu lehren, von der dann seine Schule ihren Namen erhielt.

[2] Die Datierung des Vorparthenons ist heute noch genauso umstritten wie vor achtzig Jahren. Aber eines der einleuchtendsten Argumente bleibt doch immer, daß die Errichtung des Vorparthenons ohne die vorhergehende der Kimonischen Mauer eigentlich nicht denkbar ist.

richts, 487 die Erlosung der Archonten und 462 die Beschränkung des Areopags gebracht. Staatsführung und Exekutive wurden nivelliert und alle Kompetenzen auf Rat und Volksversammlung übertragen. Die Volksversammlung aber als Massengremium hatte keine Möglichkeit, aus sich heraus Maß und Ziel zu finden. Zielsetzung und Durchführung mußten ihr von außen gegeben werden, durch den unbeamteten, von der Verfassung nicht vorgesehenen und von ihr nicht verpflichteten Volksführer. Solange sich verantwortungsvolle Politiker fanden und solange die Volksversammlung bereit war, ihnen zu folgen, stand es gut. Sobald aber eine dieser beiden Voraussetzungen nicht mehr gegeben war, enthielt die Athener Verfassung kein Regulativ in sich, die drohende Gefahr der Anarchie oder der Diktatur abzuwenden.

So sehen wir am Ende der Kimonischen Ära, die nicht Athens glänzendste, aber vielleicht seine glücklichste und erfolgreichste Zeit gewesen ist, den Horizont von großen Möglichkeiten in der Nähe, aber von düsteren Aussichten in der Ferne umstellt. Mit der Wendung zum Imperialismus hatte Athen den Weg zur Knechtung seiner Bündner, mit der Ausbildung der radikalen Demokratie den zur Zerstörung seiner selbst beschritten. Wie sollten wir nicht an das berühmte Wort Herodots denken, daß die Gottheit mißgünstig und zerstörerisch ist *(phthonerón te kaì tarachṓdes)* und den meisten das Glück nur von weitem zeigt. Das Schicksal hatte den Griechen die Gunst unwahrscheinlicher Siege geschenkt, aber die so glücklich errungene Freiheit zum Guten zu nutzen, vermochten auch sie nicht, nicht einmal in klassischer Zeit.

Der Geschichtsschreiber Dionysios von Halikarnaß hat zur Verteidigung seines Landsmannes Herodot vorgebracht, er habe einen würdigeren Gegenstand erwählt als Thukydides, indem er den Ruhm und nicht das Unglück der Griechen darstellte. Wir können seine Feststellung noch genauer fassen. Herodot beendete sein gewaltiges Werk zu Beginn des Peloponnesischen Krieges, als der Verfall Griechenlands bereits offenkundig war. Er war über der begeisterten Darstellung der großen Ereignisse der Perserkriege zum ersten Geschichtsschreiber Europas geworden. Er führte seinen Bericht fort bis zur Eroberung von Sestos, mit der der Athener Imperialismus begann. Dann mochte er aus der

Erfahrung, welch verheerendes Unheil die Athener Machtpolitik inzwischen über die Bündner gebracht hatte, von denen einige überhaupt ausgelöscht worden waren, und aus der Vorahnung der Katastrophen, die der ausgebrochene Krieg heraufführen würde, nicht mehr weiterschreiben. Er brach sein Werk ab. Schon die Ära Kimons stand für ihn nicht mehr unter dem Zeichen der Gerechtigkeit.

Wenn wir aber den Blick von den äußeren Ereignissen fort auf die inneren Wandlungen richten, so fassen wir sie nirgends reicher als in der Literatur, in ihrer Entwicklung von den Siegesliedern Pindars zu den Tragödien des Äschylus, und nirgends anschaulicher und unmittelbarer als in dem unendlichen Abstand zwischen den prächtigen, farb- und formenreichen, weltverbundenen Statuen der Spätarchaik und der herben Verschlossenheit in den Bildwerken des sogenannten Strengen Stils der Frühklassik.

Anhang

Die Themistokles-Inschrift von Troizén
Übersetzung

»Der Rat und das Volk haben beschlossen,
Themistokles, der Sohn des Neokles, aus dem Demos Phrearroi hat beantragt:

(1) Die Stadt der Göttin Athene, der Beschützerin Athens, und allen anderen Göttern anzuvertrauen, sie zu beschützen und den Barbaren zur Rettung des Landes abzuwehren.
Alle Athener und die in Athen ansässigen Fremden sollen die Kinder und Frauen nach Troizén bringen in die Obhut des Pittheus, des Stammvaters des Landes.
Die Alten aber und die Habe sollen sie nach Salamis bringen. Die Schatzmeister aber und Priesterinnen sollen auf der Akropolis bleiben und den Besitz der Götter bewachen.

(2) Alle anderen Athener aber und die Fremden im dienstfähigen Alter sollen die 200 bereitliegenden Schiffe besteigen und gegen den Barbaren kämpfen, für ihre eigene Freiheit und die der anderen Griechen, mit Lakedämoniern und Korinthern und Ägineten und den anderen, die an der Gefahr teilnehmen wollen.
Und 200 Trierarchen, einen für jedes Schiff, sollen die Strategen von morgen ab ernennen aus der Zahl derer, die Land und ein Haus in Athen besitzen, die eheliche Kinder haben und nicht älter als 50 Jahre sind, und sollen ihnen die Schiffe durch das Los zuteilen.
Und sie sollen 10 Soldaten für jedes Schiff ausheben aus denen, die über 20 und unter 30 Jahren sind, und Bogenschützen. Und sie sollen die Maate für die Schiffe auslosen zur gleichen Zeit, wie sie auch die Trierarchen erlosen.
Und die Strategen sollen die Mannschaften der Schiffe auf öffentlichen Tafeln bekanntmachen, und zwar die Athener aus

den Bürgerlisten, die Fremden aber aus den Verzeichnissen beim Polemarchen. Sie sollen sie aber aufführen eingeteilt in 200 Mannschaften zu Hunderten, und über jede Mannschaft den Namen der Triere und des Trierarchen und der Maate setzen, damit sie wissen, auf welcher Triere sich jede Mannschaft einzufinden hat.

(3) Wenn aber alle Mannschaften eingeteilt und den Schiffen durch das Los zugeteilt sind, sollen der Rat und die Strategen alle 200 Schiffe bemannen, nachdem sie ein Versöhnungsopfer dargebracht haben Zeus, dem Allmächtigen, und Athene, der Siegenden, und Poseidon, dem Beschützer. Wenn die Schiffe aber bemannt sind, sollen die Strategen mit 100 von ihnen am euböischen Artemision eingreifen und mit 100 von ihnen um Salamis und das übrige Attika vor Anker bleiben und das Land bewachen.

(4) Damit aber alle Athener einhellig den Barbaren abwehren, sollen diejenigen, die für 10 Jahre verbannt waren, sich nach Salamis begeben und dort so lange bleiben, bis das Volk einen Beschluß über sie faßt. Diejenigen aber, die Ehrverlust . . .«

Die Inschrift wurde im Sommer 1959 von M. H. Jameson in Troizén entdeckt und 1960 veröffentlicht und erregte alsbald größtes Interesse, sah es doch so aus, als ob hier einige der folgenreichsten und ruhmvollsten Beschlüsse der Athener, die aus der Literatur nur fragmentarisch bekannt waren, in einer zwar späten Inschrift, aber im Originalwortlaut ans Licht gekommen waren. Die Meinungen waren jedoch bald geteilt und sind es bis heute geblieben. Die Kontroverse über die Inschrift hat inzwischen eine ganze Literatur hervorgebracht.

Wir skizzieren zunächst kurz den Inhalt. Die Inschrift faßt in ihrem Text vier getrennte Beschlüsse zusammen:

1. den Evakuierungsbeschluß. Die Weihung der Stadt an die Götter ist eine sakrale Umschreibung für die Evakuierung. Daß nur Troizén und Salamis als Evakuierungsorte genannt werden, Ägina aber nicht, wirkt störend, denn warum sollte es im Dekret nicht erwähnt werden? Befremdlich in hohem Grade aber ist die Bestimmung, daß Schatzmeister und Priesterinnen die Akropolis besetzt halten sollen. Ein solcher Volksbeschluß ist ziemlich unwahrscheinlich.

2. den Beschluß über die Bemannung der Flotte.

3. den Beschluß über den Einsatz der Flotte. Über diese beiden Beschlüsse siehe unten ausführlicher.

4. den Beschluß über die Rückberufung der Verbannten.

Die Inschrift enthält eine große Anzahl sachlicher, sprachlicher, stilistischer und historischer Anstöße, deren Bedeutung jedoch vielfach kontrovers und zweischneidig ist. Nicht gezählt werden kann zu diesen Anstößen die Tatsache, daß die Inschrift mehrere Volksbeschlüsse zusammenfaßt, denn das kann rein archivalische Gründe haben und spricht nicht dagegen, daß der Wortlaut der einzelnen Beschlüsse richtig überliefert ist.

Von den vielen Anstößen und Fragen, die die Inschrift aufwirft, möchten wir nur den Komplex thematisieren, der die Bemannung der Flotte betrifft, weil er mit unserer Darstellung sachlich am engsten zusammenhängt und weil sich hier vielleicht doch eine eindeutige Antwort erreichen läßt.

Die Inschrift teilt jeder Triere eine Wehrbesatzung von zehn Hopliten und vier Bogenschützen zu. Eine solch geringe Zahl spiegelt die Verhältnisse des 4. Jhs. wider, widerspricht aber für die Perserkriege dem eindeutigen Zeugnis des Herodot und Thukydides.

Allgemein beschreibt Thukydides die alte, unbeholfene Art, zur See zu kämpfen, als eine Fortsetzung des Kampfes auf dem Land, nicht durch die Anwendung von Taktik, sondern durch den Einsatz vieler Hopliten und Speer- und Bogenschützen beiderseits auf den Decks (I 49, 1). Konkret erfahren wir aus Herodot, daß die Schiffe der Chier in der Schlacht bei Lade je 40 Hopliten hatten (6, 15) und die Zahl der Schwerbewaffneten auf den persischen Schiffen 480 30 betrug (7, 184). In der Schlacht am Artemision hatten die Griechen besonders hart gegen die Ägypter zu kämpfen, denen es im Enterkampf gelang, fünf griechische Schiffe samt ihrer Mannschaft zu erobern (8, 17). Nach Salamis, bevor die persische Flotte nach Kleinasien zurückkehrte, wurden die ägyptischen Schwerbewaffneten in Phaleron ausgeschifft und dem Heer des Mardonius zugeteilt. Die ägyptischen Schiffe kehrten ohne Wehrmannschaft nach Hause zurück. Daraus geht hervor, daß die ägyptischen Wehrbesatzungen von besonderer Stärke waren und eine nennenswerte Heeresverstärkung für Mardonius darstellten und daß die Verhältnisse auf den griechischen Schiffen nicht sehr verschieden gewesen sein können, wenn sie ihnen am Artemision nicht stärker unterlagen.[1]

Daß die zehn Hopliten der Inschrift von Troizén eine Fehlangabe sind, darüber sollte man sich nichts vormachen und nichts vormachen lassen. Die Schlachten von Mykale und am Eurymedon wurden nur mit den Wehrmannschaften der Schiffe geschlagen, was nennenswerte Stärken voraussetzt.

Zweihundert Trieren sind es, die nach der Inschrift zu bemannen waren. Es ist von der größten Wichtigkeit, Klarheit darüber zu gewinnen, wie diese Zahl zu verstehen ist.

Im Jahre 483 umfaßte die Athener Flotte 50 Schiffe (vielleicht auch 70, je nach der Chronologie des Krieges mit Ägina). Das Flottenbauprogramm des Themistokles sah eine Zahl von 200 Schiffen vor. Die Frage ist, ob diese Zahl so zu verstehen ist, daß zu dem vorhandenen Bestand 200 neue Schiffe hinzukommen sollten, wie es z. B. Labarbe versteht, oder daß der Bestand im ganzen auf 200 gebracht werden sollte, wie es die meisten verstehen, und das mit gutem Grund. Denn am Artemision umfaßte die Athener Flotte 200 Einheiten: 127 Schiffe zu Anfang, dazu 20 Athener Schiffe von Chalkidiern bemannt, schließlich am zweiten Tag 53 Nachzügler, unter denen man doch aller Wahrscheinlichkeit nach den ganzen oder jedenfalls überwiegenden Rest der Athener Flotte zu verstehen hat. Bei Salamis umfaßte sie 180 Schiffe, und hier ist nicht der geringste Zweifel, daß es sich vollzählig um alle Einheiten handelt, die Athen damals zur Verfügung standen. Die Differenz gegenüber dem Artemision ergab sich aus den dort erlittenen Verlusten. Soweit wir also überhaupt Zeugnisse besitzen, sprechen sie dafür, daß die Athener Flotte vor der Schlacht beim Artemision, zur Zeit des zur Debatte stehenden Volksbeschlusses, 200 Schiffe umfaßte, zutreffender und richtiger müßten wir sagen, etwa 200 Schiffe, und würden eigentlich erwarten, die genaue Zahl aus der Inschrift zu erfahren. Diese geht nun davon aus, daß alle 200 Schiffe samt und sonders unbemannt waren, das heißt, daß zur Zeit des Beschlusses kein einziges Athener Schiff, auch von den alten keins, einsatzbereit und Athen daher in diesem Augenblick, und wer weiß, wie lange

[1] Was Plutarch vom Unterschied der Schiffe des Themistokles und Kimon berichtet, ist ein anachronistisches Mißverständnis (Kim. 12, 2). Ausschlaggebend ist, daß auch noch Kimons Schiffe viele Hopliten an Deck hatten.

schon, zur See völlig ungerüstet und wehrlos war. Das ist absurd. Die Bemannungsanweisungen der Inschrift geben also nicht die Erfordernisse einer konkreten Situation wieder, sondern die aus Herodot übernommene schematische Angabe eines Literaten oder historisierenden Rhetors, der einfach versäumt hat, sich klarzumachen, was seine Angabe implizierte.

Aber da wir nicht absolut sicher sein können, wollen wir einmal annehmen, er habe es doch anders gemeint und unter den 200 Schiffen zusätzliche Neubauten verstanden. Das Ergebnis ist nicht viel besser. Zwar entfällt dann die Absurdität, daß es überhaupt kein bemanntes Athener Schiff gegeben hätte, aber es bleibt die andere, daß man seit dem Jahr 483 fortlaufend neue Trieren gebaut hat, mit einem festen monatlichen Ausstoß, und daß man sie drei Jahre lang in den Schiffshäusern gesammelt und gestapelt hat, ohne sie zu bemannen und in Dienst zu nehmen. Auch diese Vorstellung ist absurd, sowohl politisch-strategisch als auch »schiffspflegerisch«, denn Schiffe, die nicht gebraucht werden, verkommen natürlich sehr schnell. Der Verfasser scheint überhaupt keine nähere Vorstellung davon zu haben, was eine Triere und was eine Mobilmachung ist. Er stellt sich offenbar vor, daß man eine Triere heute bemannen und morgen mit ihr in die Schlacht ziehen kann. Daß die Rudermannschaft einer Triere hart trainiert werden muß, damit sie 1. überhaupt die nötige körperliche Ausdauer erwirbt, 2. gleichmäßigen Ruderschlag erlernt (siehe Textabbildung S. 156f.) und 3. auch komplizierte Manöver exakt beherrscht (siehe Textabbildung S. 161), davon hat er sich offenbar nie Rechenschaft gegeben. Aber auch seine Vorstellung von einer Mobilmachung ist völlig unrealistisch. Herodot gibt die Rudermannschaften der Trieren, ob persisch oder griechisch, stereotyp mit 200 Mann an. Das ist eine Zahl aus seiner eigenen Zeit und für die ältere zu hoch. Die älteren Trieren waren zunächst nichts anderes als verdreifachte Fünfzigruderer. Größere Modelle bis zu 180 Mann werden in früher Zeit vereinzelte Ausnahmen und das Maximum gewesen sein. Nehmen wir das Minimum von 150 Ruderern an, so ergibt sich ein Aufgebot von 30000 Mann, das sind drei Viertel aller Athener Vollbürger. Es ist undenkbar, daß eine solch umfassende Mobilisierung auf einen Schlag erfolgte. Auch Generalmobilmachungen erfolgen immer in Etappen, weil sonst die Organisation zusammenbricht.

Allein die 30000 Namen auf Leukómata, geweißten Holztafeln, zu veröffentlichen, wie es das Dekret vorschreibt, war keine Kleinigkeit, um nur das einfachste Problem zu nennen.

Unsere zweite Annahme ging davon aus, daß sich die älteren Schiffe normal im Dienst befanden. Hier waren also bereits 7500 Ruderer im Einsatz. Rechnen wir weiter für die 250 Schiffe die vorgeschriebenen 10 Hopliten und 4 Bogenschützen, so ergibt sich noch einmal ein Mannschaftsbedarf von 3500 Mann, im ganzen also 30000 + 7500 + 3500 = 41000 Mann, so daß also kein einziger Athener für den Einsatz zu Lande übrigblieb. Aber das wußte unser Verfasser natürlich aus Herodot, daß die Athener gar nicht imstande waren, die vorhandenen Schiffe selbst zu bemannen, daß sie 20 den Chalkidiern zur Bemannung überlassen hatten und daß auf den anderen große Kontingente von Platäern Dienst taten, obwohl sie der Seefahrt unkundig waren. Hier stehen wir also vor einer spannenden Einzelheit: Hat Herodot mit seinen 200 Ruderern recht oder wir mit unseren 150 oder 180? Wie groß war das Aufgebot für Artemision insgesamt, und wie groß war der Anteil der Platäer auf den Athener Schiffen? Hier könnten wir nun aus der Inschrift etwas Konkretes lernen. Aber sie enthält nichts dergleichen. Die Inschrift gibt umständlich an, daß für 200 Trieren 200 Trierarchen zu ernennen sind, für jedes Schiff einer – wie denn sonst? –, spricht von 10 Hopliten und 4 Bogenschützen, aber wo es darauf ankommt und zu Buch schlägt, bei der Mannschaftsstärke, da schweigt sie sich aus. Wenn der Bemannungsbeschluß nicht gefälscht ist, so ist er zumindest völlig nichtssagend. Das einzige, was auf unsere Frage Bezug hat, ist Zeile 32, und die ist mysteriös. Dort heißt es, die Mannschaften sollen auf den öffentlichen Tafeln *anà hekatón = zu je hundert* aufgeschrieben werden. Über diese Passage wurde ausführlich diskutiert. Eine Erklärung lautet, um eine möglichst große Anzahl von Schiffen bemannen zu können, habe man sich zunächst mit einer Mannschaftsstärke von hundert begnügt. Aber was macht man nachher mit solch teilbemannten Schiffen? Der Versuch, einen fingierten Text ernstzunehmen, führt nur zu unhaltbaren Konsequenzen. Das Fazit für das Bemannungsdekret lautet: Wo es konkrete Angaben macht – 10 Hopliten und 4 Bogenschützen; 200 Schiffe unbemannt und auf einen Schlag zu bemannen –, widersprechen sie den Tatsachen oder dem

Möglichen. Wo wir aber etwas Konkretes erfahren möchten, über die Mannschaftsstärke, entläßt sie uns unbelehrt. Hier, bei der Mannschaftsstärke, handelt es sich in der Inschrift nicht mehr um eine historische Angabe irgendwelcher Art, hier lag vielmehr eine Schwierigkeit vor, die dem Verfasser bewußt war und der er einfach aus dem Wege ging.

Auch die schematische Einsatzverfügung – 100 Schiffe fürs Artemision, 100 für Attika – könnte man selbst dann nicht für historisch halten, wenn sie Herodot nicht eindeutig widerspräche. Das gilt für die runde Zahl 200 überhaupt. Ein historisches Dokument müßte keine runden Zahlen, sondern Realzahlen nennen.

Die Schlangensäule von Delphi

(siehe Abb. S. 227)

Aus der Beute von Platää weihten die Sieger dem Apollon von Delphi einen goldenen Dreifuß, der auf einer Bronzesäule aufgestellt war, die aus drei ineinander gewundenen Schlangenleibern bestand, auf deren Köpfen er ruhte.

Der goldene Dreifuß wurde von den Phokern im Dritten Heiligen Krieg (356–52) geraubt. Die Schlangensäule aber überdauerte die Jahrtausende. Sie wurde von Konstantin d. Gr. in seine neue Hauptstadt verbracht und steht noch heute auf der Spina, dem Mittelsteg, des antiken Hippodroms (At-Meidan), zwischen den beiden Obelisken.

Die Säule ruhte auf einer etwa 2,20 m hohen Marmorbasis, die aus drei quadratischen und drei runden Steinlagen aufgetürmt war und sich bis auf die oberste noch in Delphi befindet. Die Bronzesäule selbst ist mit einer Länge von 5,85 m in ihrem Hauptteil erhalten. Wie bei natürlichen Schlangenleibern wurden die Windungen in der Mitte stärker und erhielten dort entsprechend auch eine größere Steigung. Die drei Schwanzenden bildeten einen stark verbreiterten Konus, der der Säule zur Basis diente.

Die Schlangensäule blieb als antikes Monument nur deshalb die ganze byzantinische Zeit hindurch erhalten, weil sie als Talisman gegen giftige Schlangen galt. In Wirklichkeit stellte sie wohl die verdreifachte delphische Pythonschlange dar, zuerst Gegner, dann Attributtier Apollons.

Unglücklicherweise ist die oberste Lage der Basis nicht erhalten, so daß sich nicht kontrollieren läßt, ob sich auf ihr Einlassungen für den Dreifuß befanden, wie ihn Rekonstruktion II vorsieht. Mehrere Argumente treffen aber zusammen, um die Lösung I wahrscheinlicher zu machen.

Auf der verlorenen obersten Basislage stand auch das Weihepigramm, das Pausanias im eigenen Namen angebracht hatte:

»Führer der Griechen im Feld, da er Persiens Scharen
vernichtet,
Stellte Pausanias dies Denkmal, Apollon, dir auf.«

Es rief verständlicherweise den Protest der Bundesgenossen hervor, die sich übergangen fühlten, wurde von Sparta entfernt und durch eine Liste von einunddreißig Teilnehmerstaaten ersetzt, die auf die Windungen der Säule graviert wurden:

1 Folgende haben den Krieg geführt

2 Lakedämonier
Athener
Korinther
3 Tegeaten
Sikyonier
Ägineten
4 Megarer
Epidaurier
Orchomenier[1]
5 Phliasier[2]
Troizener
Hermioner
6 Tirynthier
Platäer
Thespier
7 Mykener
Keer
Melier
Tenier
8 Naxier
Eretrier
Chalkider
9 Styrer[3]
Eleer
Potidäer
10 Leukadier
Anaktorier
Kythnier
Siphnier
11 Amprakioten
Lepreaten[4]

[1] Orchomenos in Arkadien
[2] Phlius, Nordost-Peloponnes
[3] Styra auf Euböa
[4] Lepreon in Triphylien (Elis)

Die Schlangensäule, die durch ihre eigenartige Form, ihr hohes Alter und ihre genaue Datierung an sich schon ein einzigartiges Monument darstellt, wird durch diese Inschrift zum einzigen authentischen Zeugnis über die Mitglieder des Hellenischen Bundes. Es sind nicht nur die Teilnehmer von Platää, sondern auch die von Salamis aufgeführt. Sonst würden vor allem die Inseln fehlen.

Die Aufzählung beginnt mit den bedeutendsten Bundesgenossen. Dann folgen die Peloponnesier. Weiter ist aber die Anordnung weder geographisch noch politisch systematisch. Es fehlen u.a. die Mantineer, die bei Thermopylä vor der Endschlacht abgezogen und bei Platää zu spät gekommen waren. Zu spät gekommen waren zwar auch die Eleer, sie wurden aber vielleicht deswegen ehrenhalber aufgenommen, weil sie die Olympischen Spiele ausrichteten.

In der 7. Windung ist Tenos als vierter Name nachgetragen. Ein Schiff von Tenos war am Abend vor der Schlacht von Salamis zu den Griechen übergegangen und hatte ihnen die Nachricht von der persischen Umzingelung gebracht. Offenbar war der Anspruch der Tenier auf Erwähnung auf der Siegessäule vergessen worden und mußte nachträglich zur Geltung gebracht werden. Dasselbe gilt für die Siphnier in Windung 10. Man hätte mit ihnen Windung 11 zu einer Dreier-Gruppe ergänzen können, zog aber eine geographische Einordnung vor und stellte sie zu den Kythniern. Dagegen ist es der Nachbarinsel Seriphos nicht gelungen, ihren Anspruch auf Erwähnung geltend zu machen.

Erläuterungen zu den Abbildungen

(Die Seitenzahlen am Rande verweisen auf die Bildlegenden zu den Abbildungen)

S. 64 Bronzehelm aus der Perserbeute. Olympia
H. 23 cm, unt. Dm. 20,5 cm. Wandstärke unt. 2,5 mm, ob. 1,5 mm
Oktober 1960 in einem Brunnenschacht am Ostende der Schatzhausterrasse in Olympia gefunden. Am unteren Rand ist die Weihinschrift eingepunzt: ΔΙΙ ΑΘΕΝΑΙΟΙ ΜΕΔΟΝ ΛΑΒΟΝΤΕΣ »Dem Zeus die Athener, die (es)

von den Medern (= den Persern) erbeuteten.« Um welche Perserschlacht es sich handelt, ist nicht zu ermitteln. Die Fundumstände weisen auf eine frühe Zeit, also Marathon. Die ungewöhnliche Helmform stammt aus Syrien, also von einem syrischen Kontingent des Datis.
Am unteren Rand befinden sich zwei Löcher einander gegenüber, durch die Drahtschlingen (zur Befestigung des Sturmbandes?) gezogen waren, von denen die eine noch erhalten ist.
Die Spitze des Helms ist abgeschnitten. In der Öffnung steckte wahrscheinlich ein Helmaufsatz.

S. 64 Unterteil eines Helms korinthischer Form. Olympia
H. 19 cm, Tiefe 28 cm. Wandstärke der Kalotte sehr dünn, Wangenschutz 2,7 mm, Nasenschutz 7,5 mm.
April 1940 im Südwall des Stadions von Olympia gefunden. Am linken unteren Rand Weihinschrift: ΜΙΛΤΙΑΔΕΣ ΑΝΕΘΕΚΕΝ ΤΟΙ ΔΙ – »Miltiades hat (es) dem Zeus geweiht.« Weil der Vatername fehlt, ist ungewiß, ob es sich wirklich um den Marathonsieger handelt. Die Weihung geschah vielleicht schon vor Marathon, zu der Zeit, als Miltiades noch Herrscher der Thrakischen Halbinsel war. Sie wäre dann seine persönliche Dankesgabe für einen Sieg oder eine glückliche Rettung aus der Schlacht.

S. 64 Sogenannte Bassegio-Schale. Rotfig. attische Kylix aus Vulci. Um 470 v. Chr.
Einst im Besitz des Kunsthändlers Bassegio/Rom. Verschollen, nur noch in Zeichnung erhalten.
Die Schale gibt anschaulich den typischen Unterschied in der Bewaffnung wieder: der griechische Hoplit mit Helm, Schild, Brustpanzer, Beinschienen, Schwert und Speer, der persische (phrygische) Krieger völlig ohne Schutzwaffen, selbst ohne Schild, nur mit Schwert oder Streitaxt und Pfeil und Bogen, die im Nahkampf nutzlos sind und ungebraucht in der linken Hand ruhen, mit der der Grieche sich durch den Schild schützt.
Die fremde Physiognomie und Barttracht ist anschaulich wiedergegeben.

Auf dem 1. Außenbild drei Griechen gegen drei Perser, von denen einer gestürzt ist.
Auf dem 2. Außenbild zwei Griechen gegen drei Perser, von denen sich zwei bereits am Boden verteidigen.
Auf dem Innenbild der Schale versetzt der Hoplit seinem Gegner den Todesstoß und hat im Ansturm des Siegens das rechte Bein erhoben.
Die griechischen Maler stellten die Perser nicht, wie es nahegelegen hätte, als Aggressoren, Tempelschänder oder feige Königsknechte dar, sondern als gleichwertige Gegner. Aber die griechische Ehre ließ es nicht zu, daß in den dargestellten Kämpfen auch einmal ein Perser siegte.

S. 65 Rotfig. attischer Kelchkrater. Um 460 v. Chr. Antikenmuseum Basel. Leihgabe aus Privatbesitz.
H. 37 cm, ob. Dm. 37–39 cm.
Persischer Hüne, der in die Schlacht stürmt. Er trägt das typisch persische Trikotgewand mit langgestreiften Ärmeln und Hosenbeinen, Schuhe und eine hochaufgetürmte Tiara mit vier Zipfeln um Kopf und Schultern. Der Maler hat ihm einen Panzer von griechischer Form gegeben. Die typisch persische Waffe, der Bogen, ist im Nahkampf nutzlos, denn er braucht mit der Rechten das Schwert. Die Perser waren oft größer als die Griechen. Die Gestalt mit ihrer frontalen Wendung und ausgreifenden Bewegung bringt das Riesenhafte und Schreckenerregende dieser persischen Hünen eindringlich zur Darstellung.

S. 65 Der Grabhügel von Marathon
Der auf dem Schlachtfeld von Marathon errichtete 9 m hohe Grabhügel (Tymbos) barg die Gebeine der 192 gefallenen Athener. Ihre Namen waren nach Phylen geordnet auf Marmorstelen verzeichnet, die sich auf der Kuppe des Hügels befanden.

S. 144 Landschaft bei Thermopylä
Die starken Anschwemmungen des Spercheios haben das Meer weit zurückgedrängt und die einst enge Passage in

einen breiten Küstensaum verwandelt. Aber die heißen Schwefelquellen, die dem Ort den Namen gaben, fließen noch wie im Altertum.

S. 144 Meerenge westlich von Salamis
Die Aufnahme blickt von Salamis nach Westen auf die Meerenge von Megara mit ihren Inseln. Hier wurde in der Nacht vor der Schlacht ein persisches Geschwader stationiert, um den Griechen die Flucht aus dem Golf von Eleusis zu verschließen.

S. 145 Landschaft bei Platää
Das flache Hügelland nördlich des Kithäron, wo die Griechen mehrmals die Stellung wechselten. Moderne Ausgrabungen haben bei Platää bisher nicht stattgefunden. Die Ende vorigen Jahrhunderts freigelegten Fundamente gehören zu einem dorischen Tempel, der nicht sicher zu benennen ist.

S. 145 Statuenbasis. 470–460 v. Chr. Athen, Nationalmuseum Nr. 3477
Marmor, 27 × 61 × 82 cm. Linke Seite: Festaufzug eines Viergespanns und zweier Krieger.
Bei der Errichtung der Themistokleischen Mauer wurde alles verwandt, was die zerstörte Stadt an brauchbarem Material bot, darunter auch Grabsteine und Statuenbasen. Die abgebildete Basis wurde 1922 zusammen mit zwei weiteren in einem antiken Mauerabschnitt gefunden, den man als themistokleisch bezeichnete, und noch heute sind die Basen im Athener Nationalmuseum mit dieser Herkunft angegeben. In Wirklichkeit stammt unsere Basis erst aus Kimonischer Zeit, wie Stilelemente der anderen Reliefseiten beweisen. Das altertümliche Aussehen unserer Seite erklärt sich dadurch, daß ein archaisches Motiv kopiert ist. 1963 wurden auf dem Kerameikos zahlreiche Statuenbasen in einem echten Abschnitt der Themistokleischen Mauer gefunden, aber ihre Reliefs oder Malereien waren alle zerstört. So können uns die Basen von 1922 wenigstens eine Anschauung vom ur-

sprünglichen Aussehen dieses »Baumaterials« geben. Zugleich zeigt die Abbildung noch einmal die typisch griechische Bewaffnung: kurzer Waffenrock, Beinschienen, Rundschild, Lanze. Das Schwert fehlt beim Festaufzug, und der Helm mit dem hohen Paradebusch ist in den Nacken zurückgeschoben. Die Lanze des Kriegers, der den Streitwagen besteigt, und das *Kentron* des Wagenlenkers, der Stachelstab zum Antreiben der Pferde, sind auf der Fotografie nicht sichtbar, weil sie nicht plastisch, sondern nur gemalt waren. Die Zwerghaftigkeit des Lenkers ist allein dadurch bedingt, daß er in ganzer Figur erscheinen sollte, nach oben aber kein Platz mehr war.
Die zugehörigen Statuen sind sämtlich verloren, weil nur die rechteckigen Basen für den Mauerbau verwendbar waren.

S. 145 Abschnitt aus der Mauer des Themistokles, Erechtheiou-Str. 20
Die Mauer bestand aus einem 1,70 m hohen und 2,50 m breiten Steinsockel, der einen Ziegelaufbau von unbekannter Höhe trug. Der Steinsockel war eine innen mit Schutt und Bruchsteinen gefüllte Schalenmauer. Die untersten Schichten bestanden aus Porosquadern, darauf ruhten Quadern aus hartem Kalkstein. Die Oberfläche ist eben und steigt mit dem Gelände in flachen Stufen an. Zahlreiche Architekturglieder und Grabsteine der zerstörten Stadt wurden für den Sockel zugerichtet. Er ist, wie die Aufnahme zeigt, sorgfältig gebaut, und man fragt sich, ob er wirklich in so kurzer Zeit errichtet werden konnte, wie der Bericht des Thukydides angibt. – Die Mauer hatte eine Länge von etwa 6 km und enthielt Türme von unbestimmter Zahl, alle 500 m einen Durchlaß und zehn Tore: eins im Osten, je zwei nach Norden und Süden und vier nach Westen, dem Meer zu.

S. 224 Kopf des Pausanias. Röm. Kopie. Oslo, Nationalgalerie
Ges.-H. 30 cm, H. d. Kopfes 26,5 cm
1936 in Rom erworben
Kopf einer Statue, die verloren ist. Wie das Bildnis des

Themistokles wird auch das des Pausanias als Kopie eines authentischen griechischen Porträts angesehen. Und zwar weist die Haarwiedergabe auf eine Bronzestatue als Original, und man hat die Vermutung gewagt, es handele sich um eine Kopie einer der beiden Statuen, die die Spartaner zur Sühne für die Aushungerung des Pausanias in den Tempel der Athene Chalkioikos stiften mußten (s.o. S. 251). Ist das Porträt wirklich authentisch, so ist hier überraschend, in Pausanias einer so ausgesprochen sensiblen Physiognomie zu begegnen.

S. 224 Herme des Themistokles. Röm. Kopie. Ostia, Museo Ostiense

Ges.-H. 50 cm, H. d. Kopfes 26 cm

Die Büste des Themistokles, 1939 bei den Ausgrabungen in Ostia in der Nähe des Theaters gefunden, war in der Datierung lange umstritten, weil sie eine authentische Darstellung zu geben schien, wodurch die Anfänge der griechischen Porträtkunst sehr viel höher hinaufrückten, als man bis dahin angenommen hatte. Die Büste stellt kein offizielles Bildnis dar, das den Strategenhelm tragen müßte. Da nach der Ächtung des Themistokles in Athen vermutlich alle seine Bildnisse zerstört oder beseitigt wurden, hat man, auch aus stilistischen Gründen, vermutet, das Original könne um 470 in Argos geschaffen sein, wo Themistokles 471–69 im Exil lebte.

Die Begegnung mit dem Porträt des Themistokles hat gewiß etwas Überraschendes. Wir finden einen Kopf, der weniger von Intelligenz bestimmt ist als von Willenskraft, Ausdauer und Durchsetzungsvermögen, der eine starke Vitalität verrät, ja, etwas Stiernackiges an sich hat. Wir stellen uns keinen drahtigen, sondern unwillkürlich einen stämmigen, gedrungenen Menschen zu dem Kopf vor. Auch etwas Bäuerliches haftet ihm an. Wir sehen leibhaft vor uns, welche gewaltige Kraft Athen in diesem Mann besessen hat, empfinden aber auch unmittelbar seine Schroffheit, die ihn für viele anstößig machte.

S. 225 Darius und Xerxes. Ausschnitt aus einer Audienzszene, aus dem Schatzhaus von Persepolis. 490–86 v. Chr. Teheran, Archäol. Museum

König und Kronprinz, in überlebensgroßer Darstellung, sind beide völlig gleich gekleidet und auch physiognomisch nicht unterschieden. Sie tragen das lange, bis auf die Füße reichende Faltengewand mit ausladenden Ärmeln und weiche, ungeschnürte Lederschuhe. Der lange, bis auf die Brust reichende Bart, in Zonen gekämmt, war allein den Herrschern vorbehalten, ebenso die hohe Tiara, die abgebrochen ist, weil die oberen Reliefplatten herabstürzten, als die Soldaten Alexanders d. Gr. 331 den Palast von Persepolis zerstörten. Beide halten in der linken Hand die sogenannte Zeremonienblume, eine große Lotosblüte mit zwei Knospen. Der Herrscher ist durch Thron und Szepter ausgezeichnet, der Kronprinz, der in Wirklichkeit nicht hinter, sondern neben ihm stehend zu denken ist, hat die Hand zum Redegestus erhoben.

S. 225 Abbildung oben links: Ostrakon, Länge 20 cm. Athen, Kerameikosmuseum

ΘΕΜΙΣΘΟΚΛΕΣ ΦΡΕΑΡΙΟΣ – »Themistokles aus dem Demos Phrearroi«

ΜΗΕΓΑΚΛΕΣ ΗΙΠΠΟΚΡΑΤΟΣ – »Megakles, Sohn des Hippokrates«

wahrscheinlich vom Ostrakismos des Megakles 486 v. Chr. s. o. S. 94: Gefäßscherbe.

S. 225 Abbildung oben rechts: Ostrakon 12,4 × 8,7 cm. Athen, Kerameikosmuseum

ΚΙΜΟΝ – ΘΕΜΙΣΘΟΚΛΕΣ

wahrscheinlich vom Ostrakismos des Themistokles 471 v. Chr., s. o. S. 254.

Bei den deutschen Ausgrabungen im Kerameikos kamen 1966 in einer Schuttfüllung, die in der 2. Hälfte des 5. Jhs. v. Chr. von der Agora herübergeschafft wurde, etwa 4500 Ostraka zum Vorschein. Die meisten, etwa 2260, tragen den Namen des Megakles, etwa 950 den des Themistokles. Aristides und Kimon sind nur mit 32 und 206 Scherben vertreten. Der Hauptteil des Fundes stammt also von der Verbannung des Megakles 486. Von größtem Interesse sind vier Ostraka, die zwei Namen tragen, drei mit Themistokles und Megakles (Abb. oben links) und eine mit Kimon und Themistokles (Abb. oben rechts), die sehr wahrscheinlich vom Ostrakismos des Themistokles stammt. Es wäre das erste sichere Ostrakon von des Themistokles eigener Verbannung, die anderen sind Zeugnisse seiner unausgesetzten politischen Machtkämpfe.

S. 225 Abbildung unten: Ostraka mit Namen und Vatersnamen des Themistokles.
Athen, Agora-Museum
Ein sensationeller Fund erfolgte 1938 in einem Brunnen am Nordabhang der Akropolis: 191 Scherben mit dem Namen des Themistokles, fast alles Füße von ein und derselben Gefäßart und nur von vierzehn Händen geschrieben, also eine vorbereitete »Wahlhilfe« für solche Wähler, bei denen es mit dem Schreiben oder der Orthographie haperte, wie z. B. bei dem Ostrakon oben links, oder denen man die Mühe einfach abnehmen wollte. Es handelt sich kaum um Scherben von Themistokles' Verbannung 471, sondern eher um eine antithemistokleische Aktion aus den 80er Jahren. Die nicht gebrauchten, überschüssigen Scherben schaffte man beiseite, indem man sie in einen Brunnen warf.
Die Abbildung gibt in den drei Kolumnen deutlich drei verschiedene Hände zu erkennen.

Namen-, Orts- und Sachregister

Bildnachweis

Fotos: Perserhelm, Helm des Miltiades (Deutsches Archäologisches Institut Athen). Persischer Krieger (Antikenmuseum Basel, Leihgabe). Grabhügel bei Platää, Salamis, Landschaft bei Platää (Photographikon Praktoreion Charisiades, Athen). Landschaft bei den Thermopylen (Müller-Bruhnke, Grassau). Wagenkämpfer (Dritte Archäol. Ephorie, Athen). Mauer des Themistokles (Nationalmuseum Athen Nr. 3477). Pausanias (Nationalgalerie Oslo). Themistokles (Museo Ostiense, Ostia). Ostraka oben links und rechts (Prof. Fr. Willemsen, Athen). Ostraka unten (American School of Classical Studies at Athens).

Karten und Pläne: In der Übersichtskarte Griechenland und Westkleinasien sind die Angaben mehrerer Karten aus dem Großen Historischen Weltatlas des Bayerischen Schulbuch-Verlags kombiniert. Die Pläne der Schlachten sind gezeichnet nach Vorlagen der Istoria tou Ellenikou Ethnous Bd. 2: Archaikos Ellenismos. Athen 1971. Ekdotike Athenon.

Strichzeichnungen: Triere und Ruderanordnung nach L. Casson, Ships and Seamanship in the Ancient World. Princeton 1971. Sketch 99 and 100. Kyklos nach Aug. Köster, Studien z. Gesch. d. antiken Seewesens. Klio, Beih. 32. Leipzig 1934. Abb. 9 S. 83. Rekonstruktion der Schlangensäule nach W. Gauer, Weihegeschenke aus den Perserkriegen. Istanb. Mitteilg. Beih. 2 1968. Abb. 4 S. 81.